《淨土聖賢錄・五編》（合訂版）

果濱撰錄

目錄

卷二・往生比丘尼

卷三・往生男居士……249

自序

佛教之淨土法門始肇於東晉・慧遠大師（三三四～四一六）及唐・善導大師（六一三～六八一），往生西方佛國者不計其數，故從唐代開始即陸續有「往生淨土傳」的編錄資料出現，一般認為唐・迦才法師（生卒年不詳，約貞觀年間）所撰的《淨土論・卷下》中載有僧俗男女廿餘人之往生事蹟，可謂「往生淨土傳」的最早資料，接下來各個朝代皆有編錄往生事蹟之著作，略述如下，如：

唐・飛錫法師（生卒不詳，約七六五人）《往生淨土傳》。

唐・文諗法師、少康法師共編《往生西方淨土瑞應刪傳》（《淨土瑞應傳》）。

北宋・遵式法師《往生西方略傳》。

北宋・戒珠法師《淨土往生傳》。

北宋・清月法師《往生淨土略傳》。

北宋・王古《新修淨土往生傳》。

南宋・志磐法師《佛祖統紀・卷廿六～廿八・淨土立教志》。

南宋・海印法師《淨土往生傳》。

遼・非濁法師《隨願往生集》。
明、蓮池大師《往生集》。
明・道衍法師《諸上善人詠》。
清・瑞璋法師《西舫彙征》。
清・咫觀法師《修西聞見錄》。
清・彭際清（一七四〇～一七九六）《居士傳》。

而「淨土聖賢錄」之名稱則始於清・乾隆彭際清居士所撰之《淨土聖賢錄》，此書輯錄往生淨土之四眾弟子，計五百餘人，刊印於「乾隆」年間（一七三六～一七九五），故後人名之為《淨土聖賢錄・初編》。爾後至清・道光末年之胡珽居士輯乾隆後之往生者，得近一七五人，刊印於「道光」年間（一八二一～一八五〇），是為《淨土聖賢錄・二編》。

自後清末・蘇州報國寺德森法師再集二百餘名往生事例，名為《淨土聖賢錄・三編》，刊印於民國廿二年（一九三三年）。至民國六十（一九七一年）餘年時，往生者又不知凡幾，故民國・毛惕園居士再蒐集史料，得往生四眾，計三百六十八人，名為《往生傳・四緝》或《淨土聖賢錄・四編》。此後因印刷科技、電子書、網路資訊日益增進，故以《淨土聖賢錄・五編》之「名義」而編輯者，已無人問津。所有「往生傳」皆散見於各報章雜誌、寺刊、語錄……等，如：寬律法師撰錄《近代往生隨聞錄》、楊慧鏡居士撰錄《近代往生傳》、學謙居士選輯《e世紀往生傳》、寂雲法師編《當代往生見聞紀實》、由福建廣化寺於一九九二及一九九八年出版的《現代往生見聞錄》兩集、慧律法師著《淨土聖賢錄易解》，加上網路「youtube、土豆網」皆有大量的「念佛往生見聞記」影音可供線上直接聆聽觀賞……等。故《淨土聖賢錄》之「五編」已無另創之由，然大乘精舍主持樂崇輝老師仍託付末學繼續編輯「五編」以續《聖賢錄》之「名義」，「書面資料」的著作不可因「電子書」盛行而廢棄。

末學自大乘精舍之陳光輝居士（已於多年前往生）接手《淨土聖賢錄・五編》工作

以來，三大箱的書籍資料，不知如何下手？加上很多往生者並無留下詳細資料，只好走一步算一步，先編錄較具有「代表性」的往生人物為主，從一九一〇年往生後的人物開始收錄至二〇〇〇年止，往生比丘計七十八人，往生比丘尼計六十一人。男居士計八十七人，女居士計八十六人，總計三一二人。至於二〇〇〇年以後往生者，則將列入《淨土聖賢錄．六編》，屆時末學如果尚在世，亦可能繼此任務；或者諸法無常，末學已先至淨土，則待後有緣者發心也。

最後期望此《淨土聖賢錄．五編》皆能勉勵所有修淨業者，往生意志堅定，九品蓮華，同登彼岸。亦祈已往生多年的陳光輝居士在西方淨土能見到娑婆這本十七萬多字的淨土書；功德圓滿已竟，了無遺憾也。

《大方廣佛華嚴經．卷十八》（《大正藏》第十冊頁九十六下）云：

佛子！菩薩住十種法，令諸大願皆得圓滿。何等為十？

一者、心無疲厭。

二者、具大莊嚴。
三者、念諸菩薩殊勝願力。
四者、聞諸佛土，悉願往生。
五者、深心長久，盡未來劫。
六者、願悉成就一切眾生。
七者、住一切劫，不以為勞。
八者、受一切苦，不生厭離。
九者、於一切樂，心無貪著。
十者、常勤守護無上法門。

果濱 於二〇一一年七月土城楞嚴齋

附：毛惕園《淨土聖賢錄・四編》所收錄的比丘計六十一名，比丘尼計十七名，按原書編輯之稱呼如下：

一、往生比丘

清・念純。清・源度。清・源修。清・釋柱。清・立山。清・了塵。清・通智。清・妙蓮。

二十世紀・則悟。二十世紀・睡覺。二十世紀・海波。二十世紀・了餘。

二十世紀・具行。二十世紀・吃子。二十世紀・法幢。二十世紀・智海。

二十世紀・開導。二十世紀・祥瑞。二十世紀・性懋。二十世紀・悟性。

二十世紀・瑞山。二十世紀・祇園。二十世紀・又懷。二十世紀・宏靈。

二十世紀・可本。二十世紀・昌海。二十世紀・了相。二十世紀・心燦。

二十世紀・乾安。二十世紀・文質。二十世紀・洪生。二十世紀・寶一。

二十世紀・玉成。二十世紀・廣印。二十世紀・修悟。二十世紀・能禪。

二十世紀・慈輝。二十世紀・印光。二十世紀・定賢。二十世紀・德西。

二十世紀・智筏。二十世紀・弘一。二十世紀・守念。二十世紀・觀本。

二十世紀．通理。二十世紀．靈岩僧。二十世紀．定如。二十世紀．如蓮。

二十世紀．戒塵。二十世紀．松月。二十世紀．性悟。二十世紀．圓瑛。

二十世紀．淨心。二十世紀．永仁。二十世紀．慈舟。二十世紀．律航。

二十世紀．定西。二十世紀．德森。二十世紀．智光。二十世紀．倓虛。

二十世紀．體敬。

二、往生比丘尼

清．妙淨（虛雲老和尚庶母）。

二十世紀．了智師。二十世紀．靜德。二十世紀．心忠。

二十世紀．慧修。二十世紀．世寬。二十世紀．印心。

二十世紀．慶生。二十世紀．根清。二十世紀．普吉、十餘冤魂。

二十世紀．靜妙。二十世紀．妙如。二十世紀．善慧。二十世紀．法明。

二十世紀．蓮德。二十世紀．妙識。二十世紀．德欽。

本書撰錄方式

（一）內容除了往生「事蹟」外，另選錄其人的「開示法語」，文體則儘量統一用「簡潔」的文字筆法重新敘述，但也常受「來源資料」影響而略有不同。如來源資料全為文言文，則重新撰寫時，文字就偏向通篇文言；如來源資料全為白話文，則又文白相雜併用，此在所難免。

（二）按世法名詞，人命若只活三十歲以下稱為「**得年**、**存年**」；活三十至六十稱為「**享年**」；六十以上稱「**享壽**」。然本書皆為已往生淨土之「**大菩薩**」，既能生淨土，已無需民間年壽的稱呼法則。故一律皆以「**春秋**」或「**世壽**」稱之，亦符合此世於此娑婆之「世緣」時間。

（三）人物均以「往生年代」排列，有些資料已查無其確切的「生年」，故僅以「？」代替。因涉及到清末民初之人，故凡民國年代，一律統一修訂為公元年。

（四）因排版問題，導致部份「空白」較多，則置以佛典經論中有關「西方淨土」思想之精華，總共引用「**一百三十一**」部經典。尤其揭露大量密教咒語經典皆「**導歸西方淨土**」的願景；此舉乃有別於一般淨土類書籍皆放歷代「淨宗祖師」的開示法語暨詩偈，如此可獲四種利益。

❶「淨土聖賢錄」之類的書籍不會淪為民間「故事」或「善書」。

❷可以讓讀者多薰習「佛典」的淨土思想「經文」。

❸可證千經萬論皆導歸「淨土」，確實可信。

❹淨土思想並非是對「祖師」個人宗教「歸宿」的崇拜，而是對釋迦牟尼佛宣講淨土經典的一種「信心」。

❺突破淨土行者大多不重視密教咒語經典的心態，如此亦可達「**顯密圓通，導歸淨土**」的目標。

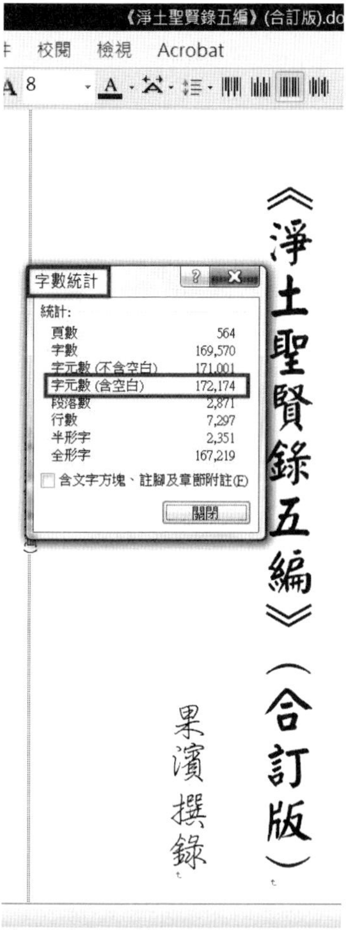

淨土聖賢錄五編卷一・往生比丘

果濱撰錄

1 顯明法師（一八五三—一九〇八）

顯明，名然光，溫州里安人。在俗曾作「葷廚」為活，年至天命，自覺造罪無量，再不回首，墮落何疑！一日至頭陀寺，求度於諦閑老法師，師示之曰：「**作葷原是造罪，作疏可以求福；求得一分福，銷得一分罪，爾順我言，我當度爾。**」明師順師之言，遂為閑師所剃染，出家後，復受「湯藥」職事。一九〇七年春，明師入懺悔堂受「具戒」，每日以《彌陀經》五部、「往生咒」四十八遍、佛號六千聲為定課。

一九〇九年八月以病辭去「湯藥」職事，遂入「如意寮養病」，每日定課如常，從不間歇。閑師常為明師囑令懇切求生西方，多念阿彌陀佛。一日早粥畢，明師令香燈師向閑師報告，今午預生西。待閑師至，見明師神氣頗佳，時明師忽起疑曰：「**師父！吾恐此時未必能往生。**」閑師勉云：

「**所言生西方者，若謂西向一方，虛空無邊，世界無數；爾往生者，當依佛**

言：從是西方，過十萬億佛土，有一世界，名極樂國，其國有佛，號阿彌陀佛，今現在說法。爾生西方，須到極樂國土，見阿彌陀佛才是；若未到極樂，與已過極樂，皆不是也。須信佛言，切記切記！」又云：

「顯明！爾自能念佛，則更好；如自不能念佛，耳聽我念，心隨我念。」

明曰：「師父念，我也念！」遂將佛號厲聲提起，念至二、三十聲，時眾約有五、六十人加入助念，亦同聲齊稱「阿彌陀佛」佛號，經半晌，明師寂然端坐而化，神色如常。至晚課畢，方入殮，頂上猶溫。世壽五十有六，戒臘未滿三年。

——《諦閑大師語錄》頁三五八。

2 顯定法師(一八四四—一九一七)

顯定,名然慧,溫州平陽人。年六十,始求披薙於諦閑老法師,隨受「具戒」於廣慧寺。次年,閑師囑代管臨海縣白雲山以培福德,並云:「日間照料門戶,早晚精修淨業;但至誠懇切,發願求生西方,無一不是淨土莊嚴。」又云:「爾去代我管理,多則三年,少則一年,決不耽爾了生脫死之大事也。只要爾行住坐臥,不離一句彌陀,大器何妨晚成,臨終保管有用。」定師唯命是從。

如是二年後,閑師復指示安身於淨慧寺,囑云:「爾可往彼處,專修淨業,斷不致累爾拖犁帶耙也。爾但一心念佛,了辦己躬大事。」定師遂負笈入山,一住八年,未曾下山。

師日除二時功課外,誦《金剛經》三部,《彌陀經》六部,《往生咒》百八遍,佛號三萬聲。一九一七年七月三十日,定師乞師兄弟幫忙,將「棺木」移到房前,搭衣持具,至大殿佛座前,展禮告假,復於諸兄弟前請假「生西」。諸兄弟戲言：「**生西方只恐無如是便宜**。」定師將袈裟收下，但穿袍子，自入「棺內」右脅著蓆，吉祥而臥。至一點鐘，未見佛來接引，復出棺，飲食如常。經月餘，又如前告假「入棺」，諸兄弟視之，見其久不起棺，則竟已長逝矣！大眾便齊聲稱佛名，掩棺送行，世壽七十有四，僧臘十五夏。

——《諦閑大師語錄》頁三六一。

《父子合集經・卷四》（《大正藏》第十一冊頁九二九下）

迦攝（大迦葉）！於汝意云何？如是廣大「嚴淨佛土」，頗有「無信、無戒、無定、無慧、寡聞、懈怠」；如是有情得「生」彼不？

迦攝白言：不也！世尊！

迦攝！於汝意云何？如是廣大「嚴淨佛土」，頗有「微細善根、少劣善根、怯弱善根，業集煩惱為苦」所攝，如是衆生「不淨」迴向，得「生」彼不？

迦攝白言：不也！世尊！

3 慧行法師（一八三九—一九二四）

慧行，杭州西溪花塢人。年廿，薙染於良渚大崇福寺。受「具戒」已，回鄉自結茅庵，居三十餘年，無事不出門。朝暮課誦，寒暑無間，恆持「彌陀聖號」。

一九二四年三月初八晨，對其徒瑞茂云：「**吾今日身體不適，替吾打盆水來洗足。**」洗畢，竟跏趺端坐，念佛而逝，世壽八十有六。

——《近代往生隨聞錄》頁九。

《摩訶般若波羅蜜經・卷六》（《大正藏》第八冊頁二五七下）

佛言：若菩薩見佛身相，乃至阿耨多羅三藐三菩提，終不離「念佛」，是名「愛樂佛身治地業」。

4 蓮仁法師（一八六六—一九二四）

蓮仁，名宗達，浙江海寧袁化鄉許氏子。年廿四，投嘉善縣地藏庵永和法師披剃。落髮前嘗跪佛前，斷右「無名指」，以示決志。年廿六，受「具戒」於杭州海潮寺。後中興嘉興縣棲真禪寺，並廣建殿宇佛菩薩像，先後計廿年，慘淡經營。每值月之十七，必啓「念佛會」，歲以為常，始終靡懈。奉印光大師之教，於一九二三年十月一日，成立「長年念佛堂」，每日除早晚二課外，六時禮拜念佛，立為定課。仁師嘗云：

「**廿年辛勞，皆屬有爲功德，而非眞法供養；欲爲衆生開無上福田，則唯有奉佛教飭，宏揚淨土爲第一義。**」

師為寺法奔波，遂積勞致疾。一九二四年八月廿七日語崇慧居士曰：「**當在明日下午生西。**」至明日傍晚復云：「**今日有人留我，約再留二日。**」果於三十日晚十時，泊然西歸。臨行顏色和藹，面目清潤，默誦佛號不輟。越二日，頂門猶暖。此非師平日以莊嚴功德念佛迴向，何其臨終自在預知，正念分明；瑞相足徵若此歟？春秋五十有九，僧臘三十有六。

——《海潮音文庫第三編・佛教傳記》頁三四七——三五一。

《大般涅槃經・卷十九》(《大正藏》第十二冊頁四七九下)

大王當知！尸利毱多(Śrīgupta)往昔亦作「逆罪」之因，以遇佛、聞法，即發「阿耨多羅三藐三菩提心」。

大王！假使一月，常以衣食供養恭敬一切衆生，不如有人「一念念佛」，所得功德「十六分一」。

5 吉堂法師（一八七九—一九三四）

吉堂，俗名迦泰，江蘇興化縣人。初生時，竟死絕而後復蘇，異香滿室。年十三，聞人述出家事，生大歡喜，遂於東台古佛堂求薙度，持誦《法華》，精進不怠。年十七，至寶華山依浩淨律師受「具戒」，後即於寶華山嚴持律行十五載，方參究向上一著，頗得「因戒生定」之旨。一九二二年，堂師繼任焦山定慧寺住持，四方學子，爭相依止。平生好修治佛像殿宇，應聘開壇，「傳戒」無數。

一九三一年春，因積勞疾，退席於法弟慧蓮，己則專辦了生脫死事，數年如一日。雖以精神萎頽，猶令二人扶持「禮佛」，毫無倦怠。一九三四年秋，預知時至，八月廿四日晨，結跏趺坐，於念佛聲中默逝，世壽五十有四。

——《僧寶之光》頁十。《淨土宗月刊》第三期。《大虛大師全書》第廿九冊。

印光法師頌云：

「大哉淨土門！爲諸法歸宿。普投一切機，無一不得入。

上則攝等覺，下不遺惡逆。萬流咸赴海，由佛大願力。
偉哉吉堂師！慧根自宿植。幼即豎標格，入法超塵俗。
從茲律教宗，三各得其旨。欲得現身了，遂專修淨土。
特發三種心，冀登上品蓮。壽甫五十四，淨業已告圓。
預知往生時，命眾念佛送。師猶朗念佛，忽爾入寂定。
徒輩欲傳揚，祈餘述大致。願諸見聞者，各各悉注意。」

——《印光法師文鈔三編・卷三》頁八三〇。

6 本妙法師（一九一〇——一九三六）

本妙，名廣演，一字白雲，福建同安人。幼時喪母。年十八，遊廈門萬壽巖，從真宗老人薙染。明年受「具戒」。一九二九年參與慈法主，未久，能精通「天臺」與「淨土」教義，辯才無礙，有如老宿。蓋多生薰習，豈偶然耶？後歸南閩，任萬壽巖寺住持，建「念佛堂」弘淨土，並重興同安梵天寺。後因勞瘁致肺疾，於一九三六年二月七日辭世。

妙師先於二日預知時至，囑寺務並勗徒眾，逮七日午後二時，即端坐念佛，含笑遷化。歷四時餘，頂門溫煖。往生極樂，有誠正矣！春秋廿有七。嘗著《心經論解》一卷行世，序文由弘一大師撰述（序文詳大陸福建人民出版社印《弘一大師全集》第七冊頁四三四。一九九〇）。

——《弘一大師》（臺灣陳慧劍居士編）頁一一〇。《閩南佛教院學報》十七期頁五六。

7 覺照法師(一八六三——一九三八)

覺照，浙江仙居人。中年出家於天臺國清寺，妻亦為尼。照師之行持，恆破衲敝屣，且不事盥洗，眾皆惡其邋遢而避之。常持《金剛經》、念佛、修密行，不欲人知，人亦莫之知也。若逢遇檀越來寺「齋僧」，則走避之。

一九三八年春，一日謂人曰：「**三日後，吾去矣！**」要求寺中職事，給與棺材一具，自己並剃髮沐浴，以待示寂。越二日，囑所相善者玉凱、銀火二人曰：「**明晨打四板時，來寮房喚一聲。**」屆時往喚。照師整冠履，著海青袈裟。時香氣四溢，眾見皆肅然。凱、火二人遂陪照師至大殿，隨眾早課。課畢，照師遍禮寺內各殿佛菩薩暨羅漢像，至伽藍像前，忽俯伏不起，二人掖之，竟逝矣！世壽七十有六。

——《近代往生隨聞錄》頁一一一——一二。

8 顯根法師（一八六五—一九三九）

顯根，浙江溫嶺人。不識字，中年出家。初嗜煙酒，後淨戒行。居天臺山靈峰庵。凡國清、華頂、高明諸大叢林，有「經懺」佛事，必請根師參加。人只知其善「梵唄」，不知其精修「梵行」也。每逢人，皆只稱一句阿彌陀佛而已。

一九三九年春，忽向山中諸庵僧告假云：「**將往生西方極樂世界**。」國清寺住持顯蓮法師問之曰：「**生西方有把握否？莫貽笑於大家**。」根師答：「**一句彌陀，生西不疑。平時打包，佛不欺我**。」初，根師恆蹀躞於庵前山後，自向大眾告假後，便足不出庵門，終日趺坐，念佛不輟。

二月十五日，有沙彌至靈峰庵，見根師於庵門外，面西趺坐，合掌當胸。呼之不應，氣息全無，唯頂尚熱。沙彌奔走驚呼，各庵四眾咸集，交口讚嘆，敬仰不已。世壽七十有五。

——《近代往生隨聞錄》頁一一二。

9 寶靜法師（一八九九—一九四〇）

寶靜，名今德，號鐵峰。俗姓王，浙江上虞縣人。祖母夢「僧」入舍而生，性好靜，寡言笑，肄業於上海大同學院。年十八臘八日，披剃於奉化靈隱古寺，家屬均不知也。次年，受「具戒」於天臺上方廣寺。日誦《法華》，精勤修持。年廿，往寧波觀宗寺，親近諦閑和尚。靜師篤於學，無間寒暑；尤重於「行持」，暇則趺坐「修觀」。年廿三，於餘姚開講《彌陀經》，自後即南北奔馳，講經演教。年三十四，受諦閑老法師傳為天臺第四十四代祖，荷擔教觀大業。

師一生以弘法為家務，度生為事業。雖為台宗嫡派，無論講何經論，悉皆指歸「淨土」；無論營何功德，無不迴向「極樂」；處處以念佛法門，攝化眾生，先後懇勸父母雙親，念佛生西。嘗云：「**願將東土三千界，盡種西方九品蓮。**」時國家苦難，席不暇煖，積勞成疾。自警餘生，唯佛是念，唯淨土是歸。一九四〇年秋季，帶病於香海蓮社講《無量壽經》；語重心長，言詞懇切，謂：

「五濁惡世，不可久居。各須努力，早生西方安養，寧可乘願再來。」

聽者皆動容。復染微疾，卒至不起。臨終留偈云：

「願生西方，親近彌陀。我今撒手西方去，不管千秋與萬秋。」

言畢，於上海玉佛寺泊然而逝。時一九四〇年夏曆十一月廿九日子時。逝後，頂門甚暖。世壽四十有一。靜師著有《彌陀要解親聞記》、《楞嚴經玄題輯錄》、《大乘起信論演義》、《摩訶止觀述記》、《法華經弘序淺述》、《台宗廿五方便淺述》、《修習止觀坐禪法要講述》、《佛說遺教經講義》、《省庵勸發菩提心文講錄》、《佛說八大人覺經講義》、《念佛開示錄》、《觀音普門品講義》、《寶王三昧論講錄》。

——《寶靜大師全集》第七冊。

10 會泉法師（一八七四——一九四三）

會泉，名明性，別號印月，又署華藏，晚稱蓮生老人。俗姓張，福建同安人，為廈門三大師之一（弘一、太虛、會泉）。年十九，依廈門虎溪岩善溫法師出家，年廿，禮漳州龍溪南山崇福寺佛乘法師受「具戒」，並依之學律，復請益於南普陀喜參法師。翌年發足參方，究明本來面目，多次聽《楞嚴》、講《楞嚴經》，並建「楞嚴學會」、「佛學研究社」、「佛教養正院」、「出版佛教公論月刊」等，對閩南佛教貢獻甚大。

泉師最著者為一九二四年創設「閩南佛學院」，三年院長任滿，讓賢太虛大師，培育僧才，分燈各地。弘一律師嘗贈泉師偈云：「**會心當處即是，泉水在山乃清**」。晚年歸隱虎溪，效東林遺風，結虎溪蓮社，「禪、誦、講學」不輟，行門兼及「禪、淨」，「法事」尤為精絕。一九三八年，遊化南洋，遷居於檳城妙香林寺。一九四二年示疾，翌年於農曆正月十六日，說偈別眾云：

「眞性露堂堂，遍界沒隱藏，娑婆非久住，極樂是家鄉。
吾今賦歸去，汝等勿憂愁，不久乘願至，度盡心方休。」

泉師於大眾念佛聲中安詳西歸。世壽七十，僧臘五十有一，戒臘五十。荼毗後，撿得五色舍利八十餘顆。著有《心經集講》、《大乘起信論科註》、《佛學常識易知錄》、《普門品集講》、《阿彌陀經集講》、《金剛經講要》、《金剛經集講》等，今皆彙集為《會泉大師全集》。

——《會泉大師廿週年紀念刊》。《會泉大師全集》。

《普曜經．卷八》（《大正藏》第三冊頁五三七下）

若有供養億千劫，飲食、衣服、床臥具，擣香、雜香及名華。
若有一心叉「十指」，（平）等心自歸（歸命；歸依）一「如來」；口自發言「南無佛」，是功德福為最上，
一切眾生皆成佛。

11 靜觀法師（一八七二—一九四三）

靜觀，名惟道，又字靜寬，別號池蓮。浙江里安臺石金嶴翁氏子。三歲便能稱「觀音」聖號。年十三，至佛寺，不假思索，「課誦、法器」皆自如，如宿習然，眾皆奇之！年十五，於永嘉永福堂禮慧定和尚披剃。年十八，詣天臺國清寺受「具戒」。復從敏曦、諦閑、成蓮、諦閑、諦受諸師，精研《楞嚴》、《法華》、《圓覺》、《天臺四教儀》等內典。

觀師於一九〇四年冬，掩關專禮《大悲懺》，精誦《圓覺》。一夕誦《圓覺．清淨慧章》：「**居一切時，不起妄念。於諸妄心，亦不息滅。住妄想境，不加了知。於無了知，不辨眞實**」句，豁然大悟。出關後開演《法華》、《楞嚴》。復往參青權老禪師半載，得蒙「印證」，付衣拂矣，後接任主持。自此十方請師講經，相蹤於道，遂大開法席，講演《楞嚴》、《法華》、《彌陀》、《地藏》、《梵網》、《行願品》、《發菩提心文》、《仁王護國》諸經。師晚年居淨圓寺，刻香代漏，虔修「淨業」，開示淨土要義，廣結淨緣。

一九四三年三月廿二日，觀師略示微疾。本空法師往謁，師謂：「吾年已七十有二，遠道特來訪尋汝等，豈無意乎？只願汝輩，腳踏實地，不慕虛榮。」復曰：

「臨危持戒難，此語切記毋忽。吾去年遭滾湯之厄，數句不能轉動。惟專作西方觀，今將成熟矣。」

通善居士問：「師今夙業空了，臨終必定好好去。」師云：「玄奘法師，於圓寂前亦有微疾。」再求最後開示，曰：「汝當堅持彌陀聖號，修牧牛行，《大智度論》可細看！」

寺主入視，亦請示法要，兼議後事。師搖手示意云：「無法可說。」續曰：「不用忙，一概都不要。」言訖，含笑坐化。二七荼毗，獲舍利十三顆。世壽七十有二，法臘五十有九。著《語錄》二卷、《效顰》、《巴歌》、《年譜》各一卷。

——《僧寶之光》頁一一二——一七。

唐・道鏡、善道共集《念佛鏡》（《大正藏》第四十七冊頁一二三上）

念佛總有十種利益。何等為十？

一則、佛力。

二則、易作。

三則、功德最多。

四則、自他極喜。

五則、速得見佛。

六則、定得不退。

七則、定生極樂。

八則、更不離佛。

九則、壽命長遠。

十則、與聖無異。

12 晴朗法師（一八七四—一九四四）

晴朗，名寂效。俗姓鄢，湖北鍾祥縣人。年十九披剃。遍朝名山，遠赴印度，請舍利於釋塔。至西天目山，駐錫禪源寺，為首座和尚，閱藏七載，並建舍利殿於寺左。一九三一年，眾舉師為方丈，固辭不受。朗師日夜誦經坐禪，四眾來請開示者，客座常滿，大眾無不如願而返。一九四四年春，皈依弟子施友煙、方幼壯同往拜謁，朗師預以今年十二月十四日午時生西。屆期，命筆成偈云：

「此去不尋常，身心已兩忘。淨光慈攝我，當下即西方。」

午時正，朗師囑眾助念，已面向西方，趺坐而寂。身軟如棉，頂門一日夜後，仍不退溫煖。世壽七十有一，建塔於西天目山大樹王側。朗師宗說兼通，性相圓明，一心以「淨土」為歸宿。道行高超，辯才無礙，堪為民國以來浙西之大善知識也。嘗著《八識規矩頌解》、《閱藏隨筆》行世。

——《近代往生隨聞錄》頁一一三。

御製無量壽佛贊（節選）（《大正藏》第十二冊頁三四〇下）

阿彌陀佛大慈悲，十力威德難贊說。
稱名一聲起一念，八十億劫罪皆除。
以是濟拔無有窮，是以名為無量壽。
昔世尊居耆闍崛，與大眾說妙因緣。
離憂惱與閻浮提，超脫一切諸苦趣。
淨妙國即極樂界，修三福發菩提心。
作是念者住堅專，故說無量壽佛觀。
如是功德不可說，不可說者妙光明。
無量清淨平等施，五濁眾生咸作佛。
斷彼一切顛倒想，猶如以水投海中。
濕性混合無不同，雖有聖智難分別。
人人皆為無量壽，稽首瞻禮即西方。

13 修航法師（一八九五—一九四六）

修航，名仁荷，黑龍江拜泉縣張氏子。少為小學教師。年四十，忽思出世。禮瀋陽永安寺智如法師剃染。一九三五年，於呼蘭淨土寺依倓虛老法師受「具戒」。是年至青島，習「天臺」圓頓止觀，閱《法華釋籤》，深悟其理。一九三七年，從弘一法師學律，誓盡形壽，護持「南山律宗」。及聞弘公入滅，痛不能已；復取公之「**詠菊花偈**」為己座右。偈云：

「**亭亭菊一枝，高標矗晚節。云何色殷紅？殉教應流血。**」

其為法之心，可見一斑。航師日中一食，常坐不臥，敝衣草履，嘗效靈峰大師禮《占察懺》，感獲清淨輪相。航師為湛山寺戒學教授，立身嚴正，依「四念處」行道，不以「世法」幹懷。航師待人直言不諱，或有病其不通「世故」，師夷然不顧，曰：「**寧受熱鐵輪旋頂，終不以佛法做人情也。**」

臨終命學者唱《普賢行願品》，迴向西方，己則凝神觀佛，正念分明，吉祥臥逝。時一九四六年三月十二日中夜，逾時頂相猶熱。春秋五十有二，僧臘十二。

——《近代往生隨聞錄》頁三五——三六。

《神鼎雲外澤禪師語錄・卷八》（《嘉興大藏經》第三十三冊頁二九三下）

寧可將身入地獄，不將佛法做人情。

14 澄舟法師（一九〇九—一九四六）

澄舟，廣東饒平黃崗金氏子，幼失怙。稍長，即萌出世志，持不殺戒。一九三五年春，母喪成禮，明秋於澳門疊石巖禮純寂法師剃染。冬十一月，赴潮州開元寺受「具戒」。次春歸疊石巖，獨任「樵汲炊舂」一職，數載不少懈。暇則趺坐念佛。有佈施者，則以供佛，或賙給貧苦。平日不蓄錢，鶉衣百結。嘗語人云：「**出家人爲了生死而來，吾顳頂，自慚不能利他。然念切安養，得往生足矣！**」嘗侍寂師之疾，匝月脅不抵席。待寂師西歸，亦已積勞成疾，月餘方瘥。舟師深悟娑婆之苦，益切生西之願，日課佛號數萬聲。一九四二年依止虛雲禪師座下，充南華寺夜巡，所得薪油，盡供佛前燈，分釐未敢自給。

一九四六年，舟師返抵開元寺，感風寒，病極，仍日持佛名數萬聲不輟。六月初某夕，曾三見「觀世音菩薩」現身，知生西時至，念佛益力。語素知弘嘉曰：「**祈汝於十三日晨，邀集眾師念佛，助吾往生。**」叩之至再，乃舉是夕所見對，並戒嘉師勿洩。於是舟師自理所有，備生西必需外，餘則一針寸縷，均以散眾結緣，並書偈云：

「入門十二載，常禮阿彌陀。今得因緣滿，回見阿彌陀。」

及期晡時，忽西向注視，謂「觀音」已至。且高誦「觀音」聖號，大眾和之。約食頃，舟師向眾作禮曰：「**舟行矣！**」遂端坐而化。晚八時入殮，肢體柔軟，頂門猶溫。世壽三十有七，僧臘十。

——《近代往生隨聞錄》頁一三一一五。

《放光般若經・卷十三》（《大正藏》第八冊頁八十八下）

佛告須菩提：菩薩行「般若」波羅蜜者，不離於道行……常願欲見十方諸佛，隨所見佛，願「往生」彼，便得往生。晝夜意常不離諸佛之念。

15 宏慈法師（？—一九四七）

宏慈，號妙覺。俗姓張，本名喜生，陝西安康人。為漢留侯張良後裔。幼有出塵之志。稍長，投終南山禮大行尊者為師，剃染離俗，從朗照法師受「具戒」。因聞善知識教誨，深信淨土法門，三根普被，九界同歸，諸有頓超，一生成辦。乃往翠華山淨業院，專修「持名念佛」法門。日夜翹勤，用功不輟，歷時五年。遇眾來請益者，隨機酬答，要言不繁。常卑以自牧，無驕矜之色。

一九四七年夏，預知無常，起「精進七」，禁語不眠，專誦「大悲神咒」。九月廿五日佛七圓滿，是日午後，誦「大悲咒」畢，迴向西方，瞑目趺坐，如入禪定。眾見慈師顏如朝霞，唇似渥丹。以手探之，則全身冰冷，惟頂熱如沸。大眾咸讚，齊集稱揚聖號，為師助念。寂後荼毗，撿得金紅、紫白、藍青灰等七色堅固舍利子二百餘粒。

—《近代往生隨聞錄》頁三七。

16 真達法師（一八七〇——一九四七）

真達，名惟通，號體範，一號逸人。俗姓胡，安徽歙縣人。年十九薙染於南普陀山三聖堂峭巖法師，隔年於浙江省寧波鳳凰山白雲寺受「具戒」。後接掌三聖堂主持及上海太平寺、蘇州報國寺、靈巖山寺等重職，隨即與印光大師為莫逆之交。一九三〇年，達師供養印祖於蘇州報國寺閉關。印祖印贈《安士全書》及《文鈔》等諸佛事，皆達師從旁協助；乃至印祖於蘇州十年弘化淨業，均是達師鼎力贊助。達師嘗閉關三次，皆印祖封關。待印祖生西後，師即掩關三載。

一九四七年九月十九日示疾，體力漸衰。十月五日於眾人助念下，是夜八時，達師面呈笑意，雙手合十。眾弟子問：是否見佛來接引？師唯諾點頭。翌日晨九時，捨報生西。四肢柔輭，頂溫不退。荼畢，撿得紅黃舍利百餘，「頭蓋骨」完整不化，骨上戒疤，斑斑可見，益信持戒堅貞。世壽七十有八。撰有《阿彌陀佛百頌》、重訂《西方公據》、主編《劬勞集》。並建南京法雲寺放生池、慈幼院、助辦徽州小學、江蘇監獄感化會等。

——上海佛教協會編《中國佛教名寺古剎・卷一》頁一六一——六二。八四年四月《明倫月刊》二五三期頁三〇——三二。

真達法師撰《阿彌陀佛百頌》：（節選）

阿彌陀佛，興無緣慈，普令凡聖，同證菩提。
阿彌陀佛，運同體悲，九界衆生，同蒙提持。
阿彌陀佛，在因地中，具修萬行，期副初衷。
阿彌陀佛，修淨土行，一心虛寂，三業清淨。
阿彌陀佛，修行施度，內外俱捨，心無所住。
阿彌陀佛，修行戒度，持犯俱超，真性徹悟。
阿彌陀佛，修行忍度，我見既空，何有違忤。
阿彌陀佛，修行進度，一念不生，萬行俱備。
阿彌陀佛，修行禪度，動靜體離，惺寂莫附。

17 明達法師(一八七〇—一九四九)

明達,浙江湖州人。年十八,投杭州海潮寺剃度。雲遊名山,參訪善知識。以王一亭之介,掛錫上海法藏寺化身窯。得窯主滿月師啓發,遂專志念佛。一九四九年,達師時高齡八十,忽語人云:「行將去矣!」人亦漫然應之。八月廿三日早餐畢,向滿月師及同參告別,云:「吾要去了!」

眾問:「何處去?」

答曰:「西方極樂世界去!」

咸曰:「休戲言!汝健康如恆,無少恙,何能即去?」

答曰:「業報已盡,要行便行。」

復對滿月師云:「謝師激發我念佛,今得往生,是師所賜。吾有銀幣四枚,以作身後火葬之需,今以給師。」

滿月師對曰:「此事由餘負責,勿慮。但餘自出家以來,未嘗目擊有往生者,今幸遇師,可云有緣。惟願師迴入娑婆,普度眾生。」

達師云:「諾!」

旋又語滿月：「有皈依弟子曹某往某界，煩師為吾召之速來，遲則不及見矣！」滿月師乃馳車速招曹某，此時達師已趺坐合掌念佛，將欲逝。後見曹某來，點首一笑，師遂化去。世壽八十。

——《近代往生隨聞錄》頁一八——一九。

《大寶積經・卷一〇〇》（《大正藏》第十一冊頁五六二下）

無垢施女！若菩薩成就「四法」，所願「佛土」，隨願得生。何謂為四？

❶於他「名譽、利養」法中，不生憎嫉（厭惡；憎恨嫉妒）。

❷專心修習「六波羅蜜」。

❸於一切菩薩生「世尊」（為世所尊也）想。

❹從初發心乃至道場，常「（平）等心」觀，終不為「利養、名譽、諂曲、虛讚」故。

是為菩薩成就四法，隨所（希）願（國）土，即得「往生」。

18 悟修法師（一八八二—一九四九）

悟修，湖南人，姓氏不詳。敦厚過人，父營饅頭業，家道小康。修師嘗成家，後雙親相繼去世，因不善經營，日漸衰落。喟然嘆曰：「**人生朝露，何苦心爲形役？**」年廿七，至終南山出家。萬念俱寂，修持勇猛精進。日勞作之暇，虔誦《金剛經》三十部，從不間斷。年四十二，離終南山，居寧波赤塔寺七載，復至天臺五峰塔院，一心念佛，兼持《金剛經》。足不出户，日唯「食棗七枚」，住院十六載。

一九四九年冬至後三日，向寺內大眾告假，遍禮各殿諸佛菩薩。旋至寺內「放生池」，繞念一周，忽踴身向池心躍去。雙手合掌當胸，池水深及丈餘，而竟沒不過腰。修師趺坐於水上，巍然不動，口中且念誦佛號不止。五分後，高聲三稱聖號，含笑而逝，面貌如生。世壽六十有七，僧臘四十。待寺眾將師提挈上岸，全身未損，各各稱歎不已。

——《中國近代淨土聖賢錄·第四冊》頁三三—三四。

19 興慈法師（一八八一——一九五〇）

興慈，名悟雲，號觀月，亦號瞻風子。俗姓陳，浙江新昌人。師一家「三代八人」先後俱出家，為古佛教史罕有。年十四，於天臺下方廣寺從生父剃染。次年依從鏡法師受「具戒」於國清寺。年廿一，聽中方廣寺同環法師講《楞嚴》，遂決志究心經教。年廿七起，始廣演法席，歷講《楞嚴》、《法華》、《金剛》、《地藏》、《彌陀》、《彌陀疏鈔》、《天臺四教儀集注》、《仁王》等諸經。法緣普及滬、杭、甬東南一帶，允為滬上「第一尊宿」。

慈師宗奉「天臺」，教弘淨土，嚴持戒律，篤實念佛，甘守淡泊，禪淨雙修。冬夏一衲，一飯一菜，夜不倒單。深夜禮佛，念佛經行，以千顆長菩提珠記數；每念至三、五萬聲方止，念畢則套於頸上，如是終身奉行。於一九五〇年宣佈上海法藏寺為淨土專修道場，每歲兩期講經，蓋「**教宗天臺以揚化導，行歸淨土而實果證**」。嘗云：

「總三界六道苦樂等差，皆由吾人現前心念清淨之所成就。如吾人舉念念佛，佛道善種即念而成。念念彌陀，念念成佛。豈獨三界唯心而成佛，亦唯現前心識而成。故此念佛一法，於無量法門中最簡最易。不假思索，但具誠懇，句句歷歷，分明念去，則於念念之中，必與佛心相應。古德云：一念相應一念佛，念念相應念念佛。如是工夫，久必淳熟。念至淨緣相應，現前當來，必定遇佛接引，直生蓮界。親聞彌陀法音，即悟無生法忍，頓開佛慧，廣度眾生。」

又云：

「第六意識，雖屬妄想。如能念念念佛，無分別心，則能證得眞如。蓋眞如並非心外求之，即就妄想中證之。離此妄想，即得眞如。既得眞如，即滅妄想。南無阿彌陀佛六字，即是正念，正念既堅，妄念不生，常常覺照，綿密無間，妄念來時，堅不能入，迴光返照，可以歸眞。《金剛經》云：『應如是住，如是降伏其心。』能如是住，如是降伏，則妄想不滅而自滅，不除而自除。因信生願，因願生力，其效如是。」

於「法雲學社」嘗開示淨土法乃「三即一、一即三」之中觀道。如云：

「又念佛一法，理合三觀。如念南無阿彌陀佛六字，能念之心，所念之佛，歷歷分明，是假觀。正歷歷分明時，當知能念之心，所念之佛，了不可得，是空觀。正了不可得時，而歷歷分明；正歷歷分明時，而了不可得。了知能念之心，所念之佛，體即法界，是中觀。三即一，一即三，三一不可思議。既是句句由自性中流出，又能六根統攝，復能理合三觀。如此每日精進念去，不但宿障消除；至臨終時，必蒙阿彌陀佛手執金臺，來迎接我往生西方極樂淨土；即上蓮臺，得無生忍，無量壽光圓融果報，豈有窮盡？」

師於一九五〇年春，略示衰象，繫心於華頂、法藏二寺未盡事宜，遂預立遺囑咐徒慧開師繼之。及農曆四月十七日，預知時至，沐浴更衣，面西端坐，於眾人念佛聲中，泊然寂化。春秋七十，塔於華頂山。著有《二課合解》、《金剛經易知疏》、《興慈法師開示錄》、《蒙山施食儀規》、《興慈法師文集》行世。

——《僧寶之光》頁二一一—二一四。《近代往生隨聞錄》頁七—八。《台州佛教》一九九〇年五月號，頁五—一七。《興慈法師開示錄》。《印光大師永思集續編》頁一四。

《大聖文殊師利菩薩佛剎功德莊嚴經・卷中》（《大正藏》第十一冊頁九〇八中）

復次，舍利子！菩薩成就四法，不退大願，獲隨所樂（之）「淨佛剎土」。云何為四？

一者、「實語」如說修行。

二者、常自「謙下」，剪除「我慢」。

三者、遠離「慳（慳吝）嫉」。

四者、見他「榮盛」（榮顯興盛），心生歡喜。

如是名為成就四法。

20 念性法師（一八六九—一九五一）

念性，湖南湘潭人。自幼出家，曾參禮普陀印光大師，日誦《金剛經》。參禪之餘，並研習《梵網》、《楞嚴》、《法華》諸大乘經。駐錫天童五十餘年，身處閑寮，默默自參。究心律部，梵行高潔。一九五０年臘八日，自知世緣將終，遂囑香燈請昌修師至，將己所藏《傳戒科儀》一部相贈，告以明春歸家，所留衣物，請代分贈結緣。

翌年新春初四日，略示不適。午後，復請昌修師至，詢修師何日下山？修師答：約在初八、九。乃留修師過十二日再去。十一日晚，昌修師復來探詢，性師唯勉以盡心維護常住，並云：「**吾將於中夜二時往生淨土**。」至夜半，性師請眾助念彌陀聖號，從容搭衣，端坐床上。於二時正，含笑化去。頭頂熱氣升騰。世壽八十有二。

—《近代往生隨聞錄》頁一九。

21 道聽法師（一八八三—一九五一）

道聽，福建人，為寧波天童寺書記。清末，詣天童求「具戒」，時寄禪老法師為住持，棒喝峻嚴。聽師為寄禪老法師侍者，頗有契入，遂住寺修學，不復他往。聽師維護常住，具見赤忱，數十年來，衣單所得，悉以供眾。日課勤持「大悲咒」、《法華經》及彌陀聖號。

一九五一年初冬，時年六十九。自知色力衰退，世緣將盡，於十月廿四日夜，至同參昌修師寮房告假，並囑託後事。翌日立冬，復託人請同參海岸師至，面託與昌修師料理火化及遺物結緣等事，並向各道侶告別，隨即靜臥待終。至十一月初一日晨，四板響起，起床盥洗，焚香禮佛畢，示吉祥臥。請眾助念，約一小時後，安詳而逝。世壽六十有九。

——《近代往生隨聞錄》頁二〇。

22 今達法師（一八七九—一九五一）

今達，湖北人。居寧波天童三十餘載。刻苦勤勞，平日默無一言。一九五一年冬，略受感冒，請假三日，在己寮房中精進念佛。至第三日，夕陽將墜時，與眾珍重告別，安坐而逝。世壽七十有二。

——《近代往生隨聞錄》頁二〇。

《大寶積經・卷九十八》（《須摩提經・卷一》同經文內容）（《大正藏》第十一冊頁五四八中）

復次妙慧，菩薩成就四法，臨命終時，「諸佛」現前，何等為四？

一者、他有所求，施令滿足。

二者、於諸善法，深生信解。

三者、於諸菩薩，施莊嚴具。

四者、於三寶所，勤修供養。

23 根慧法師（一八八一——一九五一）

根慧，名今覺，別號瑞光。俗姓余，名學田，浙江平陽人。年十四從普陀半山庵了崇法師披剃，旋至普濟寺受具戒，追隨諦閑和尚聽經，一日赴常州天寧寺途中，患病幾殆。二足浮腫，數日不食，力疾抵寺。見天寧寺壁題云：「**到這裏來，就要放下**。」即時萬緣頓空，病竟霍然。試以「**念佛是誰**」話頭，息心參究。疑情陡發，不斷者數月。

後聆聽金山慈本禪師開示：「**如空合空，似水合水**」，忽悟「心佛相印」之理。民國初年，諦公以師「解行」相應，擢任為觀宗寺住持，兼傳天臺宗印，以續法脈。一九四五年，二任觀宗住持，承法智大師暨諦公遺規，依教修行，依法明宗，禪淨雙修，教觀並運。終年建「法華三昧七」，計廿一日。十六觀彌陀七，各七日。自春徂秋，依次講《法華》、《楞嚴》、《觀無量壽佛經》。孜孜屹屹，未或稍息。

慧師隆冬祁寒，猶露頂行道；盛夏溽暑，亦不免衣，不揮扇。午夜危坐，過中不食，一衲數十年不易。自一九三五年夏起，月禮《法華三昧懺》，祈世界和平。一九五一年年秋，略感微疾，預知時至，搭衣持具，至各寮告別，諄諄誡勉後學扶持叢林，續佛慧命。九月初三日子時，說偈云：

「**安安安安安，無無無無無。安、無安、無所安。安無安、無無無、安安。**」

時靜權老法師適在座，詢曰：「**可速往西方，速來娑婆，廣度眾生。**」慧師即首肯，吉祥而逝，頂相猶溫。荼毘日，天空瑞光一道，狀如白練，復有五色祥雲繞日，大似車輪，歷四時方散。復撿得舍利八顆，餘碎舍利無數。世壽七十有一，法臘四十有七。著《法華妙德玄記》八卷、《楞嚴權實疏》十卷、《五味玄記》、《彌陀性樂義味》、《穀音》、《經筵拾零》行世。

——本空禪師著《煙水集》頁一三三——一三八

24 轉逢法師（？—一九五二）

轉逢，名海妙。俗姓王，字馬蓮，福建南安人。年十二即進住小雪峰寺，親聞佛化老人講法，老人示云：「**凡軀能滅，其中有不生滅之佛性在，瞭解得此義，方可爲僧，汝瞭解否？**」復授一偈曰：「**端坐念佛意新新，寂寂虛虛淨無塵。六個門頭光燦爛，通融法界本來人。**」逢師得此偈，參禪念佛，修持不輟焉。年十八便從喜敏法師剃染，越年受「具戒」於本寺南普陀。從腳參方，發明心要。

一九二〇年，逢師接任南普陀住持，任滿，改革子孫寺，為十方選賢叢林，首任方丈為會泉和尚。逢師早年患口疾，年廿四，除夕夜禮《金剛經》，頓感三寶加被，宿疾全消，談吐清暢。復上峨嵋山，入殿展具，禮拜普賢菩薩，眼目一舉，金容赫赫，如生身父母，涕淚交流。入夜後，通宵念佛不寐，逢師遂以左臂燃燈供佛，發願與一切有情，同見普賢，同作普賢。中夜，果見普賢大士乘六牙白象，與諸聖眾圍繞。逢師驚喜跪拜，久乃化去。

復轉赴西藏，經水路三日，步行五十三晝夜始達。時有七日之久，沿途渺無人煙，行腳疲憊，飢渴倒地，昏絕中見一「婦人」送水及飯至，定神一瞥，婦人已不知去向，良以菩薩感應至也。抵西藏，於哲蚌寺修學密法三年。逢師戒行精嚴，廿年「日中一食」，嘗於南普陀後山岩洞，發願設放千台「瑜伽燄口」，普施十方無祀孤魂，二年功德圓滿。亦嘗於馬來西亞三寶寺結「密淨壇」潛修時久。

晚年住持新加坡龍山寺，歸心淨土。耳提函詔諸徒侶，均諄諄勸修念佛，祈生淨土，無一言涉及其他。一九五二年五月廿二日，世緣將盡，翻身趺坐，謝絕言語，合手稱念彌陀洪名，安詳而逝。荼毘，撿得舍利十餘顆。著《六字雲梯》、《蓮舌阿鞞輪》行世。

——《僧寶之光》頁七一—七四。《廈門南普陀寺志》頁七五—八〇

25 洪林法師(一八九三—一九五二)

洪林,山東人。居寧波天童寺廿餘載。歷任諸職,早晚隨眾,不廢課誦。徹夜靜坐,脅不至席。晚年更加精進。自中共解放後,組織生產,帶頭勞作。一九五二年十一月初,偶染風寒,飲食遂減。病中仍趺坐不臥。一週後,於午夜,整衣面西端坐,與諸友人,含笑告別,安詳往生。春秋五十有九。

—《近代往生隨聞錄》頁二一

《得無垢女經・卷一》(《大正藏》第十二冊頁一0五中)

得無垢女!諸菩薩摩訶薩成就「四法」,得「淨佛土」。何等為四?

一者、於他不嫉。

二者、等心(平等無二之心)自他(自己與他人)。

三者、見諸眾生,心常歡喜。

四者、不親諸「惡眷屬」。

26 遍和法師（一八八八—一九五四）

遍和，俗姓謝，四川新津縣人。身長不滿四尺，面貌奇醜，目睛藍色，跛足，不良於行。衣衫襤褸，塵垢遍身。自幼父母雙亡。年廿四，禮峨嵋山長老坪普雄法師剃染。越二年受「具戒」，爾後即行腳朝禮四大名山。一九二六年至上海，於大場寶華寺及南市海會寺，任香燈多年。自一九四二年起至圓寂均在法藏寺化身窯隱居潛修。

和師平時不樂言談，終日恆持阿彌陀佛洪名，並念「七如來」聖號不輟。樂於侍侯病僧，不憚辛勞，不厭臭穢。和師目有「異秉」，每夜必「蒙山施食」，一夜數次起身披衣，為鬼道眾生「說法」並授「三皈五戒」。

一九五四年三月廿九日，忽沐浴更衣，剃頭搭衣，向化身窯當家滿月師告假云：「**不久要離寺他去**。」至四月初二日，復整衣禮辭滿月師，盡生平積蓄，請為打佛七。四月十四日晨，復語滿月：「**四天後，決定去**。」遂將衣服及寮房收拾清潔。果於四月十八日上午十一時半往生。一切如常，毫無病苦。臨終前呵呵一笑，自在化去。世壽六十有六。

—《近代往生隨聞錄》頁二一一—二一二。《僧寶之光》頁二九—三一。

《稱讚淨土佛攝受經・卷一》(《大正藏》第十二冊頁三五0上)

又，舍利子！若有淨信諸善男子或善女人，得聞如是無量壽佛無量無邊、不可思議功德名號、極樂世界功德莊嚴。聞已思惟，若一日夜，或二、或三、或四、或五、或六、或七，「繫念不亂」。是善男子，或善女人，臨命終時，無量壽佛與其無量「聲聞弟子、菩薩衆俱」，前後圍繞，來住其前，慈悲「加祐」，令心不亂。既捨命已，隨佛衆會，生無量壽極樂世界清淨佛土。

27 寄蓮法師（一八七〇—一九五六）

寄蓮，俗姓黃，浙江黃岩人。年十六剃染。天臺之靜權法師，乃蓮師之法兄也。師後至蘇州倉米巷隆慶寺，依靜觀老法師座下繼承衣鉢，住持隆慶寺，達數十年。嘗開過三次大戒，最後一次於一九三四年。蓮師為人正直慈悲，常勸人老實念佛，並持誦《金剛經》、「大悲咒」、《普門品》，始終不輟。

一九五六年農曆十月初十日晨九點，了無病苦，念佛坐化，春秋八十有六。

——《近代往生隨聞錄》頁三八。

《占察善惡業報經・卷二》（《大正藏》第十七冊頁九〇八下）

復次，若人欲生他方現在「淨國」者，應當隨彼世界「佛之名字」，專意誦念，「一心不亂」。如上觀察者，決定得生彼佛淨國，善根增長，速獲不退。

28 清念法師（一八七五—一九五七）

清念，名法慧，為當代印順導師之剃度恩師。俗為福建金門張氏子。年十七，投南海普陀山鶴鳴庵披剃，復受「具戒」於普濟寺慧源法師。先後任阿育王寺、普濟寺副寺。一九一六年，誓志規復普陀山福泉禪院。艱苦備嘗，歷廿年，守護道場，功不可沒。戒行嚴謹，生活刻苦。嘗遊安南、小呂宋、臺灣。

一九四九年，避居新加坡海印寺，淡泊簡默，所至從化，日稱彌陀聖號，歸依淨土。一九五七年一月廿七日，晚食甫畢，突感不適，似知時至，兩唇翕動，默念佛號。遂於八時三十分，寂然而化。戒臘六十有四，春秋八十有二。荼毗光明山，撿得舍利甚多。

——《僧寶之光》頁五三—五九。

29 彌高法師（一八七五—一九五八）

彌高，俗姓仲，江蘇如皋北鄉人。兄弟三人皆捨俗為僧。年十九，於如皋定慧寺下院觀音庵剃染。高師前後住定慧寺達三十餘年，宏法利生，不遺餘力，為地方人士所稱道，平日專誦《法華經》。一九五八年舊曆六月十九，觀音聖誕，念佛坐化，春秋八十有四。

——《近代往生隨聞錄》頁三七。

《佛說菩薩內戒經・卷一》（《大正藏》第二十四冊頁一〇二九上）

菩薩當知三願，乃為菩薩，何謂三？

一、願我當作佛，我當作佛時，令國中無有三惡道者，皆有金銀、水精、琉璃七寶，人民壽無極，皆自然飯食、衣被，五樂、倡伎、宮殿舍。

二、願我往生阿彌陀佛前。

三、願我世世與佛相値，佛當授我莂。

是為三願。

30 圓濟法師（一八八五－一九六〇）

圓濟，名真慶。俗姓葉，江蘇儀徵樸席公社人。家世務農，兼營油坊。年五十，禮火星廟長生法師剃度。濟師不識字，為人樸實，不任常住職務，絕少言語。以修持「淨土」為宗，念佛精進不懈，日磕響頭百餘。

某年，生師命濟師至田照管玉豆，是夜生師親自下田視之，見濟師竟於田埂上拜佛，且五體投地，頭頂入泥極深，因常磕響頭，故頂部隆起。迨生師圓寂，乃接任住持。逢寺朔望，師徒俱不出坡，終日念佛暨誦戒經。春冬農閒，則打佛七，自利利他。逢七月則撞鐘，為施主濟度幽靈，一聲鐘，一聲佛，備極虔誠。生平敝衣粗食，粒米殘羹從不浪費，放下一切，竭誠修持。經常「燃臂」，並燃「四指」供佛，苦行難能可貴。

師嘗於廿年前即發願效藥王菩薩焚身供佛，後經眾弟子勸阻未行。一九六〇年，自知因緣成熟，備辦木柴數百斤，就日曬乾。於七月廿日，飽食三餐畢，遣徒月輝師、月昆師外出。是夜，眾見濟師沐浴更衣，佛前供香，莊嚴頂禮，復運木柴置菜園地，中置一椅，至十二時整，獨自登座「點火」，合掌念佛，深入禪定，巍然不動，泊然化去。至一時許，二徒歸來，師已往生極樂。世壽七十有五。

——《中國近代淨土聖賢錄・第四冊》頁四六。

《佛說無量壽經・卷二》（《大正藏》第十二冊頁二七二中）

佛語阿難：……當發無上菩提之心，一向專念無量壽佛，多少修善，奉持齋戒，起立塔像，飯食沙門，懸繒然燈，散華燒香，以此迴向願生彼國。其人臨終，無量壽佛化現其身，光明相好具如真佛，與諸大眾現其人前，即隨化佛往生其國，住不退轉。

31 靜權法師（一八八一——一九六〇）

靜權，名寬顯。俗姓王，名良安，浙江永嘉人。幼時聞寺僧誦經聲，即萌出世志。年廿五，禮天臺國清寺授能法師披剃。親近台宗尊宿永智、敏曦諸法師，並從諦閑習天臺教義。早年勤奮學習，夜間每借「月光」讀經，無月之夕則專事禮拜，因得盡通諸經論。在諦閑法師座下，任主講數年。曾創辦天臺研究院，造就僧才。建妙法堂，導修止觀。又創安養堂，以安衰老。每晚必施蒙山法食，大小佛事，必以誠敬為主。嘗示學徒：「**仗施主之香花，培自己之福慧。**」日常生活艱苦樸素，四十餘載，不作方丈，弘經護法，不遺餘力。教演天臺，行歸淨土；朝修十念，暮持《觀無量壽經》。

權師一生廣演《法華》、《仁王護國》、《楞嚴・大勢至圓通章》諸經，嘗發願專講《地藏》、《彌陀》二經，獨專《地藏》，研究精微，時人嘗喻為「活地藏」。每講此經，總披紅袈裟，結跏趺，雙目下垂，不看經本，稱性侃侃而談，聽者無不深為之動容。時弘一律師嘗親臨講席，聞而當眾熱淚如雨。

一九六〇年，權師頓現老病之相，十二月廿日在大眾念佛聲中，正念分明，含笑而逝。世壽七十有九。師雖能詩善文，儒學造詣頗深，然一生不作文、不著疏，門人為之記有《地藏經略解》、《楞嚴經‧大勢至菩薩圓通章講義》等行世。

──《近代往生隨聞錄》頁三〇。吉林文史哲出版《宗教名人傳記》頁六二──六五。華東師範大學出版《中國近現代高僧與佛學名人小傳》頁二九五──二九六。

《大乘離文字普光明藏經‧卷一》（《大正藏》第十七冊頁八七三下）

若有能持此經典者……是人當得辯才無礙，決定生於「清淨佛土」，是人「臨終」定得親見阿彌陀佛，菩薩大眾而現在前。

32 智開法師（一八九一－一九六一）

智開，俗姓趙，名全心，五台東冶鎮槐樹蔭村人。俗營中藥鋪，育一妻二子一女，同心同德，以道德之家著稱。自皈依三寶，長齋戒絕煙酒，每晨二時起身，至郊外經行密誦「經咒」，始終不懈。年四十八，方禮五台成果庵達生法師披剃，復至北京法源寺受「具戒」。隨赴揚州高旻，親近妙樹和尚學禪，夜不倒單達五年之久。後往山西榆次某寺，及五台石盤洞槐樹蔭村、磨子山等地，專修「般舟三昧」三期。常行常立，不許一彈指頃念世五欲，唯念阿彌陀佛聖號，於淨土法門，收獲至深。

一九五二年春季，師回五台廣濟茅蓬，眾推為監院。師之為人，誠懇慈悲，戒律謹嚴，因果分明，晝夜精進，行道念佛。一九六一年正月稍感微恙，廿七日子夜，靜為法師於旁照料開師，師乃催為師休息，恐他勞累過甚，耽誤常住工作。開師催促再三，於言詞間，隱示生西之意。為師初不肯去，並厲聲云：「汝若確知往生時節，吾即去安息。」開師聞後，仰視空中，延遲一會。答曰：「十二時走吧！」為師信之，即去安息。翌日中午十二時，果於大眾念佛聲中，唇吻微動，念佛不斷；至唇吻不動，即安詳坐化，往生極樂。世壽七十有一，僧臘廿有三。

——《中國近代淨土聖賢錄・第四冊》頁四七—四八。

《淨土十要・卷二・發願》（《卍續藏》第六十一冊頁六六三下）

我弟子（某甲）至心發願。願共修淨行人，三業所生一切諸善，莊嚴淨願。福智現前。願得　彌陀世尊、觀音、勢至慈悲攝受，為我現身。放淨光明，照燭我等。諸根寂靜，二障消除。樂修淨行，身心潤澤。念念不失淨土善根，及於夢中常見彼國眾妙莊嚴。慰悅我心，令生精進。願得臨命終時預知時至，盡除障礙，慧念增明。身無病苦，心不顛倒。面奉　彌陀及諸眷屬，歡喜快樂。於一剎那，即得往生極樂世界。到已，自見生蓮華中。蒙佛授記。得授記已，自在化身微塵佛剎，隨順眾生而為利益。能令佛剎塵數眾生發菩提心，俱時離苦，皆共往生　阿彌陀佛極樂世界。如是行願，念念現前，盡未來時，相續不斷。身語意業，常作佛事。

33 海山法師(一八九一——一九六三)

海山，名清晏。俗姓陳，湖北黃陂縣人。年十七，禮開封相國寺性空和尚披剃，翌年春至南京寶華山定慧律寺受「具戒」。後至各大叢林參訪明師，三朝四大名山，十禮仰光大金塔。一九一四年至上海哈同花園華嚴大學，親近月霞老法師，聽講《華嚴》，自後廣宏三藏內典，發願終生受持《華嚴》。日以《華嚴》為常課，隨緣接引有緣，向無妄求之意。師於南北二京，及蘇杭二州弘法多年，講經數十餘座。來香港後，重修觀音殿，創建華嚴閣，打「華嚴佛七」十餘次。

一九六二年底，師預知時至，嘗對弟子稱：「**來歲必然親近彌陀矣！**」隔年夏初親筆自輓法語云：

「**我今住世七十餘，返還已前老面皮；老面皮，識者希，不生不滅，不來不去，來實不來，去者本無去，明瞭來去理，即是第一義。若問第一義，本來**

無實句，能生一切法，能具一切義，能生一切福，能滅一切罪，萬事唯性能，了知乃悟理。我今悟此理，告知同道的◯（打一個圓相云）：一切唯心造，一切唯性具。哈哈！海山自輓。」

是年至十月六日，因跌成疾，留醫四日，昏迷中不忘念佛，口誦《華嚴》，手打木魚，種種表露，令觀者至深欽仰。於十月十日三時十八分，安詳捨壽入滅。遺囑交代：**趺坐入缸**。世壽七十有三，僧臘五十有五。著有《華嚴堂隨筆》行世。

——《僧寶之光》頁八三—八五。香港《大嶼山志》頁九七—九八。

34 智性法師（一八八四——一九六四）

智性，號聖靜。俗姓葉，臺灣臺北人。年廿，禮福建鼓山振光和尚出家。年廿一，依古月和尚受「具戒」。後參訪諸山長老，足跡遍歷大陸各省及南洋等地。一九二八年歸臺後修建闕渡慈航寺，與辦臺中佛學院，培育僧才，常以「誠」、「習」、「專」三字勉眾，並擔任臺灣省佛教分會第二屆理事長。師禪淨雙修，終日念佛不懈，嘗開示：

「念佛可以增進智慧，如果沒有智慧，那人是多麼可憐；而且專心的念佛可以去妄想，增加無上的快樂。」

師日必誦《法華》、《楞嚴》，於此二經極具匠心。夜十一時方就寢，晨二時必起身，禮《大悲懺》，誦《地藏經》畢；再親自領眾，早晚二課，按時禮拜，不稍粗率，偶間缺亦必於次日補齊。佈施放生，毫不遜人，嘗出資購烏龜數千隻放生。性師精通醫道，尤以治「癲狂病」聞名，己身甚少用藥，多採己加持之「唵嘛呢叭咪吽」濟人，靈驗異常。

一九六一年病危，眾徒以老人將示寂，老人答：「**大眾安心，吾至八十才走！**」一九六四年農曆四月廿九日，鐘鳴五響，老人高聲念佛數聲後，安詳示寂。異香滿室，頂尚溫暖。世壽八十有一，戒臘六十。荼毗獲五彩舍利數百。

——《僧寶之光》頁九一——一〇〇。臺中《慈明雜誌》三四、三五、三六期。

《虛空藏菩薩問七佛陀羅尼咒經．卷一》（《大正藏》第二十一冊頁五六三上）

誦呪一百八遍，於七百身中自知宿命，若欲生天中，諸天之王。若生人中，則為轉輪聖王。若能日日受持，其人命終則往生無量壽國，不生人中。

35 湛真法師（一八九一——一九六五）

湛真，廣東梅縣人。披剃於羅浮山華首台，西隱香港青山。平日樂居破爛平房，日久煙熏，黎黑不堪。師卻一心念佛，淡泊名利，四十八年不出此屋。或逢女眾因事入舍，師必離舍，靜默念佛，待女眾離去，復入。臨終前二年，師絕飯食，僅以「牛奶、花生糊、冰糖」療饑，致身皮連骨立。師卻淡然視之，日常念佛，從無間斷。

臨終前二日，囑徒云：「**二日後，將不再受食**」，依舊念佛不斷。臨終前一日，尚自責云：「**這麼糊塗，終日昏沈，今天什麼都沒有做到！**」一九六五年農曆十月初五，是夜二時，起身端坐，一心不亂，正念分明，說偈曰：「**一句彌陀無別念，只彈指頃到西方……**」，旋即示寂。世壽七十有四。

——《僧寶之光》頁三三——三九。

36 玄妙法師（一九〇〇—一九六七）

玄妙，字悟真。俗姓黃，臺灣臺北人。年十三即通貫四書經史，眾皆異之。年廿三，禮碧山岩達淨老和尚披剃。年廿五，受「具戒」於觀音山凌雲禪寺。為修習禪觀，足跡遍訪江浙之寧波、天童、阿育王、觀宗、靈隱、昭慶、雲棲諸寺。常惺法師嘗延師主南普陀監院，達五年之久。一九三七年，復至南洋、星、馬，遍設講筵。臺灣光復畢，師回鄉圓覺寺任主持。嘗數度閉關，並開示云：

「我閉關時，若人來訪，閒話絕提，只教念一句『阿彌陀佛』。你說我好，是一句『阿彌陀佛』。罵我壞，也是一句『阿彌陀佛』。若笑我愚癡，我打個哈哈，再回你一句『阿彌陀佛』；甚至你說我掩關掩瘋了，我還是一個哈哈，答你一句『阿彌陀佛』！時下世風人心，唯有念佛，才能消災障，成佛道，否則誰也救不了誰啊！」

一九六七年五月四日，上午十時，妙師猶持《菩提樹》、《覺世》兩刊閱讀，生活一切正常，至午即沐浴更衣，謂徒云：「**吾要去了！**」照例午睡，三時許著黃海青，至四時，端身跏趺，口中念佛，於陽明山永明寺，念佛坐化，荼毗撿得舍利數十。四色舍利花近百餘，枕骨完整。春秋六十有九。集有《圓頓心要》、《修證圓通》、《滴水集》諸書行世。

師一生教宗「般若」，行在「彌陀」，駐南洋時，探閱淨土諸書，錄其要義，彙成一冊，曰《淨土精華錄》。對「念佛與讀佛」嘗示云：

「**眞能念佛者，畢竟少其人焉！『讀』字從口，若信口徒讀，不從心發，口讀心違，心口不一，雖終日喃喃，難期實益，希冀往生，難乎其難。念則不然，『念』字從心，心思憶而不忘，故名曰『念』。眞能念佛者，句句須從心念，方得實益。憶之深，念之切，念到不念而念，能所合一，迨至此念脫落，當體空寂，彌陀全體，當時顯現，始知從有念而至無念，因無念而證無心之心，如此念法，正是彌陀聲聲念，念念見如來。此種念佛，正於當念之時，我身**

已融入彌陀身中，生佛了無二相。既住彌陀身，而念彌陀佛。能念即佛，所念亦爾。分無可分，捨無可捨，於無可分捨中，平等一如。人謂眾生念彌陀，無寧謂彌陀自念，可也。由是以觀，繫心念佛，與散心讀佛者相比較。誠不啻有天壤之別。其難其易，奚止日劫相倍哉！願後之有志行人，對此毫釐千里之差，可不三注意焉。」

——《僧寶之光》頁一〇八—一一〇。《菩提樹》一四八、一七六期。

《不空罥索神變真言經・卷七》（《大正藏》第二十冊頁二六五上）

誦持「母陀羅尼真言祕密心真言」者，則得無始一切罪障盡皆消滅，若命終後當得往生安樂國土，恒見一切諸佛菩薩摩訶薩等。

37 聖慈法師（一八八六—一九七〇）

聖慈，俗姓賀，名融父，湖北武昌人。在俗嘗任知縣、國會議員等諸要職，道德學問兼優。年六十七，方禮香港青山體敬老人披剃。秉持老人「持戒念佛」家風，除朝暮二課外，自訂修持。日於朝課前一時起身禮佛，低聲稱念佛號。晚殿後，則念至八時方養息。十年如一日，從不間斷。嘗作一詩，足明其念佛修持之深。云：

「芙蓉山半藏東林，清磬之聲時相續。春陽三月風漸溫，當午貪眠若不足。強起扶杖出山門，近對蒼松與翠竹。棲林禽鳥頻相呼，幻緣聊以慰幽獨。思維生滅說依心，妙心無住孰能縛。放之則量含太虛，卷之則空無一物。此中勝義約為言，湛寂一心即見佛。抑亦祖傳之心法。」

師一生謙恭禮敬，絕慢與貢，不炫己長，以形人短，忍辱功深。不好鬥勝，不貪住食，陋室自安，破衲自補，淡泊自如，不重色身，唯道是務。對念佛法門嘗開示：

「念佛法門，本是至圓至頓之大乘法，若只是自願往生，不免落於小乘。故念佛必重迴向，方能引發大願，普願眾生同願往生，期與大乘教相應。」

一九七〇年一月二日，師與眾作息，無有異樣。至三日凌晨三時，聖觀法師起身，見慈師獨於客廳木椅上盤坐，恐其受寒，欲扶之入房。呼之不應，只聞喉聲作革，觀師覺有異，急為念佛。至三時三十五分，安詳生西，面目如生。世壽八十有五。著《一生成佛附嬰寧詩鈔》、《海嶠吟艸》、《淨土詩》等行世。

——《僧寶之光》頁一三六——一四三。

38 轉岸法師(一八八二—一九七〇)

轉岸，俗姓劉，福建惠安人。年廿二，禮南安楊梅山雪峰禪寺喜敏法師披剃。越三年，受「具戒」於福州鼓山湧泉寺妙蓮和尚。旋返泉州，先後任大開元寺、承天寺及漳州南山寺等諸大叢林首座。復親近雲果、虛雲諸禪師，頗會心宗。

岸師精於梵宇建築藝術，於一九一九年起，率眾修建南普陀寺大殿。師弗辭勞怨，櫛風沐雨，無分晝夜。舉凡雕樑畫棟，起鳳騰蛟，壯麗琳宮，莊嚴梵闕，以至一石一木，均悉心指導，以竟事功。一九二七年，師敦請太虛大師南下住持兼閩南佛學院長。未幾，寺內中殿，突遭祝融之災，十餘年浩大之工程，一旦化為煙塵。師感痛之餘，復率眾重建，歷三年而告復。因而感動富商，獨力捐建後殿。今南普陀寺之巍然壯麗，師之功德大矣。

二次世界大戰間，師率新加坡居士林組織救恤會，撫濟災黎，墾荒自給。

一九五〇年，任普陀寺住持。駐星期間，於弘法、慈濟、伽藍建築等事業頗多建樹。師雖年逾杖國，然平日朝夕行持，未嘗間斷。日晨拂曉，必起禮佛，禪淨並策。嘗開示：

「念佛須兼行靜坐觀心，始能頓歇妄念，以至定境現前一心不亂。」

一九七〇年元月中旬示疾，數日拒進飲食湯藥，自謂：

「死生乃人生必經之過程，落葉歸根，自古不免。渠已一心求生安養，毫無其他掛礙。」

逮元月廿四日黃昏之時，師預知時至，極欲返回普陀寺方丈室，眾遂扶往，佛號助念不斷。至初夜，師轉醒，隨眾念佛數聲，安詳入滅，面目不改。荼毗得大舍利數十餘。春秋九十有四，僧臘七十有二，戒臘六十有九。

卍《淨土聖賢錄・五編》（合訂版）卍

——《南洋佛教》一一期頁一六——一七之「轉岸老和尚紀念專刊」。

《佛說無量壽經・卷二》（《大正藏》第十二冊頁二七四中）

佛告彌勒菩薩諸天人等，無量壽國聲聞菩薩，功德智慧不可稱說。又其國土，微妙安樂，清淨若此，何不力為善？念道之自然。著於無上下，洞達無邊際。宜各勤精進，努力自求之。必得超絕去，往生安樂國。橫截五惡道，惡道自然閉。昇道無窮極，易往而無人。其國不逆違，自然之所牽。何不棄世事，勤行求道德？可得極長生，壽樂無有極。

39 知寂法師（一九二〇—一九七一）

知寂，江蘇崇明人。年三十六，禮臺灣基隆十方大覺禪寺靈源和尚披剃。是年受「具戒」於臺中寶覺寺。為發展宿願，乃偕常智法師闢建基隆佛教蓮社，十五年慘淡經營，終竟其志。蓮社專事弘揚淨業，常年佛七不斷。寂師用功十分精進，連掃地時，均在持誦《地藏經》。每念佛時，則將意念集於頭頂上。某次佛七，一信眾見阿彌陀佛坐於師頭頂上，凡此均為師念佛之感應也。

師嘗任臺灣省佛教分會理事，基隆市佛教支會理事長及顧問等職，奔走護教，極具用心。一九七一年示疾，一月廿九日臨終之際，神態安詳，念佛而逝，逾時頭頂猶溫。荼毗撿得白色晶瑩舍利一大顆。春秋五十有二，僧臘十六，戒臘十六。

——《海潮音》五二卷三月號。《中國佛教》二一卷九期。

40 善法法師(?—一九七四)

善法,浙江奉化人。少時家貧失學,在俗時為縫衣業。年廿一,往天臺某茅蓬披剃,於國清寺受「具戒」,出家後因資鈍,讀誦《阿彌陀經》,至年餘方熟。自知障重,遂往阿育王寺拜佛舍利。未幾,智慧頓開。聽經聞法,入耳不忘。復往國清、觀宗、聖水各寺學習經教。旋隱居自修,嘗棲止西湖招賢寺、武康銅山寺、法華山法華寺等處。後遷居皇前山白雲庵七載。

師一生戒律精嚴,悲捨具足,平時教研「天臺」,行在「淨土」,精進修持,數十年如一日。為人坦率誠摯,喜結人緣,該庵附近居民,莫不尊敬。嘗於杭市節義庵升座講經,口若懸河,滔滔不絕,其法會盛況,一如久經講席之尊宿。晚年患尿頻數症,抱病五月,而仍念佛不輟。即將身後諸事,安排妥當,所有積蓄及物資,分散結緣。

法師於彌留際,忽見滿室俱是佛菩薩相,大大小小,雖「穢處」亦有。法師即斥之曰：「爾等皆是魔，特來妨亂我的正念，我心明白，毋得相擾。」經此一呵，諸魔潛蹤。時諸弟子在旁「喧嘩」，師復阻止曰：「諸子毋噪，我要持大悲咒。」即於持咒後，安詳西逝。時為一九七四年正月三十日。

——《中國近代淨土聖賢錄・第四冊》頁五三——五四。

《聖虛空藏菩薩陀羅尼經・卷一》（《大正藏》第二十冊頁六〇五下）

我此「心印大陀羅尼」，殑伽沙等諸佛世尊同共宣說，若有受持供養，聽聞隨喜此「陀羅尼」者，當知是人獲得聞持，遠離疾病，飲食無患，繫縛解脫……常生人中，人中命終，生安樂剎。

41 照慈法師（？—一九七四）

照慈，俗姓呂，上海南翔鎮人。年廿六成家立業。翌年印光大師在申弘法，得聞淨土教義，歡喜踴躍，遂發心持名，求生西方。凡遇親知，即以淨土法門相勸。年三十二，妻病逝，遂棄商出家。隻身赴杭，先至城隍山瓢羹石，最後定居紫陽山福壽庵，專修淨業。其間接引善信，同修淨土，向化頗眾，法緣極盛。念佛求生外，尤重「放生」。所放生物，無慮數千萬。

一九七四年二月起，胃納不佳，身患水腫，骨瘦如柴，肢節酸痛，需人經常按摩。延至初秋，米麥不進，但飲流汁。雖在病中，神志清楚，時與來訪者演說法要，直至彌留，誨人不倦。農曆七月廿九日地藏聖誕，是夜九時，忽瀉下瘀積，全身水腫頓然消失。捨報前五分，弟子捧三聖像，令其瞻仰，師即合掌致敬。復用力撥轉念珠，默持聖號，泊然而化，面色如生，肢體柔軟。

—《近代往生隨聞錄》頁二二一—二二三。

42 淨念法師（一九二一—一九七五）

淨念，名化相。俗姓張，號和中，河北行唐人。年廿三，禮吉林五常縣泰安寺宗續和尚披剃。一九四七年，受「具戒」於上海龍華寺性空律師。旋住蘇州靈巖山寺，後往親近妙真法師及慈舟律師，專研天臺教義，淨律雙修。一九四九年浮海抵臺，任高雄阿蓮鄉光德寺住持，於茲廿載，參預傳戒達廿餘次。先後應韓國、馬來西亞之聘，傳授大乘戒法。

一九六五年於臺南東大灣建淨土寺，提倡淨土法門。不做法會，不應佛事，唯舉佛七與眾共修。一九七五年，患腸癌，兩度手術，群醫束手。十二月九日下午四時四十二分，於大眾念佛聲中，端坐正念，寂然逝化，安詳生西。春秋五十有四。

——《僧寶之光》頁一六三—一六四。真華法師《行化雜記》頁三八一。

43 澹雲法師（一九〇一——一九七五）

澹雲，俗姓朱。浙江樂清大荊柏楊村人。年十二，即禮溫嶺常樂寺月曇和尚披剃。年十九受「具戒」。年廿，至寧波觀宗寺，親近諦閑老法師，習天臺教理，復親近印光大師。年三十六，任溫嶺縣明因寺住持。年四十四，任觀宗寺佛學院院長。年四十九，任天臺國清寺住持，凡廿有六載。解放以來，師嘗被選為省人民代表、省政協委員、中國佛教協會理事。

師任國清寺職，率領大眾，遵循百丈遺風，躬耕自給。遂令全寺大眾，四事無缺，道風不替。文革時，全寺被毀，身陷囹圄，不屈不撓，安忍若素。師早晚不間於六念，繁忙不廢於攝心，膂不至席，食甘藜藿，解行並重，數十年不斷。

一九七五年，九月患疾，然猶能扶病見客。至十一月十五日亥時入寂。三日前，預囑後事，寺務一切，委靜慧法師負責。屆時毫無病苦，合掌向大眾告別，念佛而逝。世壽七十有五，僧臘五十有六。編《天臺宗講義》一卷，供初學研究。作《法華經頌》廿八首，寄贈東瀛，大受嘉嘆。

——《近代往生隨聞錄》頁三一—三二。

《毘俱胝菩薩一百八名經·卷一》（《大正藏》第二十冊頁五〇二上）

此「一百八名」祕密真言，若有一心受持讀誦，若自書寫若為人解說，增壽吉祥，端正福相，衆人愛敬，遠離魔境，出生死難……

復令彼人智慧增長，於七生中得宿命通，生剎帝利族，受國王身，從此命終，往生西方極樂世界。

44 了願法師（一八八九－一九七五）

了願，俗姓陳，湖北黃崗縣人。年十九，捨俗為僧。父某，見子出家，亦捨俗為僧，父平時隨眾坐香，默念佛號。臨終預知時至，身無病苦，作務如常，安詳坐脫。願師見其父僧精進念佛，歸宿如此，大為感動。是故懇切持名，日課一、二萬佛名以為常。

願師於禪教俱有深造，而歸心淨土。歷任揚州高旻寺首座十餘年，及上海靈山寺、龍華寺住持。於滬、杭、蘇、常各地，弘法三十餘載。常講《楞嚴》、《彌陀》諸大乘經，法雨遍灑江、浙兩省，善信皈依者甚眾。師待人接物，和藹可親。凡來謁者，普勸吃素念佛，求生彌陀淨土。

晚年居佛子園，二六時中，持念聖號不輟。文革時，忽患中風，言語蹇澀，手足拘攣，經醫治療略瘥。一九七五年十一月廿四日，偶感風寒，勞倦欲臥，對弟子曰：「**吾已親見阿彌陀佛。身無病苦，心不迷亂，必當往生極樂。**」至半夜，復言：「**佛來！**」遂高聲念佛。漸漸聲低，唇猶微動，安詳逝化。春秋八十有六。

——《近代往生隨聞錄》頁二四—二五。

《妙吉祥平等祕密最上觀門大教王經・卷四》（《大正藏》第二十冊頁九二七上）

爾時釋迦牟尼佛說是壇場祕密法已，告金剛手菩薩曰：若有國王、大臣、長者居士、婆羅門等及諸四衆，依法建此壇場，受「大灌頂」，行如是法者，是真法王之子。此諸人等所有曩劫「五無間罪、十不善業」一切重罪皆得消滅，命終之後生於西方極樂世界，得見無量壽佛，聞「不退法」與佛同等。

45 錦揚法師(一八九七—一九七六)

錦揚,號汝愚。俗姓張,浙江新昌縣澄潭鎮人。年十一,禮祇園庵主了明法師剃染。該庵需應酬世俗經懺,揚師為適應環境,只得隨喜。迨年稍壯,即謝絕應赴,專事清修。年十六,往天臺國清寺受「具戒」。戒期圓滿,出外行腳,參訪天童寺、阿育王寺。於上海法藏寺,親近興慈老人,聽講經教數年。後回新昌大佛寺,平日修持,以淨土法門為主。二時課誦外,兼誦《地藏經》,並修《大悲懺法》,寒暑無間,數十年如一日。

師先祖顯華,頗擅針灸。揚師得其傳,課餘為人療疾,多能著手成春。檀信供養,除正當用途外,輒轉作其他功德,及放生之用。常曰:「**施主一粒米,大如須彌山。吃著不了道,披毛帶角還**。」年八十,色身漸衰。一九七六年十月,病勢日重,飲食不進,神志清楚,恆就臥榻,誦經念佛不斷。

七日清晨二時,師雙目仰視,合掌作禮,眾助念之,遂面西吉祥而臥,在念佛聲中，溘然西歸。頂猶溫暖，異香滿室，久而不散。世壽八十。

——《近代往生隨聞錄》頁二五——二六。

《佛說一髻尊陀羅尼經・卷一》（《大正藏》第二十冊頁四八五上）

有能受持此真言者，若讀誦、書寫、流布……禮拜懺悔，誦真言一百八遍。持此明者……得四種果報，何等為四？

一者、不被禽獸所害。

二者、不墮地獄。

三者、臨命終時得見十方諸佛。

四者、命終之後生無量壽國。

46 大可法師（一八九八－一九七七）

大可，俗姓任，河北正定人。年三十，禮贛縣通天岩廣福寺明志老和尚剃染。年三十六，受「具戒」於南京寶華山隆昌寺。翌年至觀宗寺研究社，學習台宗教理。年四十二，掛錫國清寺。可師信深解徹，戒行嚴潔。居「安養堂」近三十載，搭衣禮佛，雖酷暑嚴寒，晝夜不輟。禮經如《華嚴》、《法華》、《楞嚴》、《金剛》、《地藏》、《梁皇》、《水懺》等，一字一禮，竭誠盡敬。檀施之資，輒隨喜放生，或濟助貧乏。每飯後歸寮，從不與人雜談，並持「非時不食戒」。

一九七七年略示微疾，遂敦請同參念「觀世音菩薩」聖號。並請以淨沙置佛前，加持「不空絹索毗盧遮那佛大灌頂光明真言」及「大悲」、「往生」等神咒七天，用以散佈棺中及屍體之上，並云：「**以後諸臨終者亦宜如法爲之**。」更對阿彌陀佛莊嚴聖像，諦觀熟視。發願言：「**我決定往生西方**。」連稱者三。時靜慧法師在旁，答曰：「**恭喜法師，觀世音菩薩決定來接引往生西方極樂世界**。」亦三應之。

夏曆七月五日，可師彌留之頃，要靜慧法師以「觀世音菩薩」聖號附耳聲稱，藉策正念。氣斷後，歷時甚久，遍體既冷，而頂門猶溫。世壽八十，僧臘四十有四。

——《中國近代淨土聖賢錄・第四冊》頁五八。

《千手千眼觀世音菩薩治病合藥經・卷一》（《大正藏》第二十冊頁一〇五中）

若有淨信男子女人，有能受持是「救苦陀羅尼咒」者，持世醫法，雖療諸病，以「慈心」故，必以「至心」應咒一百八遍，觀音力故無不著者。

若有衆生能持我法，其人若在命終時，我急迎來，以無邊樂乘「寶雲車」，速令往生安樂世界，「蓮花化生」成佛不久。

47 了然法師(一八八九—一九七七)

了然,俗姓溫,名謙和,江西寧都人。年廿,成家立業。年廿四,於江西龍風岩青雨寺披剃。一九一三年,偕德森法師於大乘寺受「具戒」。然師宿根深厚,「般若」力充,生死心切,專辦己事。獨居七星岩山頂,參禪數年大悟。一九二二年與森師至普陀法雨寺,親近印光大師,印公勸其息參持名,謂於淨土法門:

「**當生眞信,發切願,至誠懇切,攝心念佛,求生淨土。若不注重信願,唯期持至一心,縱令深得一心,亦難了生脫死。**」

然師遵開示,精進念佛。一九三〇年,印公至蘇州報國寺閉關。然師與森師亦結伴隨從,並助印公抄寫、校對、刊印經書諸事。一九三七年,復隨印公避難靈巖,閉關於佛海泉珍桃園之西關房。(時森師亦閉關於東關房)並名其關房曰「**不退**」,足不逾舍,達數十餘年,然師念佛功力乃大進。

一九四七年中，因然師念佛之功，屢感舍利下降燈華，陸續收藏之，約數十餘粒。晶瑩潔白，若水晶珠。然師擇其大者，合九粒安瓶內供養。有至關房求禮者，所見顏色，各不相同；或見現「極樂世界圖」者，深感佛法不可思議。

嘗開示云：

「吾等現今幸得人身，幸聞佛法，復幸得聞如是微妙淨土念佛法門，圓頓直捷，簡便易修，不假多劫，即生可到。應當生大慚愧，悲泣雨淚，渴仰慈尊，發菩提心，如子憶母，念念求生，心心不忘。見佛了生死，證得無生法忍，再來娑婆，普度一切眾生。從今以後，常當憶念阿彌陀佛，作無上慈父想。觀音、勢至、清淨海眾，作無上良朋想。復當憶念極樂國土，作究竟安樂家鄉想。眞信切願，持佛名號及修諸功德，作預備資糧想。臨命終時，作到家日期想。苟能如是憶想之極，自然漸漸生處轉熟，熟處轉生。念佛必須至誠懇切，句句佛號，從正念心中流出。心能專注，妄念自息。妄念若起，能覺便無。

古德云：『不怕念起，唯恐覺遲。』縱使我等不是正念佛時，亦應時時憶及一句佛號，莫令忘記。設或忘記，想起復念，若能二六時中，常把阿彌陀佛四字洪名記在心頭，久念必熟，念念不忘。如我等常有許多要事未了，牢記在心。甚至晚上做夢，亦忘不了。我等對於念佛，亦應如是。何況念佛是專爲了生脫死之第一大事。人生大事，莫若生死。今以念佛了生脫死，實爲出苦慈航，何敢失卻，失卻必復沉淪，終難出離苦海。觀此，可知念佛是大事中之大事，我等欲了生死，應當努力完成此件獨一大事。」

凡參謁請求開示者，然師唯以「念佛求生淨土」為訓，語多平淡，悲心流露，聞者感焉。師之座右銘有云：「人生無常，朝不保暮，須勤念佛，切莫虛度，一墮三途，萬劫受苦，趁此健康，求生淨土。」

一九六二年，森師生西，然師為舉火說法。文革後然師遷住蘇州謝衙前弟子家中。一九七七年七月六日，染暑疾，身有寒熱，不語不食，待入「三昧」。往生前數日得一夢，見昔日關房前「桃樹」，結一大桃成熟，醒後語人：「**既然果熟，吾當往生**。」即預囑三事：

一、交出本人照相底片，俾印施求索者。

二、命終以後，只穿破舊衣服，好者施人結緣。

三、在身故後，將所藏檀香油，爲予塗身後焚化。

七月九日晨六時，然師忽出聲念佛，並舉目四矚。命徒助念，連笑數次，安詳往生。眾聞異香滿室，拭身更衣，肢體柔軟。數小時後，某居士禮之，見其笑容宛然。下午某比丘尼跪榻前持念聖號，瞥見雙目「微啓」，啓後復閉。末後光明，如此微妙，往生極樂必矣！荼毗撿得青黃白諸色舍利花甚眾。世壽八十有九，僧臘六十有五。

然師披剃前，少讀書，後因出家用功得力，智慧開朗，文思泉湧，舉筆成章。著有《佛祖心燈貫註》、《禪淨雙勗》、《修淨導言》、《入香光室》、《般若淨土中道實相菩提論》、《普勸同倫念佛文》等書行世，今合為《了然法師法彙》。於禪淨二門奧旨，多有闡發。

——《中國近代淨土聖賢錄・第四冊》頁五九－六二。

《佛說一切佛攝相應大教王經聖觀自在菩薩念誦儀軌・卷一》(《大正藏》第二十冊頁六五五中)

復次說「部哩尼菩薩」真言曰：……一心專注，持誦不懈，有所求事，必獲成就，見受快樂，命終之後，當得生於極樂世界。

48 寒葉法師（一九〇四—一九七八）

寒葉，俗姓葉，安徽黟縣人。年四十一，投九江甘棠湖煙水庵披剃。翌年，受「具戒」於湖北廣濟大藏寺。爾後行腳參方，研教習禪，一缽孤身，飄然雲水。一九五〇年至天台高明寺，潛居近三十載，不好遊族姓家。三閱「大藏」，深通玄奧，洞明諦理。篤修淨土，夙興夜寐，禮懺持名，寒暑無間。每夜禮《彌陀懺》為常課不輟。一日，「中日友好訪問團」蒞寺，師贈以詩云：

「一乘妙法肇天台，千載同宗海外來。應是靈山曾一會，孤帆遠訪幾多回。」
「秋光絢麗菊花天，恰是豐收大有年。爲祝友邦多勝事，了知佛法自無邊。」

師晚年患微疾，於圓寂前，預知往生時日，遂分贈衣物，與眾話別。一九七八年三月六日晨，寺眾為念「普佛」，時葉師尚在室內經行念佛。迨「普佛」畢，眾往視之，葉師已面西右脅逝矣。世壽七十有四，法臘三十有四。

—《近代往生隨聞錄》頁二六—二七。

49 濟濤法師(一九〇四—一九七八)

濟濤，名仁培。俗姓梁，名書香，遼寧錦縣人。年廿九，禮龍江鍾靈寺經一老和尚剃染。年三十二，於哈爾濱極樂寺受「具戒」。圓戒畢，歸瀋陽般若寺暨青島湛山寺，習天台教乘，解行並運。後駐錫香港東林念佛堂，閱律藏，深感「受具」未得戒，遂發心拜《占察懺》，求清淨戒體。懇切至誠，遂蒙佛加被，業障消除，清淨輪相現前，獲「淨戒品」。

濤師繼弘一大師之志，扶律弘戒，宣講「比丘、比丘尼戒法」及在家「五戒、菩薩戒」，勸四眾學戒。暇時趺坐修觀念佛，孤寂成性。從不與人談笑，澹泊耐苦，安心奉道，不與俗人交往。接天台宗正脈，為第四十五代法嗣，教觀總持，紹律南山，教宗天台，行在淨土。

一九七一年抵臺，居埔里觀音山圓通寺，立清規，持戒念佛，靜修男眾道場。住眾均「持午誦戒」，結夏安居自恣，全山僧眾均遵制行持。一九七八年，腿骨跌斷，知己將遷化，遂不就醫，撰妥遺囑，囑託後事。日唯佛是念，唯淨土是歸，故不覺病苦，而精神日漸衰頽。是年十月十二日晚十二時，於廣化法師率眾念佛聲中，含笑坐逝，面紅體軟。荼毗，三十二齒全存，五色舍利數百。春秋七十有五，戒臘四十有四。

濤師嘗倡印南山三大部《四分律行事鈔資持記》、《羯磨疏濟緣記》、《戒本疏行宗記》，流通廣傳，永住在世。生平閱大藏經之劄記，及弘揚戒法之講稿，數十萬言，今有《濟濤律師遺集》行世。

——《濟濤律師遺集》。

50 虔法法師(一八九七—一九八一)

虔法,安徽人。年四十,於寧波天童寺受「具戒」。四十餘載,熱心常住工作,艱苦樸素。精進用功,老實念佛,歷任「飯頭、圕頭」等職。師深信淨土,真為生死,發菩提心。

一九八一年八月廿日,當眾宣告:「**吾將於三日內往生**。」並於一木板「預撰」其生西之日。八月廿二,囑管庫房師,將寮房內之常住物品,悉皆搬出。脅不沾席,唯坐一椅上休息,日夜如此。八月廿三日,晚七時,寺內諸沙彌為助念。翌晨,師神智清醒,飲水畢,問:「**現是何時?**」時適八時正。至十時,師揮手示意,令助念者食午齋,眾亦換班助念。至午後一時零五分,身無病苦,於念佛聲中,安詳坐化。春秋八十有四。

——《近代往生隨聞錄》頁三九。

51 慧僧法師（一九〇六—一九八二）

慧僧，名因宏，東北新阜市人。俗姓錢，年廿四，於錦州錦縣資福寺披剃。是年於遼寧萬壽寺受「具戒」。復依諦閑法師習天臺教觀，深得真傳；又依慈舟法師習律、虛雲和尚參禪。日本侵占東北，師維護佛教，不遺餘力。一九四七年，駐錫於香港荃灣東普陀寺，復至新加坡創建萬佛林，繼為香港荃灣東林念佛堂開山祖定西老法師請任住持。港、星兩地，法輪大轉。其間又赴美國弘福寺、加拿大資福寺等處建立法幢，弘法利生。度眾甚多，皈依者眾。

一九八〇年受美國加州萬佛聖城四眾恭請，講解《梵網經菩薩戒》，中西人士聽者踴躍，有《梵網經中英文講錄》流通，在美、加共住十七載。僧師一生福慧雙修，學通天台，行歸淨土，嘗日念十萬彌陀聖號數年，念「往生咒」達三十萬遍。於淨土法門開示云：

「老老實實念佛，成熟自趨極樂。利鈍根都可修持，閒忙者均能證果。」

僧師戒律謹嚴，終身「持午」，弘宗演教，勇猛精進。至年七十，日仍「禮佛五百拜」。平日不出閒言，講經說法，辯才無礙。經文偈語，滔如泉湧。精於梵唄音韻，尤以唱誦「華嚴字母」猶為獨到。

一九八一年，染患肺癌，延入臺灣榮民總醫院療養。一九八二年返星洲，農曆五月十一日下午八時廿五分，捨報往生，安詳入滅。臨終正念，莊嚴相好。守護四眾，歎未曾有。世壽七十有七，僧臘、戒臘均五十有四。荼毘撿得五彩舍利千餘。

——《僧寶之光》頁一五〇—一五六。《無盡燈》九七期。

52 定禪法師（一九〇三——一九八二）

定禪，俗名饒志平，江西東鄉人。幼年剃染，即至蘇州靈巖山寺，為了然、德森二師護關多年，深得念佛功夫。禪師一生專持「南無阿彌陀佛」六字洪名，常住「念佛堂」。除「朝暮二課」外，全日念佛；夜則禮佛至深夜，數十年如一日。

一九八二年六月十九日，臥病十日，神志清爽，不覺病苦，病中禮拜念佛如故，且加倍用功，念佛不輟。於六月廿八日，自知往生時至，請諸師輪班助念；及至中夜，寺中善慶、悟光、庚辛三師，忽見一道「白光」，騰空而去，禪師隨即往生，三師並聞天空「佛聲」悅耳。次日送龕至火化場畢，眾人於返寺途中，亦聞空中傳來念佛聲，音韻和諧，由近而遠，約數分乃消逝。毘荼撿得舍利花數十。春秋七十有九。

——《中國近代淨土聖賢錄・第四冊》頁六四——六五。

53 品興法師（一九Ｏ五—一九八三）

品興，俗姓鄭，名青福，福建福鼎前歧公社人。年廿四，禮福鼎砅門鳳山瑞雲寺見山和尚剃染。後赴普陀參學，充「園頭、飯頭」，歷經三載。年廿七，受「具戒」於普濟寺。同年朝禮五台碧雲寺，擔任「行堂、寮火」等職。一九六三年駐錫南溪馬槽庵，又至鰲嶺昭明寺、枯嶺棲林寺及平興寺。終年不辭勞苦，披星戴月，怨親平等，為常住操勞。興師一生崇仰淨土法門，遵循印光老法師教導，專心念佛，求生淨土。不做當家，不做經懺，不廣收徒眾。行住坐臥，念佛不斷。

一九八三年，農曆七月初一，晨起忽覺不適。初十日即向全寺告假，謂：「**今晨五時，見彌陀親來開示。五日後，上午八時當生極樂**。」遂將平日積蓄及衣物，交當家世行師與寺僧結緣。命人致電家鄉前歧公社，預言七月十五八時生西。遂於十四日下午，索清水一盆，沐浴更衣，端坐念佛。待十五日上午八時，準時安詳而逝。世壽七十有八，僧臘五十有一。荼毗撿得舍利數枚，精彩奪目。

遵遺囑散於大海中，與水族結緣。

——《近代往生隨聞錄》頁四〇。

《大乘離文字普光明藏經・卷一》（《大正藏》第十七冊頁八七三下）

爾時四天王白佛言：世尊！若有能持此經典者，我當擁護，令其「志願」皆得滿足……是人當得辯才無礙，決定生於「清淨佛土」。

是人臨終，定得親見阿彌陀佛菩薩大衆而現在前，我今在此耆闍崛山諸菩薩衆所共圍繞，彼臨終時亦如是見。

當知是人即為已得「無盡法藏」，當知是人得「宿命智」，當知是人「不墮惡道」。

54 性寂法師（一九〇六—一九八三）

性寂，俗姓關，遼寧人。年廿六，拜見印光大師，蒙開示，即發心出家。其後五十餘年，常住靈巖山，一心念佛，精勤無間。一九八三年，農曆十月初八起，畏寒臥床，連睡四日，體力漸弱，飲食減少。遂將生平積餘三百元，助印《淨土十要》，餘款供眾結緣。並預寫遺書四封，囑於身後寄發親友。

遺書中云：「**境界現前，吾要去了。**」適朱智超居士往訪，謂：「**是否請眾助念？亦錄音帶助念？**」答：「**不需，吾自有把握。**」自是閉門，不接訪問，一心念佛。念至第七日，即十月十四日上午十一點零八分，吉祥而臥，身無疾苦，心不貪戀，意不顛倒，安詳西逝。次日下午四時入龕，面目如生，四肢柔軟。春秋七十有七，僧臘五十有一。荼毗撿得各色「堅固子、舍利花、琉璃珠」等數十枚，亦有大如花生米者。

——《近代往生隨聞錄》頁四一。

55 能持法師（一九一〇—一九八三）

能持，字守堅，別號棲西。俗姓郭，江蘇懷安縣人，幼習儒學。年十二，禮本縣百子堂端祥法師披剃。年十九，依鶴林壇顯誠法師受「具戒」，後住寧波觀宗寺學法，復至金山、高旻寺進禪堂精修。因修禪染病，後見《淨土十要》，改習淨土，旦暮於西湖兩岸柳堤上念佛，疾病始癒。師得念佛感應後，謂末法時，眾生根陋，唯修淨土，帶業往生，三根普被，故專修於念佛法。

復朝拜佛教諸大名山及仰光大金塔，一生奇異靈驗故事不勝枚舉，然持師不貪名利，精嚴戒律，鮮受供養。晚年誦《法華》，達三千部之多。一九四五年，往緬甸北部南崁創建千佛寺。一九六四年，至泰國創建觀音寺。致力弘揚佛理，教化緬、泰兩地華裔及土著無數。

持師日以繼夜研讀《大藏經》，體力耗損，故得染肝疾，遷居緬甸東枝靈山寺養病四年，雖帶重病，二六時中彌陀聖號仍不離心，朝暮課亦未間歇，常勸云：「**多多念佛，只求往生西方；不生西方，別無二法。**」

一九八三年六月因跌成疾，臥床廿日後，向弟子云：**已求阿彌陀佛『提前』接引。**」弟子言：「**大限未至，恐難『提前』往生？**」

師云：「**阿彌陀佛乃大慈大悲，只要誠心祈求，想『提前』往生；或俗事未了『延後』，均可如願。**」眾皆勸師住世，師云：「**此苦世界，不足留戀。生西後，已有神通，來去自由，說來即到。余已發下誓願，要度盡十方一切眾生，汝等均不待言。**」

越六、七日，師於夢中至一涼亭，有三乞丐欲療師疾，師云：「**吾乃速求西方，不願醫治。**」至往生前三日，弟子皆念「觀世音菩薩」聖號，求師住世，師厲云：「**念阿彌陀佛！**」八月一日晨六時，師命弟子扶起坐椅上，合掌念佛廿分，洎然而逝。遺囑交待，骨灰加麥麵，與水族眾生結緣。停柩二月餘，慈容如生，異香不散。荼毗後撿得五色舍利無數。世壽七十有三，戒臘六十有一。

——《覺世月刊》第七九二、七九四期。

《大佛頂如來密因修證了義諸菩薩萬行首楞嚴經・卷十》（《大正藏》第十九冊頁一五五上）

若復有人，身具四重、十波羅夷，瞬息即經（指《楞嚴經》），此方他方。阿鼻地獄，乃至窮盡，十方「無間」靡不經歷。

能以「一念」將此法門，於末劫中開示「未學」，是人罪障應念銷滅，變其所受「地獄苦」因成安樂國（極樂世界）。得福超越前之施人，百倍、千倍、千萬億倍。如是乃至算數譬喻所不能及。

56 海源法師（一九〇五—一九八四）

海源，俗姓王，四川三台縣人。童真入道，依綿陽縣藏雲法師披剃。年廿，於雲南雞足山祝聖寺虛雲老和尚座下受「具戒」。一九三二年，由雲南徒步至仰光禮大金塔，次年與善慧、本願二師同往印度，朝拜八聖地，隔年駐錫檳城極樂寺。一九六一年出任泰國蓮花閣主持。

師拙於言詞，惜福刻苦，老實念佛，日持彌陀聖號不輟，數十年如一日。晚年示疾，不便於飲食吞咽，仍忍苦帶病操作，念佛禮誦。一九八四年五月廿九日，預知時至，囑託後事，從病床起身端坐，稱念佛號，安詳西逝。世壽七十有九，戒臘五十有九。

——《南洋佛教》一八三期。《中國佛教》八期廿八卷。

57 常揚法師（一九〇三——一九八四）

常揚，四川人。年十六，於四川簡陽縣龍泉驛石經寺披剃，任該寺書記。師常習禪定，生活儉樸，行持精嚴，頭頂後腦均有光澤，常勸人多念佛。一日，某居士至成都文殊院禮佛，視力極差，連阿彌陀佛像前大字楹聯「**久立地，等世上人打夥偕行；長伸手，接婆婆客相隨同路**」皆無法識別。揚師則為彼朗誦解釋，並勸多念佛，要多聞多聽，自會悟得。翌日，彼視力竟全癒。

一九八四上半年，某晨，師往食堂排隊買稀飯時，對食堂僧人云：「**吾只吃這一頓就不吃了。**」並將剩餘菜飯票全數交還食堂，端一碗稀飯回房去，稀飯置桌上，上床吉祥臥而逝。裝龕後，面貌如生。毗荼撿得舍利一盤。世壽八十有一。

——《淨土文摘》五五頁。

58 潤量法師（一九二〇—一九八四）

潤量，青海西寧縣人。往緬甸朝塔三十餘載，復任仰光十方極樂寺住持，續建該寺，貢獻良多。師平生省吃儉用，施主所捐之款，咸皆裝修寺內費用。修持以「參禪念佛」暨「四無量心」為主。

一九八四年農曆八月廿，正念分明，雙跏趺坐，口中念佛，面呈笑容，安詳生西。春秋六十有四，戒臘四十。

——《僧寶之光》頁一八五—一八六。

《妙法蓮華經．卷六》（《大正藏》第九冊頁五四中）

若有女人聞是經典，如說修行，於此命終，即往生安樂世界阿彌陀佛大菩薩衆圍繞住處。

59 廣欽法師（一八九二—一九八六）

廣欽，名照敬。俗姓黃，福建惠安人。家貧，遂為晉江李氏養子。生稟夙慧，隨母奉佛茹素。稍長，皈依福建泉州承天寺瑞芳法師。特殊因緣故，往南洋數年。年三十三，禮瑞芳法師披剃，專志苦修，食人所不食，為人所不為，常坐不臥，一心念佛。年四十二，從福建莆田囊山慈壽禪寺妙義法師受「具戒」。後決志至泉州城北清源山潛修，坐禪念佛。斷棄五穀，僅食樹薯、野果充飢。遂感應猿猴獻果，猛虎皈依，時人號為「伏虎師」。

嘗於山中入定，歷四月，往來農樵皆以為逝化，承天寺方丈轉塵老和尚偕弘一大師前往勘驗，始知師深入禪定，歎為希有。乃彈指三下，請師出定。山中修行，凡十三載。年五十六抵臺，次年於臺北新店山壁間開鑿石洞，命名廣明岩（今稱廣明寺）；年六十，移錫臺北土城日月洞，鮮為人知。三度禪定之後，始名聞於世。

一九五五年起，於土城火山（即清源山）興建承天禪寺，四眾弟子皈依禮拜不絕。一九八五年十月，親傳三壇大戒，出家眾五百，在家眾二千餘，為中國近代佛教傳戒一大盛況，繼又辦水陸法會，冥陽兩利。師初參禪，後歸淨土，夜不倒單，夜間坐於室外，或露天、或簷下。一生念佛靈異神通故事，頗受人稱讚。年七十八起，改以流質為食。於淨土法門開示略記如下：

「念佛有很多障礙、妄想，念一句都不簡單。」

「修行非如豆腐干，拿來就可吃。十年、廿年，一句佛號保持下去，加上信願行如此下去。」

「萬法歸一宗，到最後還是要念阿彌陀佛。念佛修苦行，才能究竟了生死。」

「一切法門中，以專一念佛，效果威力最大。」

「有些人瞧不起出家人。可是要他們念佛，念沒幾句就起煩惱，念不下去。甚至聽到念佛聲，心中起壓迫感，好像千斤的石頭壓在心中一樣，這就是沒有善根。」

「看經書僅是尋一入道門戶，而念佛才是切實了生死之行。」

「念佛重在『心念』、『專精』。且晝夜不間斷、不雜亂。能口念、耳聽、心想，慢慢自然就會做到不分晝夜，一心念佛不亂。」

「那些往生西方的人，都是念佛專一，而且能忍辱吃虧的人。」

「如果情執不斷，嘴裡念佛，念念還是墮娑婆。如果懇切至誠，放下萬緣。那麼，一念之間，便能到西方。萬緣牽扯，割捨不下。那麼，百年萬年還是在三界內。」

「**沒有說，還有我的父母、同事、親戚……等，愛情別離，千萬劫也是在輪迴這些，也是爲這些在輪迴。**」

「**念佛要有願力，西方怎麼去？西方是靠我們這個要往生的願力到達的，沒有這個願力，是不會到達的。**」

最常告誡四眾要：「**老實念佛**」。

一九八六年正月初一，師囑大眾，將於初五往生，圓寂火化，靈骨供承天寺、廣承岩、妙通寺三處，旋即南下六龜妙通寺。抵寺，日以繼夜念佛不斷。初五，師瞻視清澈，定靜安詳，毫無異樣。中午飲一牛奶，午後二時半，忽告眾曰：「**無來也無去，沒什麼代誌。**」向徒眾領首莞爾，安坐閉目，溘然而逝。毘荼後得舍利無數，舍利靈驗故事亦時有所聞。世壽九十有五。

——《廣欽老和尚事略》。《廣公上人事蹟續編》（附開示錄、行持語錄）。

《佛說觀無量壽佛經》（《大正藏》第十二冊頁三四一下）

爾時世尊告韋提希：汝今知不？阿彌陀佛去此不遠，汝當繫念諦觀彼國「淨業」成者。我今為汝廣說眾譬，亦令未來世一切凡夫欲修淨業者，得生西方極樂國土。欲生彼國者，當修三福。

一者：孝養父母，奉事師長，慈心不殺，修十善業。

二者：受持三歸，具足眾戒，不犯威儀。

三者：發菩提心，深信因果，讀誦大乘，勸進行者。

如此三事名為淨業。

60 清定法師（？—一九八六）

清定，四川綿陽人。髫年由舅父背負至本縣某寺薙染。一九二二年，赴成都文殊院受「具戒」。中間嘗返本縣，復回文殊院，於佛經流通處工作，最後看守觀音殿。定師誠懇老實，平易近人，不說是非，常持「佛名」暨「大悲咒」。

一九八六年四月，年約八十，患病廿餘日。一日語某居士云：「**今日下午六時，吾將往生，請汝備人替吾助念**。」至午四時，諸居士及僧人計六、七人前來助念。覺明法師為主持往生儀式，扶師坐椅上，右手執接引幡，幡上懸掛西方三聖像。覺明法師唱念：「**遇有臨終人，勸念阿彌陀，是故得成此光明**。」師隨眾人同聲念佛，至六時，嘴唇不動，安詳捨報。翌日下午六時入龕，神色不變。

——《中國近代淨土聖賢錄・第四冊》頁六六—六七。《淨土文摘》頁五一。

61 慧三法師（一九〇一—一九八六）

慧三，名思元。俗姓霍，河北宛平人。安徽佛教學校畢業。年十七，禮天津清修院清池和尚薙染。年十九，依浙江慈谿五磊山靈山寺諦閑和尚受「具戒」。嘗親近諦閑、圓瑛、常惺、應慈、慈舟、太虛、能海、度厄諸師，深究大小二乘諸經典，多所徹悟。年廿八，任北京寶禪寺第十一代住持（即廣善寺），為賢首宗第四十世法嗣。年三十八，於廣善寺興建華嚴道場，每日上午誦《華嚴經》，歲末打「華嚴佛七」，領眾薰修真空法界觀。年四十，師修觀時，身心俱遣，人我兩泯，頓入法界定。開靜後，始悟虛空法界「理事無礙」，法喜湧現，歎未曾有。自此更勤精進，修觀不退。

一九四八年抵臺，致力弘法，接引群機，法筵遍及圓光寺、凌雲禪寺、圓覺寺等。一九五五年，於臺北縣樹林鎮創建福慧寺，並自任住持。復於臺省各寺院傳戒，擔任三師之職達十次之多，復弘傳「穢跡金剛」密法。年六十四，七月下旬啓建地藏法會七天，圓滿日傳幽冥戒一堂，陰陽兩利，此後每年皆啓建地藏法會，迄今未嘗斷焉。

年七十六，應美國萬佛城宣化上人之邀，赴美宏法，渡眾無數。師不貪名利，念生死事大，故獨重修行。持戒精嚴，不苟言笑，神通妙用，自在無礙。日課《普賢行願品》一部、「穢跡金剛咒」六百遍、阿彌陀佛聖號三萬聲。所加持過「往生咒錢」濟渡眾生，靈驗異常，嘗云：

「若以慈悲心，欲救度眾生出苦，則可焚燒經持戒嚴謹的修行人，虔誠稱念往生咒，加持往生錢。若心存惡意或具破壞性質，則不可焚燒。」

一九八六年，師圓寂前七日，語徒敬德師云：「大般若即是大涅槃，吾敢決定。」「開悟的人，是說了就得走……吾要走，至常寂光淨土，上品上生。」德師問：「未審何位方能再見師？」師云：「四果羅漢方能見吾。」農曆六月初一，午齋畢，師喚徒欽因、敬德、徒孫體豐三人至二樓寮房囑云：「吾將逝矣！」因師答：

「師若入滅，吾欲離寺參學。」師厲云：「不准離寺，福慧寺乃吾三人辛苦建立，汝若去，敬德一人亦辦不成。」因師答諾。師令三人頂禮三拜，並保證不離寺，發心為寺發揚光大。翌日（農曆六月初二）晚九時，師洗浴畢，足未及寮房，於中途即泊然「立化」往生。經廿餘時後，仍體溫柔軟，面目如生。全身塔於福慧寺後山。春秋八十有六。師一生四志：

一者：辦貧民義診施藥。

二者：念佛坐禪共修。

三者：創圖書室供閱。

四者：興辦佛學講習。

今除「佛學講習」尚未開辦，餘皆實現。

——《慧三法師八十年譜》。《慈雲雜誌》一二六期。《天華月刊》八九期。

62 定光法師（一九〇五—一九八六）

定光，福建莆田縣常泰里人。年十三，禮龜山福清寺妙性和尚披剃。年十七，受「具戒」於福州鼓山湧泉寺達本和尚。年十九，南渡馬來西亞，駐錫麻六甲青雲寺，定課繞旗杆念佛，日百餘回方止。晚年駐錫麻坡淨業寺。一邊工作，一邊念佛。

光師圓寂前，即預知時至，囑妥後事，於一九八六年七月廿四日生西。世壽八十有一。毘荼撿得七彩舍利甚眾，及形如坐佛之「心臟舍利」一枚。

——《僧寶之光》頁一九一—一九五。《南洋佛教》二〇九期。

《佛說大乘無量壽莊嚴經・卷三》（《大正藏》第十二冊頁三二五中）

若有衆生，以「無相」智慧，植「衆德」本，身心清淨，遠離「分別」，求生「淨剎」，趣佛菩提。是人命終，剎那之間於「佛淨土」坐「寶蓮花」，身相具足，何有「胎生」？

63 煮雲法師（一九一九－一九八六）

煮雲，名實泉，字醒世。俗姓許，江蘇如皋人。年十九，禮如皋西場惠民寺參明和尚披剃。年廿三，依南京棲霞山若舜和尚受「具戒」。先後就學於南京棲霞律學院、鎮江焦山佛學院、上海楞嚴專宗學院等佛教學府。一九五０年抵臺，擔任軍中佈教師，並數次環島佈教，贏得「愛國僧人」雅號。歷任壽山佛學院教務主任、中國佛教會理事、弘法委員會副主任委員、高雄縣佛教支會理事長、高雄縣靈鷲寺住持，及高雄壽山寺、臺東清覺寺、臺東佛教蓮社等導師，暨《人生》、《菩提樹》等雜誌編輯委員、《今日佛教》雜誌社社長等職務。又創辦鳳山佛教蓮社、臺中縣蓮華山護國清涼寺及「清涼寺淨土專宗學院」。

一九七二年起，致力提倡「精進佛七」，享譽教界，以精進念佛、拜佛方式，冀求剋期取證。每年寒暑假均有上百大專青年前往接受考驗，渡眾無數。師除日持佛號外，亦念「往生咒」一百八遍為助行。嘗開示「**念佛八法**」：

一者：攝心念。
二者：勇猛念。
三者：深信念。
四者：觀想念。
五者：息心念。
六者：愛慕念。
七者：發奮念。
八者：一切念。

並云有三種念佛不相應者：

一為：心性不純者。
二為：心性不一者。
三為：念佛不相續者。

雲師長年受「高血壓、糖尿」等病纏身。一九八六年，於往生廿日前預知，電囑慧見師，欲回高雄鳳山蓮社小住廿日，並言廿日後即生西。至三天前，再囑彩霞師姑三天後即去。八月九日晚九時，嚥二大口氣後，溘然而逝，世壽六十有八。師熟諳佛門掌故軼事，文采奐然，著有《南海普陀山傳奇異聞錄》、《佛教與基督教之比較》、《煮雲法師講演集》、《弘法散記》、《金山活佛》、《皇帝與和尚》、《佛門異記》、《東南亞佛教見聞記》、《精進佛七溯塵緣》、《懺悔室隨筆》、《精進佛七專輯》等書，今合為《煮雲法師全集》行世。

——《煮雲和尚紀念專集》。

64 本道法師(一八九八—一九八七)

本道，俗姓鄭，福建浦城人。年三十，禮建寧寶蓮寺世宗和尚披剃。翌年，受「具戒」於浙江天童寺圓瑛法師。嘗遊緬甸，禮大金塔，遠涉天竺，瞻仰聖跡。一九三五年南遊，旅居新加坡、馬來西亞宏法。常為「痲瘋病人」說法，領導其眾誠念彌陀。擴建毘盧寺，為新加坡少數莊嚴佛剎之一。復重建馬來西亞金馬崙三寶寺，為馬來西亞最大道場，並於一九七七年傳授三壇大戒，四眾依止雲集，為星馬佛教一大勝事。

年八十，師感業障沉重，決心掩關金馬崙三寶寺三年，閉門禮佛、念佛懺悔。晚歲示疾六、七年，仍念佛不輟。一九八七年四月夢語徒金婷云：「**吾將一月內往生**。」果於五月八日，臨終正念，安詳西逝。世壽九十有五，僧臘五十有七。

——《南洋佛教》二一七、二一八期。《馬來西亞無盡燈季刊》七九期。

65 道源法師（一九〇〇—一九八八）

道源，名能信，又名騰欽，別號中輪。俗姓王，河南商水人。年廿，禮周口鎮普靜堂隆品法師薙染。年廿四，依湖北漢陽歸元寺覺清律師受「具戒」。隨侍慈舟法師學律，復從蘇州靈巖山印光法師習淨土。嘗於大陸、臺灣各地任數十次傳戒阿闍黎，遂以弘法講經馳名。歷任中國佛教會察哈爾分會理事長、屏東東山佛學院院長、中國佛教會理事長及基隆八堵海會寺開山住持。師一生大乘八宗並重，行門主一門深入，以「持戒念佛」為主。開示淨土法云：

「一、初勿貪多，但求相續。

二、漸次加多，以求進益。坐念爲宜，絕對認眞的念。用草菩提子念珠，日加三、五千聲，至十萬聲。須念四字，金剛持念。

三、不必貪多，精益求精。永不間斷，決定往生。」

「口裡念佛，心裡在打妄想，即日念十萬，算用功嗎？每一句佛號，都要念

得清清楚楚，內要念到自己心裡去，外要念到極樂世界去，一句如是念，百句如是念，千句萬句亦如是念，自然而然地就念成一心不亂了，毫無障礙地就把自心與彌陀感動了，只在各人精進而已！」

師年七十八，創辦能仁佛學院，親任院長授課，作育僧才。常云：「**在世一日即學法一日，在世一天即弘法一天。**」四十餘載，計講演戒律不計數，淨土五經一論、《大般涅槃》、《仁王護國》、《華嚴》、《梵網》、《遺教》、《金剛》、《楞嚴》、《圓覺》、《法華》、《地藏》、《起信》等。

晚年示疾，一九八七年十二月進住三軍總院療疾，一九八八年四月十五日子時，預知時至，囑返海會寺。眾為念佛，師脣動念佛，諸根悅豫，神態恬適。於十六日晚七時半，吉祥臥逝。六日後封柩，全無異味屍斑，面貌如生。世壽八十有九，僧臘七十，戒臘六十有六。著《阿彌陀經講錄》、《觀無量壽佛經講記》、《金剛經講錄》、《佛堂講話》等行世。

——《人生》月刊五九期。《淨業林》季刊四期。《菩提樹》四二六期。

《發覺淨心經・卷二》（《大正藏》第十二冊頁五一下）

爾時彌勒菩薩白佛言：世尊！如來歎阿彌多如來十種發心，於中各隨念發，若念當欲生彼，當即得生彼。

世尊！何者是「十種發心」，於彼處生？

佛告彌勒言：彼等發心，非「少智」者；有彼發心，是大事者。所有欲生阿彌陀剎中者：

❶當為一切眾生發「慈悲心」，不生「瞋恨」，當生阿彌陀如來佛剎。

❷為一切眾生生「慈悲心」故，當生彼處。

❸離於「殺害」，受持「正法」，發此心故，當生彼處。

❹捨於「身命」發心，「不著」一切諸法故，當生於彼處。

❺發甚深「忍」（生忍、法忍、世間忍、出世間忍、安受苦忍、觀察法忍、音響忍、柔順忍、無生法忍……等）、行清淨信，發此心故，當生彼處。

❻不染「名聞、利養」，一切智寶，發此心故，當生彼處。

❼為一切眾生生「貴敬」，「發心」不忘失故，當生彼處。

❽不驚、不怖，不愛「凡言語」，發此心故，當生彼處。

❾入「菩提分」種種善根，發此心故，當生彼處。

❿然不離「念佛」，發此心故，當生彼處，遠離「諸相」故。

彌勒！此十種發心，若菩薩各發念一具足者，當往生彼阿彌陀佛剎中，若不生者無有是處。

66 清樂法師（？—一九八九）

清樂，俗姓傅，名會民，黑龍江雙城人。少讀儒書，精書法藝術。年十九，皈依吉林廣濟寺如蓮法師，年廿九，於長春受菩薩戒。披剃後至江西受「具戒」。一生忠於佛教，謙稱「**末法充數僧**」。捐獻巨款，在吉林觀音古剎成立佛經流通處。以七、八十高齡，於各佛事中，皆親自參加，並為徒眾授三歸五戒，諄諄教導「**諸惡莫作，眾善奉行，念佛、念經，戒殺放生**」。師生活儉樸，與眾同一飯菜，凡有所供，均轉贈他人。一九六八年被選為吉林市佛教協會會長。一九八七年七月，應邀往美國萬佛聖城舉辦之水陸空超薦法會，消弭災運，造福人類。

一九八八年，自鑒年高，力不從心，於農曆十月十五日起閉關一百日，一心求生西方，跪佛前懺悔，痛哭流涕。一九八九年，農曆三月初，語弟子云：「**吾過二、三日即往生，汝勿再來。**」並告徒正念云：「**吾化時，若見白煙，即吾生西之兆。**」師一再告誡眾人，多念佛，多禮拜。四眾弟子日夜守護於旁，與師同念阿彌陀佛聖號。至三月初五日十一時三十八分，吉祥臥逝，微笑生西。法體柔軟，臉色紅潤。毗荼，爐旁果冒出高大「**白煙**」，應驗生西之言。並撿得數枚舍利暨舍利花。

——《中國近代淨土聖賢錄・第四冊》頁七三——七四。《萬佛城》月刊第二三一期。

《惟日雜難經・卷一》(《大正藏》第十七冊頁六〇五中)

人起一「道意」，其德勝「十萬劫惡」。何等為「道意」？念在「四諦」，是為「道意」。「惡」譬如「冥」，「道意」譬如「明」，如日出，天下「冥」消滅。諸菩薩聞是語皆歡喜，大言：「南無佛」！起一「善意」，得百劫福。

67 會修法師（？—一九八九）

會修，臺灣人。在家修道，後披剃，於佛光山受「具戒」，安單新營妙法寺。凌晨即由山門拜起，至市街再折返寺院，禮誦早課，日日如此。後蒙心田法師示以：「**市街拜佛，若生意外，外人將因拜佛卻遭惡報而毀謗**」。遂改於寺內廣場來回禮拜。師常持廣欽老和尚語錄勸人「**老實念佛**」。勤於打掃，每提掃帚即大聲念：「**掃地掃塵埃，智慧片片開；昧雲消散盡，明月照高台。**」

一九八八年染食道癌，語弟子云：「**死不可怕，生才可怕。**」仍持帚使力念「掃地偈」，念佛工作不斷。一九八九年四月病危，眾人助念，師時以手或足配佛號節奏，念佛不斷。四月四日，夜十一時，安詳往生。遺偈云：

「**世間無常是攏總，緣生緣滅尚介通；虔誠念佛上穩當，一心念佛往西方。**」

（閩南語）

——《妙法月刊》一九期。

68 聖觀法師（一九〇四—一九九〇）

聖觀，俗姓陳，名一新。廣東南雄縣人。晚年禮香港尸羅精舍體敬老和尚披剃。一九六五年冬，受「具戒」於臺灣苗栗法雲寺。爾後深研教理，棲心彌陀淨土。是年師兄聖照法師至埔里觀音山建圓通寺。圓通寺為純男眾道場，終年不作「結夏安居」外之法會，全寺「持午」，部份法師「日中一食」。觀師向照師祈一靜處茅蓬，以作終老修行之計，遂獲欣允。自此深入經藏，持戒念佛，行解併重。嘗開示淨土云：

「念佛應專與誠。專就是純一不雜，誠就是有恆心、不停止。專心一致的念一句阿彌陀佛，就能與阿彌陀佛相應，心就能清淨自在。」

一九八九年農曆十二月，染傷風氣喘。十八日晚十時，命徒果清擬遺囑，略云：

「世緣已盡，惟願在家出家弟子，助我念佛，求佛慈悲接引往生。自我去後，大眾多多修行。修行方法，一切靠自己，不能仰賴他人，大家自力更生，腳踏實地，如法修持……死後，只有念佛。明天回來，在寺裡死，不在醫院死。人之一生，有來必有去，任何人不能逃避。期勉大家，個個努力修持……遺款，生前儘量放生，餘一切散盡，我之所以放生，爲求早日往生。一切念佛由果清分配，男女分開。從今日開始，一切藥物、飲食，不再進用。」

廿七日聖照和尚為觀師示云：「一切放下，唯念彌陀。」師點首示意。下午五時三十三分，身披袈裟，手執念珠，身無痛苦，心不顛倒，淨念不失，隨眾念佛，安詳坐化。往生後，一直坐於椅上。三日入殮，身體柔軟，氣色紅潤。茶毗撿得舍利百餘。世壽八十有七，戒臘廿有六。

——《佛教新聞》一六期。《明倫雜誌》二〇七期。

69 樸山法師(一八九〇—一九九〇)

樸山，號宏實，福建福鼎縣人，年十八，於瑞雲寺披剃。年廿九，於怡山長慶寺受「具戒」。後定居終南山圭峰禪寺，計五十六載，從未下山。師一生「參禪念佛」從不間斷，言談之中，呼吸之間，亦在用功之中。嚴持戒律，因果分明。不念名利，不受供養，不積私財，不收弟子，不雲遊十方，不化緣，不浪費米麵，自耕自食。待人慈悲喜捨，常為農民設水做飯，不收分文。平日無掛無礙，和樂安詳，直心道場，不起分別，謙恭忍讓，梵行高遠。幾次「半月不食」，依然精力充沛。

一九八九年春季，山師云：「**農曆九月三十日藥師佛誕辰吾要生西**。」時徒眾力勸師於今年佛像修好後再去，老人允諾。至一九九〇年三月十二日，大殿修好後三日(即三月十五日)，山師與匠人話別，並向主持僧交待，安排妥畢。中午飯後，洗手扶杖，行至院中階下，面西打坐。於方石板上，仰首西方，安詳示寂。身無病苦，心不貪戀，意不顛倒，僧俗大眾，無不贊嘆。異香天樂，七日不息。高壽一百，號稱「終南壽星」。荼毗撿得五色舍利三百餘粒。

——《中國近代淨土聖賢錄‧第四冊》頁七四—七五。

《佛說寶雨經‧卷九》（《大正藏》第十六冊頁三二一下）

佛言：……若善男子、善女人得聞如來廣大威德，終不應起猶豫、疑惑。於如來威德能「意樂」思惟，心淨勝解。著新淨衣，如法供養。

能於七日七夜，「專念思惟」，「心不散亂」，滿「七日七夜」已；即於其夜，得見如來。若所作法不具足者，(則)是人(於)臨命終時「心不散亂」，當得如來現前而住。

70 淨如法師(一九〇五—一九九一)

淨如,號豁諦、乘來。俗姓李,名子陽,山西應縣寨子村人。年廿三,事上海法藏寺西堂機緣老和尚。一九二九年於南京寶華山受「具戒」。自此梵行清淨,為法亡軀,精進修學。常為大眾講《楞嚴》、《金剛》、《法華》、《華嚴》等經,尤對《楞嚴》頗有研究,有「**淨楞嚴**」之雅稱。一九三四年,至陝西大興善寺佛學院與倓虛法師習《心經》。一九三六年,至五台山居住廣濟茅蓬,復與壽治、本煥、法度三師,由第三代方丈廣慧老和尚傳法,成為廣濟茅蓬第四代法子。一九四八年為廣濟茅蓬第四代方丈。

一九八六年對大眾宣云:「**吾在八十六歲走**。」一九八八年,選為五台山佛教協會名譽會長。一九八五年十一月傳法給靈空和尚,送位之後,即退居修養。晚年積勞成疾,至包頭市華嚴精舍駐錫,一則養病,二則念佛修持,日誦《華嚴經》及念佛。一九九一年正月十七日下午五時,於內蒙包頭市華嚴精舍示寂。身無病苦,意不貪戀,心不顛倒,安詳往生。異香滿室,眾見一道「光亮」向西化去。七日後荼毗，撿得五色舍利五千餘粒。世壽八十有六。

——《法音》八九期。

《入楞伽經・卷八》（《大正藏》第十六冊頁五六二上）

復次，大慧！菩薩為求「清淨佛土」，教化眾生，不應食肉。應觀諸肉如人「死屍」，眼不欲見，不用聞氣，何況可嗅而著口中，一切諸肉亦復如是。

大慧！如燒「死屍」，臭氣不淨，與燒餘肉「臭穢」無異，云何於中有食？不食？

是故，大慧！菩薩為求「清淨佛土」，教化眾生，不應食肉。

71 寬律法師（一九〇八—一九九一）

寬律，俗姓程，字佛行，別號曹溪乞士。浙江德清縣人。一九五二年十二月，虛雲老和尚自北京到上海，主持「祝願世界和平法會」時，寬律遂于上海依止虛雲老人剃度出家，時年四十六。後研讀經典，修學禪定。因「學禪」不相契，乃篤修「淨土」，此後歷時三十餘年精進不懈。一九五八年前後，律師至上海玉佛寺及靜安寺兩處掛單居住，前後八年多，他留心收集佛門中淨土行者的往生資料，收得一百數十篇，命名曰《近代往生隨聞錄》。後經蘇州樊雨琴居士彙編為初稿、鎮海俞文琴居士協助編輯成書。但在當時社會環境下，並無緣出版。

一九八七年初，律師回至廣東曹溪寺，于閑寮中念佛潛修，時年已八十。一九八七年六月，新加坡遠凡上人（他在此書序文中署名「荒道野人遠凡」）至大陸朝禮四大名山，後於曹溪南華寺巧遇寬律老和尚，遂將《往生隨聞錄》稿本，委遠凡上人攜至海外，代為出版，此書乃得在海外流通。此書但祈修心者對淨土起信，並作鼓勵，願一切眾生皆能歸敬淨土，善終歸淨，彌陀接引，心證極樂。

此書原於海外出版，後亦流傳至臺，眾多道場亦印贈此書。律師序云：

「其中所集之事蹟，皆為眞實不虛，是見末世修行，賴佛力而易證。『若人但念阿彌陀，是為無上勝妙禪。』是以念佛三昧為三昧中王也……。」

一九九一年十一月三十日，老和尚于南華寺往生，世壽八十有四，僧臘四十夏。

——上述資料乃根據網路資料編輯。

《說無垢稱經・卷第五》（《大正藏》第十四冊頁五八一上）

復作是言：「堪忍世界」諸菩薩眾，成就幾法？無毀、無傷，從此命終，生餘淨土。

無垢稱言：「堪忍世界」諸菩薩眾，成就「八法」無毀無傷，從此命終，生「餘淨土」。何等為八？

一者、菩薩如是思惟：我於有情應作「善事」，不應於彼「希望善報」。

二者、菩薩如是思惟：我應代彼一切有情「受諸苦惱」，我之所有「一切善根」，悉迴施與。

三者、菩薩如是思惟：我應於彼一切有情「其心平等」，心無罣礙。
四者、菩薩如是思惟：我應於彼一切有情摧伏「憍慢」，敬愛如佛。
五者、菩薩信解增上：於「未聽受」甚深經典，「暫得」聽聞，無疑無謗。
六者、菩薩於「他利養」，無嫉妬心。於「己利養」，不生「憍慢」。
七者、菩薩「調伏自心」，常省「己過」，不譏「他犯」。
八者、菩薩「恒無放逸」，於諸善法，常樂尋求精進，修行「菩提分法」。
「堪忍世界」諸菩薩衆，若具成就如是八法「無毀、無傷」。從此命終生餘淨土。

72 聖熹法師（一九〇二—一九九三）

聖熹，號果欽。俗名許圳安，臺灣臺北永和人。一九五四年，年五十二禮關渡慈航禪寺智性老和尚披剃，與聖印、聖琳、聖心為同門師兄弟。一九五九年於臺中寶覺寺受「具戒」。一九六三年至臺北中和建金山禪寺，歷時二載，畢後，自任住持至圓寂。師不擅言詞，凡事嚴以克己，寬以待人，生活起居平易近人，不以住持自尊。常讚揚彌陀「四十八大願」，以「四十八大願」普渡眾生為己願，以「執持名號」為正行。信眾所有供奉，均施予他人，一切功德皆回向大眾。常開示：

「做人決不可太享受，知足常樂；受恩（供養）易，報恩難；人的福根是一定的，福盡將無可依靠；惟有惜福，好好修行，植福才是上策。」

平時採購蔬果，無論良窳皆不挑剔，嘉惠販夫。蚊蚋附身吮血，不忍驅之。信眾病痛猶如身受，晝夜誦經祈佛菩薩庇佑。其悲天憫人胸懷，猶如諸佛菩薩。

金山禪寺常年辦兒童佛學夏（冬）令營，中醫免費義診。贊助社區珠、心算班，冬賑捐募，致贈書籍，捐贈景新國小百萬鉅款興建圖書館。一九九二年，獲行政院長特頒「長青楷模」匾額一面予以表揚。

一九九三年二月廿三至三月五日，金山禪寺傳授在家五戒菩薩戒，熹師對眾宣稱：「**傳戒功德圓滿時，即將示寂**。」並將信眾供養金，悉數交與常住。四眾弟子極力懇求住世，不料師自三月七日起，即端坐椅上，不肯臥床就寢。弟子欲送師往榮總診察，師云：「**今日太晚了，明天是好日子**。」經弟子省察，師之脈博等一切正常，故未在意。翌日凌晨三時，眾徒起視，見師尚於椅上念佛，一切無恙。四時五十分再視，竟逝矣！法身禪坐於椅上，逾三十餘時，仍柔軟如常。世壽九十有二，僧臘三十有九，戒臘三十有四。

——《海潮音》七四卷五期。宏悟述《聖熹老和尚圓寂》。

73 廣善法師（一九一〇—一九九三）

廣善，名振迦。俗姓李，名楚善。湖南永興縣柏和鄉牛角沖人。俗為陸軍中校。年近半百，投律航法師披剃。一九六一年依臺灣基隆海會寺道源長老受「具戒」。參師訪友，追隨道安法師，親近印順法師，解行並重，專持佛號。嘗開示淨土云：「**吾人一切命運，均可由吾人掌握，念佛修行可以改變命運。**」一九六四年起，任職臺北慧日講堂、同淨蘭若、松山寺、新竹福嚴精舍等，深為印順法師器重。師為法忘軀，盡心盡力，因果分明，造就無數後學。晚年染大腸癌，一九八九年語徒云：「**吾至八十四歲往生。**」雖病危，正念分明，了了清楚，修持不輟，一心念佛。一九九三年三月廿八日，是晚與眾云：

「不用這麼麻煩，現在還不是時候！你們不必特地為我做什事。這一切本來就是『來就來，去就去』，這麼的安然泰然，沒有什麼！無有罣礙，遠離一切顛倒夢想！所以，我要去就會去，一切只在一念堅定，其他全免了！簡簡單單，只要念佛就好了！」

三月廿九日上午八時，喘息無力，語林居士云：「**我已經快往生了，你們不用再送紅包供養，只要每天念十句佛與我結緣，其他的都不用了！我是有原則的，說一是一，從不做假。**」至九時，念佛而逝。世壽八十有四，僧臘三十有四，戒臘三十有三。

──《十方》十一卷第八期。《獅子吼》三二卷五期。《生明之友》八一期。《佛教新聞周刊》一四六期。

《大佛頂廣聚陀羅尼經・卷五》（《大正藏》第十九冊頁一七九下）

又法……一呪一擲火中，如是滿八千遍即呪……所求隨意，延壽更加百年。命終之後，生極樂世界蓮花化生。生不忘，常憶「宿命」，此是「金剛護摩法」所用之處，皆得通達，無種不成，一切罪皆得消滅。

74 淳皓法師（一九二五—一九九四）

淳皓，字定證，名日閒，又名真育。俗姓吳，名錦生，臺灣苗栗人。幼具宿慧，年十四，茹素學佛。一九四八年，禮獅頭山勸化堂達真法師披剃。一九五四年於元光寺受「具戒」。至新竹靈隱寺佛學院研習佛理，復往觀音山凌雲寺閱藏經。蒙白聖法師授「臨濟」法脈，為七塔寺派第四十二代。一九六一年，於桃園會稽山西麓，購地興建宏善寺，自任主持。後任中國佛教會桃園縣支會理事長，達廿一年之久。

師一生「行解」相應，以「念佛」為日課，常開示淨土要義，嘗讚佛：「**發四十八之大願創九品蓮池莊嚴淨土，使恆沙數之眾生憑六字洪名解脫超昇。**」自題：「**淳風自啓清明世，皓月偏親淡泊人。**」復精通中醫，堪輿地理，為人剛正，嫉惡如仇。

一九九四年示疾住院，仍念佛不間，每夜合掌迴向西方淨土。四月廿四日下午逝化。捨報後，眾仍見其姆、食指微動，猶掐珠念佛狀。世壽六十有九。

——《中國佛教》六期三八卷。

《佛頂尊勝陀羅尼經・卷一》（《大正藏》第十九冊頁三五四下）

日日誦此陀羅尼二十一遍，罪滅福增，衆人愛敬，命終之後生極樂國。

若常念持此陀羅尼，命終之後生諸淨土，從一佛國至一佛國，一切佛刹作大光照，常與佛俱，諸佛護育，而與授記，乃至獲證「大涅槃樂」。

75 智誠法師（一九〇八－一九九四）

智誠，俗姓周，名文華，江蘇泰縣丁馬鄉人。年七，禮北曾墟橋頭西方庵能定法師薙染。一九二六年，至高郵放生寺天台佛學院學習，次年至寶華山隆昌寺受「具戒」。攻習正統梵唄及佛事儀規，精通嫻熟。於觀宗寺弘法社親近諦閑法師，兩年熟背《妙法蓮華經》。一九三六年住持庵埠靈和寺（觀音堂）。悲心大發，立志輕身重法，誓遵佛陀教導：「**若不刺血書寫經典，不稱佛子。**」遂閉「**般若關**」，血書《華嚴》。誓願：

「**為祈求世界和平，人民安樂，不惜身命，獻出舌血，敬書《大方廣佛華嚴經》一部，誓為圓成，不愧佛子，不負師長教養之恩。**」

日晨盥畢，披袈裟禮佛三拜，念佛繞經桌十二圈，至佛前長跪默念：「**弟子修菩薩行，刺血書寫法寶，望佛加被，使弟子法願早日圓成。**」每書一字，合掌默念：「**南無大方廣佛華嚴經**」。一筆不苟，字字端正，更無錯漏增減，校對嚴謹。

過午不食，日書「千字」，朝暮照常，寒暑無間。書至十餘萬，字跡變黑，特致書請教印光大師，減食鹽後，字還呈鮮澤。歷時三年四月，功德圓滿。跋云：

「智誠幸生中國，又復出家，萬劫難遇，今已遇此無上法寶，遂於丁丑年四月初八發心刺舌根血，敬書《華嚴》，全部計字七十萬有奇，寒暑無間，寫此全經，冀佛加被，龍天護佑，未遭魔障，在關三載，始獲寫成。伏祈：所有刀兵劫，及與飢饉等，悉皆盡滅除，人各習禮讓。現者增福慧，先亡獲超升，風雨常調順，人民悉安康。」

今「血經法寶」供於潮州開元寺，乃為世血書《華嚴》最完整巨作。一九四六年主持開元寺，辦嶺東佛學院，教育僧材。法筵遍布潮汕、香港、泰國、新加坡及馬來西亞等。一九九三年冬示疾，正念分明，念念求生淨土。堅持不問醫，不吃藥。嘗開示云：

「一個修持人若生病了，這就是說他還有業障，修持不到家，應生大慚愧，要以病苦爲良藥。」

一九九四年四月廿九日，預知時至，十時許，忽起身端坐微笑，向四眾揮手告別，頃作吉祥臥，十時四十五分，泊然而寂。世壽八十有七，僧臘八十，戒臘七十。

——《廣東佛教》三七暨四九期。

76 宣化法師（一九二四──一九九五）

宣化，名安慈，字度輪，嗣法號宣化，又號「墓中僧」。吉林省雙城縣人，清末戊午（民國七年）農曆三月十六日生（即準提菩薩聖誕）。俗姓白，父富海，母胡氏，師為筆者的皈依及得戒師。年十一，見生死事大，無常迅速，決志修道。年十九，遭母喪，禮請三緣寺常智老和尚為剃度，結茅廬於塚旁，廬墓守孝，日夕參禪習定，曾一坐而未進食者廿餘天。發十八大願，度盡三界六道眾生，方成正覺。神異事蹟廣傳，被稱為奇僧。

一九四六年，因慕虛雲老和尚為宗門泰斗，乃前往參禮。虛雲老和尚觀其為法門龍象，乃傳授法脈，為禪宗溈仰第九代接法人❶，即摩訶迦葉初祖傳承第四十六代祖師。虛雲禪師並表信偈曰：「**宣溈妙義振家聲，化承靈嶽法道隆，度以四六傳心印，輪旋無休濟苦倫。**」

一九四八年，叩別虛雲老和尚，赴香港弘法，闡揚教、禪、律、淨、密五宗並重，打破門戶之見。並重建古剎、印經造像，分別成立西樂園寺、佛教講堂、慈興寺，使佛法大興於香港。一九六〇年，應美國佛教人士邀請，隻身赴美，位於三藩市佛教講堂。一九六八年，成立暑假佛學講修班。結業後，美籍青年五人，懇求剃度出家，創下美國佛教史始有僧相的記錄。一九七四年，農曆正月十四日，至台灣承天禪寺拜訪廣欽老和尚。兩人對話中，廣老最後評以「**說者有理**」，並握手拍照留念❷。一九七四年，購置萬佛城，成立法界佛教大學，培養國際性佛學專才。萬佛聖城家風嚴峻，堅守上人自出家以來的六大宗旨：不爭、不貪、不求、不自私、不自利、不妄語的原則。

上人一生持戒精嚴，專修苦行，以身作則，實行「**日中一食，夜不倒單**」，並將苦修的功德與福報，完全迴向給法界一切有情無情之眾生，三十餘年未曾間斷。講經說法，深入淺出，數十年如一日，升座說法一萬餘次，現已有百餘種譯為英文，為佛經譯為英文最多者。並成立國際譯經學院，預計將《大藏經》譯成各國文字，使佛法傳遍寰宇。生前創辦法界佛教總會等海內外道場計廿七處。在萬佛城，上人曾撰一聯以明其志：

「凍死不攀緣，餓死不化緣，窮死不求緣，隨緣不變，不變隨緣，
抱定我們三大宗旨。
捨命爲佛事，造命爲本事，正命爲僧事，即事明理，明理即事，
推行祖師一脈心傳。」

一九九四年十二月四日，上人體力不支住院，並立遺囑。於病中做詩云：

「苟延殘喘度餘生，老病纏綿痛苦中，日進飲食如服毒，夜宿病榻賽僵蟲。
夢中屢逢無常鬼，醒來難尋救命神，人命呼吸還知否？速返清淨極樂城。
「老僧閒來無甚事，捉個迷藏臥病床，見有觀空空不空，診病問源源非源。」

至十二月廿八日，台灣蓮因寺住持懺雲老和尚，親自到洛杉磯長堤聖寺，問候上人法體康泰並請住世❸。一九九五年六月七日下午三點十五分入滅，天

人同悲。世壽七十有八，僧臘六十。遺囑交代：「我來的時候，什麼也沒有，走的時後，還是什麼也不要。在世上，我不要留什麼痕跡！我從虛空來，回到虛空去！」荼毗火化後，撿得舍利上萬顆，以及非常罕有的牙舍利（計十二顆）❹。

上人對淨土法門曾留有諸多開示，節錄如下：

「老實念佛就是口念佛、心也念佛，行住坐臥都是念阿彌陀佛；口中念阿彌陀佛的名號，身上行持阿彌陀佛的行。什麼叫行？好像我們現在打佛七，無論如何都要百忙放下，來參加打佛七，要念得一心不亂。一心不亂就是念茲在茲，不是念一陣子就覺得辛苦，要回去休息了，躲懶偷安，這樣不會得到念佛三昧的，這就叫做不老實念佛；老實念佛就是一心一意念佛，連吃飯、穿衣、睡覺都忘了。」

「六字洪名。你念得打成一片，綿綿不斷，乃至水流也是念南無阿彌陀佛，風吹也是念南無阿彌陀佛，小鳥叫的聲音也是念南無阿彌陀佛。要念得南無阿彌陀佛和我自己分不開，念得南無阿彌陀佛之外無一個我，我之外又無一個南無阿彌陀佛，我所念的南無阿彌陀佛和自己合而爲一。這時，風也吹不透，雨也打不漏，得到念佛三昧；水流風動都是演説妙法──念南無阿彌陀佛，這就是老實念佛……老實念佛是妙不可言，你要是眞會念佛，便會得大自在，無人、無我、無眾生、無壽者，只有南無阿彌陀佛。」

「爲什麼不等到臨終時才念佛呢？因爲，習慣是日積月累而成的。你平時沒有念佛的習慣，等到臨命終時，就想不起來要念佛，或根本不知道要念佛。所以，平時要學著念佛，修淨土法門，等到臨命終時，才不惜驚慌失措，而得以平安往生極樂世界。」

「爲什麼要往生西方極樂世界？因爲，阿彌陀佛在因地，爲法藏比丘時，曾發四十八大願。其中說：我成佛之後，十方所有的眾生，若有稱念我名號者，我一定接引他到我的世界來，將來成佛。在我的世界裡，眾生都是由蓮華化生，故身體清淨無染。因為，阿彌陀佛曾發這種大願，所以，一切眾生都應該修念佛法門，這是很對機、很容易修的一個法門。」

——《宣化上人事蹟》（美國法界佛教總會印行）。《宣化老和尚追思紀念專集》第一、二冊。（美國法界佛教總會印行）。

註❶：同為虛雲老和尚所傳之「為仰第九代祖師」尚有「宣玄聖一、宣揚性福、宣明海燈、宣雲滿覺、宣成達定、宣傳月川（傳印）、宣聖法亮（心明）、宣道淨慧、宣慧禪道、宣德紹雲」等人，第十世則有「衍心一誠、衍妙戒全」。以上資料詳見淨慧主編《虛雲和尚全集第八冊·雜錄》頁一六一—一六二，及頁二四三。中州古籍出版社。二〇〇九年十月出版。

註❷：照片及詳細內容請參閱《廣公上人事蹟初編(附神異篇)》頁二六—二八。江啟超筆錄。台北承天禪寺印。七十九、七。及《法界唯心》頁廿。美國法界大學出版。

註❸：詳見萬佛城《金剛菩提海雜誌》二九七期。八十四、二。

註❹：關於上人的舍利消息刊於《宣化老和尚追思紀念專集》及《智慧之源》第七十九期所載：上人舍利上萬，舍利花千餘，牙舍利有十二顆。另外民國初年的淨土十三祖印光大師也燒出三十二顆完整的牙舍利，見《印光大師文鈔菁華錄》頁二一三。台中蓮社印行。七十九、八。

77 廣化法師（一九二四—一九九六）

廣化，字振教，號慚僧，俗姓彭，名華元，江西南康縣人。曾任官「陸軍中將」，一九四九年隨國民黨政府播遷來臺。一九五三年，於醫院中讀到慈航老法師著作，乃通信皈依慈老座下，成為佛門弟子。一九五四年五月慈老圓寂，因赴汐止彌勒內院行禮，得識慈老剃度徒律航老法師，蒙予開示，翌年四月即於臺北十普寺受菩薩戒，以居士身分弘法利生。

一九五七年自軍中申請資遣，同年九月十九日觀世音菩薩出家日，於臺中二分埔慈善寺，依律航老法師剃度出家，時年三十有四。出家翌年，臺中寶覺寺住持兼佛教書院院長智性老和尚，聘化師為書院講師，因堅持「過午不食戒」，是年七月，在授課弘法繁重壓力下，積勞成疾。大眾請師開「持午戒」，寫下「寧**持戒以死，不破戒圖生**」十個字予眾人。未幾，病竟痊癒。一九五九年三月，參加臺北十普寺傳受戒，於受沙彌戒前夕，佛前發願曰：

「我弟子廣化，障深垢重，叨蒙三寶垂慈攝受，允我出家，佑我受戒；復作戒壇沙彌首，三寶愛我之厚，無以復加。此恩此德，盡未來際，誓當頂戴，誓願於受戒之後，嚴淨毗尼，弘揚戒律，並願以三寶大慈大悲攝我之心爲己心，去慈悲攝化一切眾生，以此仰報佛恩，惟願垂慈鑒核。」

化師往後近四十年的弘傳「律學」，實發願於此。一九六〇年，律航老法師高齡七十有四，自知化緣將盡，於農曆三月初八日，自慈善寺住持位退居，命廣化繼任住持。航老對化師說：「**吾老矣，西歸之期諒不甚遠，慈善寺的擔子要你來擔了。**」此後航老即在寮房一心念佛，預積往生資糧。

六月七日，航老立下遺囑，囑咐後事。三月後，自知往生期近，加緊念佛。六月十一日上午九時，航老自行沐浴畢，著南傳袈裟，穿新鞋襪，偃臥床上，令眾人助念。後化師見航老情形不對，問曰：「**是否時候到了？**」航老點頭，化師乃鳴鐘集眾，曰：「**大家念佛，助師父往生。**」航老隨眾念佛，初緊而急，漸模糊不清，數分鐘間，在念佛聲中安詳往生。三日荼毗，撿得舍利數百粒，大者如豆，小者如米。

化師親見航老安詳往生瑞相，更激發念佛修行之心，專修淨業。一九六三年三月，應臺中南普陀寺住持國強法師之請，率領學院師生，遷至南普陀寺上課，並改名為南普陀佛學院。一九六五年九月，應臺中慈明寺住持聖印法師之請，到中華佛教學院兼任教師，講授佛學課。任教期間，特別著重「戒律」講解，與專弘律學之濟濤律師交往，道誼頗深。一九七〇年，臺中市民聲日報社社長徐滄洲，請化師在《民聲日報》上辟一佛學版——《醒世》週刊，以弘揚佛法。一九七二年九月，化師至南投蓮光寺閉關，專修淨土，拜大悲懺。閉關兩年，障緣頗多，時常生病，甚至于平地跌跤，跌斷左腿。出關後，出版第一本著述《沙彌律儀要略集注》。序文云：

「雖自愧才疏學淺，注解疏庸，躬行缺略，無任慚惶！惟以時丁末世，學戒

者稀，竊效拋磚引玉，故交佛教出版社印行。願諸見者聞者，鑒我苦心，湣我不逮，各發菩提心，受持清淨戒，『毗尼若住世，佛法永不斷』。共挽末劫法運，仰報三寶宏恩，無任企盼之至。」

化師年六十五，于「結夏安居」中，以「腦水腫症」住入臺中榮民總醫院開刀，術後昏迷三日，瀕於往生，但以培育僧材之願未了，而終甦醒。唯行動不便，需人扶持或坐輪椅；且口齒不清。身雖病殘，自修定課從不間斷，仍續注解《比丘戒講義》，至一九九三年始將全文三篇注釋完畢。師雖以病殘之軀，每日仍為戒子宣講「比丘戒」，並隨眾作早晚二堂功課，親自開示，諄諄教誨。弟子勸他珍重法體，老和尚只回答「**鞠躬盡瘁**」四字。

一九九六年六月一日，化師早上發冷發熱，似受風寒，遂入醫院療養。七日午時，老和尚忽說：「**回南普陀去，幫我助念往生**。」下午離院返寺，至午夜在大眾念佛聲中示寂。世壽七十有三，僧臘四十夏，戒臘三十八夏。

化老一生致力於僧伽教育，培育僧材遍於臺灣。生平著重於戒學之弘傳，遺有《戒學淺談》、《比丘戒講義》、《濟濤律師遺集》等行世。

——上述資料乃根據網路資料編輯。

《佛說莊嚴王陀羅尼咒經・卷一》(《大正藏》第二十一冊頁八九五上)

若自書寫若教人書，無量功德皆悉成就，見受持者生信敬心，亦於現身衆德具足……若有「五無間」等業障之罪，悉皆消滅諸天衛護，命終之時得見諸佛菩薩，心不錯亂，必得往生極樂國土。

78 智諭法師（一九二四—二〇〇〇）

智諭，俗姓徐，名曙明，號曉村，山東博興縣人。父諱文華，母王氏，師自幼循序就學，及長遭逢亂世，農村民不聊生，乃投身軍旅，報效國家。一九四九年師隨軍來臺，中年自軍中退役後，因參加臺北松山寺的佛學研究會，以此因緣而接觸佛法。日久之後，對佛法逐漸深入，憬悟佛法為宇宙人生之真理；又以父母陷身大陸，生死未卜，為報父母恩，及「**不爲自己求安樂，但願眾生得離苦**」之願力，於一九六九年九月十九禮松山寺道安長老座下落髮出家，法名智諭，內號昌圓。十月於基隆海會寺受「具戒」，得戒和尚為道源長老。

復於一九七二年十二月興建西蓮淨苑，為第一代開山住持。一九七三年暑假，師在西蓮淨苑開辦《圓覺經》進修會」，為期廿一天，有廿餘人參加。一九七四年起，率領住眾結夏安居，領導佛七，開示念佛法門。為導俗淨化人心，皆在淨苑開辦「大專青年念佛會」，引導青年學佛。宣講《心經》、《金剛經》、「緣起法泛談、般若義理的探究、性緣問題之申論」諸多佛法課程。法師座下剃染徒惠字輩男眾法師十七人，慧字輩女眾法師七十餘人，可謂枝繁葉茂，並提出「**持戒念佛，修學並重**」為道場宗風。

一九八三年，師為住眾開講比丘尼戒，確立「**持戒念佛**」風範。一九八五年，開始為比丘講戒，成立「戒學會」，宣佈依「南山三大部」撰述《四分律拾要鈔》，以孤臣孼子之心，弘揚戒律，弘揚淨土。一九八六年四月，開示：

「**要將淨土法門弘揚開來，讓佛號響遍三峽，甚至臺北、臺灣，甚至全世界。**」

「**願爲彌陀孤臣。**」

「**萬般皆下品，唯有往生高。**」

師對淨土法門之弘揚，不遺餘力。凡有説法，皆歸念佛；凡有撰述，皆歸念佛。在《佛七講話》中稱：「**現在開始念佛**」成為名言，與阿彌陀佛「**現在說法**」相應。又主編《淨土藏匯粹》，俾助淨土行人能信願具足，持名念佛，老實修行，同生西方。

一九八八年農曆六月十八日，喬遷至新方丈室蓮鄉。以蓮鄉為「**持戒念佛，求願往生**」之地，開示本苑宗旨：「**弘揚大乘，專修淨土。護法安僧，弘化利生。嚴持重戒，善識開遮。但務實質，不重形式。採擇各宗，修學並重。四眾和合，續佛慧命。**」

一九九〇年，年六十七，師健康體力衰退，身略不適，需人扶持。老法師為法忘軀，抱病重登法座，續講《楞嚴經》。一九九八年五月，自住持位退居，由上座弟子惠敏法師繼任。從此萬緣放下，一心念佛。二〇〇〇年十一月十四日晨，在四眾弟子念佛聲中安詳往生。世壽七十有七，僧臘三十有二，戒臘廿有七。

著有《楞嚴經》、《無量壽經》、《法華經》、《比丘戒》、《比丘尼戒》、《梵網經菩薩戒》、《念佛三昧》、《蓮宗指要》、《念佛法要》、《佛七講話》(八集)、《夏雨清涼》(三集)、《側聞散記》(四集)、《中論》、《法界觀門》、《彌陀要解》、《觀經四帖疏》等。從第一本出版之《思益梵天所問經尋繹》至《佛說阿彌陀經鈔》、《華嚴一乘十玄門探玄》,加上講記,計有五、六十部著作。法師著述近年亦印製成光碟流通。

——《上智下諭和尚圓寂讚頌手冊》及智諭和尚行狀。西蓮淨院。

淨土聖賢錄五編卷二・往生比丘尼

果濱撰錄

1 信道法師（一八三五—一九一八）

信道比丘尼，字真培。俗姓張，江都人。青年喪夫，矢志守節，專精念佛。年七十五，依揚州福興庵心誠禪師披薙。年七十九，於福緣寺受「具戒」。常感彌陀金容鮮明，現於屋內。曾於某清夜，見佛圓光如月，從空而下，直投於懷中，身心歡悅，如灌醍醐，煩惱斷除。一九一八年六月廿八日，師毫無病苦，泊然逝化。荼毗時，火焰騰空，祥光四溢，得舍利子三枚。春秋八十有三。

九華松月上人，為作碑銘，曰：

「巍巍禪師，含辛茹苦；志篤樂邦，精誠孔聚。
感佛金容，光森樑柱；滿月墮懷，瑞相斯睹。
厲行綺歲，慶快暮年；悟徹心土，去若安禪。
體輕如蛻，火迸祥煙；舍利不壞，至固極堅。
信爲道源，惟功德母；三草二木，以生以茂。
法雨既沾，隨根普受；七覺花開，八支果阜。

無土不育，難長菩提；有信斯就，如取如攜。
諸佛薩海，心想能齊；是心是佛，心作有稽。
敢告後來，以師爲法；精誠既迺，罔怠以怯。
功不唐捐，薰修淨業；能見實相，超塵點劫。」

——《續比丘尼傳・卷六》頁一一二—一一三。

《佛頂大白傘蓋陀羅尼經・卷一》(《大正藏》第十九冊頁四〇三中)

若有女人設欲求男，能受持斯「佛頂大白傘蓋般囉(二合)當雞囉母陀羅尼經」者，便生智慧之男，福德壽命色力圓滿，命終之後隨得往生極樂國土。

2 如智法師（一八九八—一九一九）

如智比丘尼，號禮泉，俗姓王，京兆苑平人。師秉性貞靜，自幼即不葷，喜聞經聲佛號。見從姊出家，於山中苦行，故油然生起「見賢思齊」之心。然因雙親篤愛，故不敢言，只常樂隨姊師，擔柴打水、蔬食菜根，怡然自若。年十八，忽染重疾，生命垂危，於昏迷中且云：「薙染出家，是吾唯一心願。」雙親愛女心切，遂於佛前允諾智師之請求，言：「宿世佛緣所致。」師之病竟此痊癒。

年廿一，禮保定老和尚披薙。同年冬，求受「具戒」，精進禮懺習律，謹慎勤勞。孱弱之身，不勝勞碌，舊疾復發，病中，勉強受「十支淨戒」。雖已病重不可治，仍然念佛不輟。一九一九年十一月十七日，忽對空合掌，高聲稱念「**南無觀世音菩薩**」三聲，並作三禮拜狀，溘然西歸。殮訖，越五日，面色如生，頂尚溫暖。世壽廿有一。

——《續比丘尼傳・卷六》頁一一三。《近代往生傳》。

3 了定法師（一八四六—一九二二）

了定比丘尼，俗姓崔，安徽人。適黃，後以有「涉嫌」疑事，送歸返。其父方正而嚴，欲處之死，母私縱之。定師茫無所歸，巧遇蘇州青蓮庵德惠比丘尼，堅請出家。德師憐而留之，數月後，鑑其誠心，始允披薙。受「具戒」後，掩關三年，於壁上貼二大紙，其一曰：「**汝爲何許人**」？對曰：「**吾乃一尼僧**。」另一曰：「**尼僧應如何？**」對曰：「**息妄勤念佛**。」心即大定，愈有精神。

定師平白對待徒眾，恩德有加，師徒之間，如母女焉。晚年專修淨土，一九二二年十月廿九日，無疾逝化，頗多瑞相。世壽七十有六，戒臘五十有六。

——《續比丘尼傳・卷六》頁一一七—一一八。

4 如覺法師（一八六五—一九二二）

如覺比丘尼，俗姓許，台州人。上有三兄一姐，二兄與三兄均出家，覺師與姊十分欽羨。年廿，與其姊同時薙染。受「具戒」後，二師同時閉關三年之久。出關後，一同參訪名剎；返後，二師又再度掩關九年。其後修行更精進，每日必禮佛「千拜」，念佛不計其數。逢人即勸念佛，云：

「多念一句佛，即少說一句話，亦少生一惡念。」

一九二二年六月，罹疾，數日未癒，但正念分明。遂召徒眾至榻前念佛。徒眾傷心哭泣，覺師微笑對大眾云：

「生無可喜，死無可悲。汝等因何哭泣？應和睦相處，同心修持，用功勿懈。生死事大，生命有限，千萬不可自誤。汝等今生雖為女身，能出家學道，為無量幸福之事，實應警惕自勉。需保持比丘尼之高尚人格，為名符其實之尼

僧。」

言畢，安詳逝化。翌日中午，頂門尚留餘溫。世壽五十有七，戒臘三十有八。

——《續比丘尼傳．卷六》頁一一五。《近代往生傳》。

《佛說造立形像福報經．卷一》（《大正藏》第十六冊頁七九0上）

佛說經竟，王大歡喜，即起，前以頭面著佛足而起。比丘、比丘尼、優婆塞、優婆夷，及其五百傍臣左右，皆起歡喜，為佛作禮。後皆往生阿彌陀佛國，作大菩薩，最尊第一。優填王聞其所說，歡喜受解，即得「須陀洹道」。

5 蓮貞法師（一八八二—一九二二）

蓮貞比丘尼，俗姓趙，江蘇丹徒人。年十七，因夙具善根，逃至台州某庵中，投圓信師披薙。貞師修持勤快真切，日誦《阿彌陀經》四十九部，佛號數萬。雖病亦未曾中斷。受「具戒」後，始返鄉省視雙親。雙親以種種言詞，要求師還俗。然貞師修道之意，固若金湯，云：「**唯出家能了生死**。」誓死不答應二老要求。返庵後，修持更嚴謹。

一九二二年七月，忽感微疾。其徒悅禪師奉侍早齋，師云：「**無需矣！為吾備水，沐浴梳洗**」。浴畢，著新淨衣及袈裟。貞師向圓信師點首，曰：「**師父吾去矣！**」如是三次。又向大眾點首，以示告別之意，安詳逝化。時八月初一，世壽四十，僧臘廿有四。

—《續比丘尼傳．卷六》頁一一六—一一七。《近代往生傳》。

6 素密法師（一八七三—一九二五）

素密比丘尼，字定佛。俗姓陳，香山人。密師天資聰穎，好習宗教，曾學道教運氣法，有所心得，更以傳人。一九〇六年至日本，見佛教於彼國極盛，於鎌倉回春院，讀誦經書，參究禪旨。訪圓覺、建長諸寺，詳知佛法精義，至高無上，方悔昔日所習為世間唾餘，盡行捨棄，並頓萌出家之念。一九〇九年回國，禮清涼霧山長老披薙，於金陵千華律院受「具戒」。戒期滿，至鎮江得雨華、圓通二庵，招五妹素浩、七妹證行共修持。修「般舟三昧」一期，精苦卓越。

密師提倡「十聲念佛」，其法簡便易行，人多奉其教。一九一三年，師再往日本宏揚佛法。一九二〇年，移居香港鳳凰山，啓建「楞嚴壇」。一九二二年，假民園主持「佛七道場」，恭誦彌陀聖號，居士環集，最多達四、五千人，聞法生信，紛求皈依。此「佛七道場」之舉，乃為港地開風氣之先，並於港建立鹿野苑。一九二五年六月七日，密師於念佛聲中安詳示寂。世壽五十有二。

——《續比丘尼傳・卷六》頁一一八—一一九。

7 果仁法師（？—一九二五）

果仁比丘尼，俗姓陶，江西彭澤人，嘗適宗。一九一二年，禮淨土庵聖宗法師披薙。後劉契淨居士於庵內設「佛學會」，仁師得聞念佛求生淨土法要，盡棄年少曾習之外道法，而孜孜於念佛一法。更以《金剛經》、《彌陀經》、《大悲咒》為早晚課。

一九二四年冬，仁師偶感微疾。其徒常參師，夢見四童子，前執幢旛，後四人扛轎，云：「**來接『當家師』往西方**。」一九二五年四月，仁師自夢一僧左捧蓮華鉢，右手下垂過膝，謂師曰：「**汝當於六月五日登蓮座**。」翌日，仁師囑徒常參師云：「**吾得生西，親承佛誨，甚是安慰。汝好好侍奉師公，撐持法門，謹守皈戒，誦經禮佛，如吾在世無異，不可妄為**。」劉契淨居士遂請城隍廟悟道法師為仁師說三壇大戒法，及製衣具。

六月三日夜，徒常參復夢一僧，身長丈餘，披紅袈裟，胸前斜掛帶一條，書有：「**南無西方接引阿彌陀佛**。」頭戴蓮華瓣帽，帽頂現白蓮一朵，一佛趺坐其上，並稱：「**請『當家師』同去**。」越二日，眾等皆來為仁師助念，午齋後，師對眾云：「**天太熱，請各回洗浴，吾戌時去，汝等浴罷再來，未晚！**」眾等散去，戌時至，復見師趺坐念佛數聲，泊然逝化。翌日入龕，面色如生。遺命散骨灰於路途，結眾生緣。

——《續比丘尼傳・卷六》頁一一九——一二〇。

《文殊師利菩薩六字咒功能法經・卷一》（《大正藏》第二十冊頁七七八下）

又法，以紫檀，長六指，剋作蓮華……塗之誦百千遍……金色光明，過於千日。威光如天童子一切成就，呪仙皆恭敬，壽命一劫。劫盡已後，往生極樂世界。

8 大悟法師（一八四五——一九二七）

大悟比丘尼，號法林。俗姓袁，江蘇南通人。幼即與邵家訂婚約，未適，夫便卒，誓不再婚。心欲出家，夫家以世俗見解，千方百計攔阻，師意志堅定。年廿二，投大悲庵薙染，一心念佛，求生淨土。逢人常云：「**佛法大門，唯有淨土法門，契合大眾根性。拜經、坐香，無非消除業障，容易成就淨業功德。**」

悟師勤修苦行，早晚課誦念佛。時大悲庵年久失修，師四處募款重修，莊嚴佛殿。整佛堂，營蔬圃，自給自耕，資眾清修。隨緣方便說法，度脫眾苦。晚年色身衰退，往普陀山、九華山朝拜，頗感瑞向。一九二七年二月，身感微疾，於病中作偈：

「世間萬緣都放下，唯有念佛是眞心；
一念超出娑婆苦，貪嗔癡愛都除盡。
寸絲不掛光明台，參透法身脫苦輪；

得滿極樂清淨願，再入娑婆度眾生。」

二月十八日，見佛光接引，安詳示寂。荼毗，得堅固子五枚。世壽八十有二。

——《續比丘尼傳・卷六》頁一一二○—一一二一。費範九述。

《佛說大乘莊嚴寶王經・卷一》（《大正藏》第二十冊頁五○下）

善男子！於此世界，若有人能憶念觀自在菩薩摩訶薩名者，是人當來遠離「生老病死」輪迴之苦。猶如「鵝王」（佛之行步猶如鵝，故以鵝王稱之，此喻如鵝王般的輕巧），隨風而去，速得往生極樂世界，面見無量壽如來聽聞妙法。

9 聖道法師（？—一九二七）

聖道比丘尼，俗姓宗，江西彭澤人。一九〇六年，於彭澤淨土庵披薙。一意念佛，求生淨土。一九二六年八月，夢一人向師合掌，云：「**將接汝往西方，給書一函，勿遺失。**」十月，再夢朝南海，舟行數日，水盡登山。見一婦人，兩手遍現眼目（似千手千眼觀音），光爍如電。師問曰：「**此爲何處？**」婦曰：「**靈山。**」師乃脫帽下拜。婦讚云：「**汝念佛虔誠，吾將帶汝生西，今且歸。**」醒後，則見僧帽已脫於枕邊矣。翌日，告徒孫常參師，云：「**吾於明年正月十三日往生。**」

一九二六年臘月除夕，徒孫常參夢見道師上殿禮佛，禮畢言：「**吾去矣！**」而庵外人聲鼎沸，稱云：「**來迎老師。**」一九二七年正月十三日，午齋將竟，道師忽云：「**要走了！**」手中碗忽旋轉上騰如花形，升至一人身之高。笑曰：「**好看哉！**」約一刻鐘後，始降下，端正而住；碗內之米，顆粒未出，誠不可思議。未時，安詳西逝。

——《續比丘尼傳．卷六》頁一二一—一二二。

10 了椿法師（一八五四——一九二九）

了椿比丘尼，俗姓張，浙江臨安縣人，年僅四即披剃。年廿七，受「具戒」於天臺國清寺，戒畢回庵，因庵小人多，乃遷至平陽香林寺修行。寺屋湫隘，不堪容眾，師竭力經營，建造大殿，及兩翼軒房，遂得安眾行道。魚鼓鐘磬之聲不絕於耳，為遠近信眾所敬仰。師自奉儉約，待人和厚，一生維持講經道場，有七處之多。二六時中，行住坐臥，未嘗離一句佛號，數十年如一日。

一九二九年二月初旬，偶感微疾，囑咐徒眾勿為延醫服藥。專請大德來寺，啓建「佛七」，資助往生。是月十八日晚十一時許，師親見空中「千手觀音」現身，欣悅異常，至廿日夜，問玄孫平蓮曰：「**現在幾時？**」答曰：「**十二時。**」師欣然云：「**吾可去也！**」即從床上坐起，雙手合掌，向眾人云：「**吾已見到室中蓮華滿地。**」是時口中念佛之聲，尚若斷若續；未幾，瞑目逝化。世壽七十有五，僧臘四十有八。

——《近代往生隨聞錄》頁五一——五二。

11 宏源法師（？—一九三〇）

宏源比丘尼，字性亮。於南京慧月居薙染。平日念佛、拜佛，絕不多言。自奉甚薄，待人寬厚。日常功課，必首位上殿，領眾念佛，未曾間斷，數十年如一日。

一九三〇年，師患疾，醫藥罔效。對探病者僅點頭示謝，不多語，仍繼續念佛不斷。往生前幾日，嘗親見阿彌陀佛數次，更聞異香充滿於室，甚至蓮華呈現榻前。臨終，師尚能隨木魚聲，聲聲念佛。十二月廿八日，正念分明，安詳西逝。

——《續比丘尼傳・卷六》頁一二三—一二四。《愈慧郁鈔集》。

12 圓音法師（一八六五—一九三〇）

圓音比丘尼，俗姓楊，石埭人，楊仁山居士之次女也。長齋奉佛，翹心淨土。年廿一，禮磚橋法藏寺妙空長老薙染，於京口焦山受「具戒」。日常研究經教，刺血書寫《彌陀經》、《普門品》、《遺教經》各一部。亦精繪佛菩薩聖像。一八九九年，於金陵建天印庵，實欲與楊仁山老居士所創之金陵刻經處相近，以校閱經籍，分擔弘化之責也。每居結夏安居，敬禮《華嚴》、《法華》諸經，自課極嚴，了無倦態。父楊老卒，音師便發願完成父親刻經之願。經手點刊之書計有《西方發願文註》、《集諸經禮懺儀》、《十不二門文心解》、《大日經疏義釋》、《維摩天台疏》等。

一九三〇年九月二日，音師無疾逝化。世壽六十有五。

——《續比丘尼傳・卷六》頁一二四—一二五。

13 德成法師（一八六七—一九三二）

德成比丘尼，俗姓方，安慶人。年九即投安慶淨室庵披薙。年廿五受「具戒」。早年專誦《金剛經》，中年禮拜《華嚴》、《法華》各大乘經，晚年轉而念佛。精進修持，寒暑無間，隨喜作諸功德，捐款興學、建蓮社，領女眾念佛。

一九三二年春，掩關三七日，專誠念佛，淨境中見「**我悲常疾**」四字，並聞佛呼喚其名，且告知其往生時日。出關後，成師即囑眾等為辦後事，六月寂然而化。荼毗，得舍利數枚，其中一長約半寸，五色璀璨。春秋六十有五，戒臘四十有一。

—《續比丘尼傳・卷六》頁一一二五—一一二六。

14 果願法師（一八五一——一九三五）

果願比丘尼，字本悅。俗姓徐，東台人。年十二欲剃落，上命不許，只作淨信女，居家修持。年十六，自行剃髮、截左手小指，並割「臂肉」以示決心。父駭然之，遂遣願師往江都磚橋放生庵禮妙空法師披薙。翌年往金山受「具戒」，早晚禮拜誦經。一八八〇年，願師偶過泰縣福善庵，荒涼凋敝，偕同師弟常清共興之，互勵苦行，歷廿餘年。數度掩關，每日持彌陀聖號數萬聲。更發願禮《大般若經》六百卷，持之以久，行之以堅。至年七十，不復出關，長精淨業，兼修止觀，內證深淺，不以語人。時人皆以「**大心之士**」稱之。

一九三五年，略示微疾，口中默念佛號不絕。有來問疾者，師目之而已，不交一語。六月廿四日，安詳示寂，室中蓮香不滅。世壽八十有四。

——《續比丘尼傳・卷六》頁一三七——一三八。

15 定雲法師（一八六八—一九三六）

定雲比丘尼，俗姓江，無錫人。年六時為匪誘拐，展轉為吳氏婢女。其吳主信佛，恭奉觀音。雲師便發願持長齋，日禮觀音大士。早晚侍候夫人誦《普門品》、《大悲咒》及觀音聖號，寒暑不懈。年廿二，其主吳居士，患病甚苦逾半載。夫人率二女及雲師，至無錫普渡庵求禱。夫人發願：「**外子若癒，當捨一女於庵為尼**。」數旬，吳居士病癒，夫人問女：「**孰為父了願？**」兩女皆默然。雲則自請曰：「**願完此宏願**。」夫人且喜且憐，即認雲師為義女。

雲師落髮後，專心淨業，念佛字字清晰，過午不食。識字不多，但於經中文義，輒能了知，每聞說法，盡能領會。常勸人言：「**念佛必以心口俱念，勿雜妄想，並功德迴向淨土**。」並勉勵為善戒殺、淨心持名，不提其他。

一九三六年三月，雲師獨自登殿念佛，忽見西方三聖同時大放光明，急至三聖像前，頂禮無數。眾請師用早齋，師搖首，告眾以所見，並云：「**淨土因緣**

已熟，今日將往生西去矣！」從容沐浴更衣，趺坐合掌念《彌陀經》，至第九部，含笑坐逝。世壽六十有八，臘四十有七。

——《續比丘尼傳・卷六》頁一二四—一二五。

《入楞伽經・卷第八》（《大正藏》第十六冊頁五六四上）

大慧！我見一切諸衆生等，猶如一子。云何而聽以「肉」為食？亦不隨喜，何況自食？

大慧！如是一切「葱、韮、蒜、薤」，臭穢不淨，能障聖道，亦障世間人天淨處。何況「諸佛淨土」果報？酒亦如是，能障「聖道」，能損善業，能生諸過。

是故，大慧！求聖道者，「酒、肉、葱、韮」及「蒜、薤」等能薰之味，悉不應食。

16 廣華法師(一八六九—一九四三)

廣華比丘尼，俗姓謝，名彩娣，蘇州人。年十七適陳，未滿一年，夫亡。遂禮蘇州香山吳楊里桃花塢曇華庵老比丘尼薙染。師見其誠懇，即將該庵交付華師，華師得以獨自住庵靜修。庵四面環山，人跡罕至。山頂有石刻四面觀音像，華師每晨必登山頂，焚香燃燈，恭敬禮拜。誦《彌陀經》一部、《往生咒》三遍為日課，餘則精持彌陀聖號。上山樵薪，出售所得，購置香燭燈油供佛。己則惟以手種果蓏，或採野草樹葉充饑而已。雖有善信上山禮敬觀音，供養於師，師即隨手施人，不以自享。柴草食物，或遭人竊取，亦不計較追索。

年五十八，華師赴蘇州西園戒幢寺受「具戒」，爾後，修持更精進。一九八三年，師赴靈巖參加印光大師舍利入塔紀念，已已預知往生，遂自購骨灰塔位。翌日晨，毫無病苦，即安詳西逝。時遠近來山善信頗眾，目睹此景，咸為誦《彌陀經》，念佛聖號。歿後逾時，面色紅潤，肢體柔軟。扶之趺坐入龕，宛如生人。荼毗，得白色舍利十餘粒，舍利花數朵，皆白如水晶，光潔瑩潤。世壽七十有四。

——《近代往生隨聞錄》頁四三—四四。

《稱讚淨土佛攝受經》（《大正藏》第十二冊頁三五0上）

又，舍利子！若有淨信諸善男子或善女人，得聞如是無量壽佛無量無邊不可思議功德名號、極樂世界功德莊嚴。

聞已思惟，若一日夜，或二、或三、或四、或五、或六、或七，繫念不亂。

是善男子或善女人臨命終時，無量壽佛與其無量聲聞弟子、菩薩衆俱前後圍繞，來住其前，

慈悲「加祐」，令「心不亂」。

既捨命已，隨佛衆會，生無量壽極樂世界清淨佛土。

17 常靜法師(一八七五—一九四四)

常靜比丘尼,俗姓袁,湖北漢口人。年三十六,發心念佛,皈依德清法師座下,受五戒於漢口圓照寺,長齋念佛達三十三年,尚未出家。靜師平日修持精進,無論寒暑冬夏,每日必定四時起床念佛,日間專行拜佛。每逢天暑,汗濕衣襟,即備海青數件更換,務令威儀整肅,不以「便服」禮佛。見衣服破爛,登門乞化者,脫己衣施與,無吝嗇。

一九四四年正月,忽感微疾。至四月初十,親見西方三聖來臨。於四月十七日晨,謂家人曰:「**吾欲薙染,速至歸元寺請首座和尚與吾說戒。**」又令燒檀香,沐浴更衣。首座和尚到來,即為薙染,並授「沙彌尼戒」。至廿日晨,靜師曰:「**吾今日將歸西方,速至歸元寺,請首座與師父前來念佛。**」八時許,歸元寺首座領眾僧來,靜師已結跏趺坐,云:「**阿彌陀佛與諸聖眾,早已到來,汝等勿泣,助我念佛。**」言訖,自稱佛號數聲。十時,寂然而化,如入禪定。翌日裝缸,端坐如故。荼毘,骨灰成金黃色,得淡白色堅固子大小七枚。世壽六十有九。

——《近代往生隨聞錄》頁五七—五八。

《大悲經・卷三》（《大正藏》第十二冊頁九五七中）

爾時世尊復告阿難：若有衆生聞「佛名」者，我說是人，畢定當得入「般涅槃」。

阿難！若有稱言「南無佛」者，此有何義……

佛言：阿難！所言「南無佛」者，此是決定諸佛世尊「名號音聲」。

阿難！以是決定諸佛「名號音聲」義故，稱言「南無諸佛」。

阿難！我為是義，故說譬喻，令諸衆生於此法中增益「信心」，復令一切諸善男子、善女人，聞「佛世尊」名號音聲，深得「敬信」。

18 證持法師（一八九八—一九四九）

證持比丘尼，俗姓王，江蘇常熟人。年廿餘，投蘇州白衣庵慧智老比丘尼薙染。一九二八年，往南京寶華山受「具戒」。年三十六，閉「華嚴關」三年。日常功課，始終不懈，暇則念佛。慧智比丘尼圓寂後，持師繼任住持。師於戒律素稱謹嚴，告誡弟子，進入佛堂，不准多言雜語，不准衣袍不整。師維護三寶，不遺餘力，庵內五間大殿，經師修整一新。

一九四九年師往生前，略患感冒，謂徒孫惠德師曰：「**再過三日，吾即往生。**」惠德云：「**請師住世，教導吾等。**」師曰：「**吾人終歸往生，何必留吾？吾先行，望汝等後到。汝等爲吾好好念佛，勿打岔。於吾往生後，勿靠近床，勿動吾身，只要念佛。引磬於往生一時後再敲，敲時聲音需輕。**」

言訖，即於床上，趺坐念佛。三月廿九日，自云：「**阿彌陀佛來了。**」語畢瞑目，安詳西逝。百日後送靈巖荼毗，得五色堅固子甚多；或紅如赤珠，或綠如翡翠，青黃白紫各色俱備。春秋五十有一。

——《近代往生隨聞錄》頁五二—五三。

《月燈三昧經》（《大正藏》第十五冊頁五五三中）

常修如是「念佛」相，日夜恒見諸如來。若遇「垂死、最重疾」，痛惱逼迫，極「無聊」（❶無可奈何❷貧窮無依❸鬱悶❹精神空虛），「念佛三昧」常不捨，不令「苦切」（指「垂死、最重疾、痛惱逼迫、無聊」等）奪此心。彼人自解是法故，則知一切「諸法空」。

19 果松法師（一九一七—一九五六）

果松比丘尼，蘇北鹽城人。年「三」即禮天妃宮尼庵常德老比丘尼薙染。松師幼年即知精進念佛，兼習禪定。其師欲令管理庵務，並勸之云：「**年過五十，用功未晚**」。松師卻答：「**濁世無常，流光迅速，設若壽命不到五十，豈不一生錯過？**」因此不從師命，精進念佛如故。年十九，方詣蘇州西園戒幢寺求授「具戒」。一九四七年，蘇北發生戰事，乃棄庵來蘇。途遇胥門無難庵成慧比丘尼，松師憫其師徒祖孫三人飄零失所，遂接往庵中，供給膳宿。

一九五六年農曆九月初三日，松師於往生三日前，向成慧師云：「**吾將於三日後西歸，請助念相送。**」又曰：「**汝可知應如何念佛？吾來教汝。**」成慧請其吩咐。師云：

「**持念六字洪名，需不快不慢，要至誠懇切，一字一字地念。念從心起，聲從口出，音向耳入。念得清清楚楚，聽得清清楚楚，不可囫圇含糊過去。念**

快跟不上，念過慢，心散亂。」

成慧師遵照指示，一字一字，不緊不慢，執持聖號；松師亦隨念。如是三日，至九月初六日下午九時，師起身整襟，結跏趺坐。一面念佛，一面以手「摩頭」作授記狀，連作三圈。稍停更作，如是者三次。於十一時許，向成慧師云：「**再會！再會！**」身無疾病，泊然坐脫。世壽三十有九。

——《近代往生隨聞錄》頁四四—四五。

《佛說一切功德莊嚴王經・卷一》（《大正藏》第二十一冊頁八九一中）

爾時觀自在菩薩白佛言……世尊！此經有大威德，難可思量。世尊！若有暫聞此經，禮拜讚歎，供養恭敬，獲無量福；何況書寫讀誦受持，種種香花而為供養？及說法師，以衣食等，而為供養。

如是之人，一切諸佛，共所護念，為其授記，當得往生安樂世界。

20 妙行法師（一八九九—一九五六）

妙行比丘尼，江蘇武進人。曾任蘇州閶門如來庵住持。一九二〇年春，於常州天寧寺受「具戒」，得戒師為治開老人。行師心地仁慈，精持戒律，不喜攀緣。一生功行，唯持誦《華嚴》，精進念佛，迴向淨土。

一九五六年三月示疾，仍念佛不輟，至九月十三日午後二時，面西趺坐，與徒義性師告別，合掌高稱洪名，安詳逝化。世壽五十有七。

——《近代往生隨聞錄》頁四六。

《佛說觀佛三昧海經・卷三》（《大正藏》第十五冊頁六六一上）

佛告阿難：我涅槃後，諸天世人，若稱「我名」及稱「南無諸佛」；所獲福德無量無邊，況復「繫念」念諸佛者，而不滅除諸障礙耶？

21 又空法師（？—一九五九）

又空比丘尼，俗姓朱。江蘇啓東縣二徽人。空師先於崇明壽安寺受五戒。某年夏，於崇明葉塵法師所聽講《梵網經》，遂發心出家，與其姐同詣本鎮竹林庵，禮某比丘尼薙染。一九五五年春，與姐同往南京寶華山受「具戒」。出堂後，仍回竹林庵，精修淨業，一意西馳。

一九五八年冬，空師示疾，仍日夜趺坐，念佛不輟。一九五九年正月初四，謂其姐及徒曰：「**世間皆苦，無足戀者，願同念佛，助我生西**。」是日酉時，於大眾念佛聲中，面西端坐而逝。一晝夜後，全身柔軟，頂門猶熱。停龕三日，顏色如生，依法荼毗，得舍利無數，皆晶瑩珂潔，燦若珠玉。其頂骨裂為數片，裂紋均作「菩提樹葉」形，一片裂紋，彷彿成「**心作心是**」四字，亦足奇矣！園徹法師曾作長歌以詠空師往生事跡。

——《近代往生隨聞錄》頁五四。

22 如蓮法師（一八八一——一九六五）

如蓮，俗姓許，浙江天台縣人。年廿二，夫卒，育有一男一女，族中大伯與人勾結，欲將蓮師出賣。鄰居一「念佛老婦」知其謀，竊以告蓮師；蓮師遂匿藏於老婦家。老婦教蓮師默持大士聖號，祈求垂護，得免劫奪。後至嵊縣，見一青年尼師於河邊浣衣，蓮師請求至庵暫住一夜。青年尼師以蓮師年青，舉止端莊，囑留庵內，佐理雜務，並令學習功課。未久，青年尼師亦離庵他去，蓮師遂繼承香火，住庵七年，復遷居大仙庵，住十餘年，皆靜默修行。

蓮師雖未受「具戒」，而謹身飭行，潔逾冰霜。修持精進，欣厭心切，朝暮課誦，從不間斷。偶遇病不能行，必在佛前請假。日誦《金剛經》三部、彌陀聖號五千、《往生咒》五百遍。逢十齋日，則誦《地藏經》。所得襯施，充道糧外，輒以周濟貧乏。

一九六四年，蓮師與人云：「**吾住世僅一年多。**」一九六五年正月某夜，夢見二僧對蓮師云：「**今年二月，汝將往生。**」二僧復於桌上，寫一「**死**」字示之，蓮師一見歡喜。至二月十五日夜，又夢見二僧云：「**汝十八日將往生。**」醒後，召其侄至，立遺囑，囑咐後事。至二月十八日，香湯沐浴，請海善法師為料理坐缸焚化等事，己端身正坐，手結彌陀印，一心念佛，並囑諸道友助念。眾見蓮師面帶笑容，毫無病態，至午時，即寂然而化。世壽八十有四。

——《近代往生隨聞錄》頁五十—五一。

《大智度論・卷七》（《大正藏》第二十五冊頁一〇九上）

復次，「念佛三昧」有大福德，能度眾生；是諸菩薩欲度眾生，諸餘三昧無如此「念佛三昧」福德，能速滅諸罪者……以「念佛」故，能除「重罪」、濟諸「苦厄」，何況「念佛三昧」？

23 義俱法師（一九二九—一九九五）

義俱沙彌尼，俗名傅學英，河北人。仁慈寬厚，樂善好施，一九九一年，於五台山受三皈五戒，專修淨業。勸導子女皈依三寶，建立佛化家庭，常欲出家而未果。一九九三年，罹患直腸癌，命將不久。至大同華嚴寺受菩薩戒後，過午不食，修持更加精勤，晝夜念佛，志生西方。

一九九五年三月十三日起斷食，只飲開水。三月十七日，禮請大同西嚴寺妙義法師為其剃度，授沙彌尼戒，法號義俱。雖患癌症，卻無病苦。三月廿四日，結跏趺坐，於親友念佛聲中，安詳西逝，異香滿室，徹夜不散。七日後荼毗，臉色紅潤，趺坐如生。世壽六十有六。

—上述根據《戒邪淫網》網路資料。

24 明常法師（一八八六—一九六六）

明常比丘尼，俗姓李，蘇州人。中年方信佛受皈戒，年五十八，偕女明福共住於蘇州木瀆鎮小桃庵。後禮圓瑛法師薙染，並於蘇州西園戒幢寺受「具戒」。常師平生專志淨土，晝夜持念六字洪名。

一九六六年農曆十一月廿九日晨，常師預知時至，沐浴更衣，端身趺坐，手結彌陀印，持念聖號。其女明福勸常師稍臥下，不久復起坐，自言：「**西方妙境已現，佛說不虛**。」急念南無阿彌陀佛不止。至九時，音聲浸微，面現笑容，安詳坐化。荼毗，撿得舍利花甚多，色分黃白綠三種。常師遺言：「**不准哭泣，不許服孝，不用建塔，以骨灰作饅頭，施諸水族，結西方緣**。」世壽八十，僧臘廿二。

——《近代往生隨聞錄》頁四六—四七

25 妙勝法師（一九〇八——一九六九）

妙勝比丘尼，俗姓朱，江蘇青浦縣人。年四十四，遭不如意事，乃勘破世情，披剃於蘇州西林庵。庵主延十師於該庵獨授大戒，並請應慈老和尚為得戒師。勝師深研《華嚴》，終則歸心淨土。宗教皆通，辯才無礙。慈悲喜捨，樂善為懷。一生積蓄，塑像裝金，重修西林庵，煥然一新。年六十一，染病，自知時至。有雲林庵閔老師者，與勝師素相識，夜得一夢，見勝師授予白紙一卷，上書偈語四句：

「**昔日風光今何在，西方淨土早安排。今日眞能離苦海，消遙自在上蓮台。**」

閔老師醒即遺忘，旋又睡去。復見勝師示偈，一再囑咐：「**切勿忘記，要交予慈惠師。**」翌日，閔老師見慈惠，始知勝師已於昨夜往生矣！時為一九六九年十月十三日。世壽六十有一。

——《近代往生隨聞錄》頁四七。

26 圓松法師（一八八六—一九七一）

圓松比丘尼，俗姓史，江蘇無錫人。一九二八年，因其夫私營外室，毅然勘破世緣，禮西林庵參霞法師披剃。所有俗家親屬，皆避不相認。一九三四年松師受「具戒」。霞師清規森嚴，對松師諄諄訓導，指引速離苦海。師亦確念人生苦趣，無量無邊，因此嚴守戒法，志求出要，專誦觀音聖號，閉關兩期。

松師為西林庵住持時，庵中香火收入頗豐，而師清苦異常。時以「豆渣」佐食，即洗鍋水中之「餘粒」亦必食之，不肯隨手傾潑。後遇抗日初期，日軍轟炸無錫，師不避險，發願代眾生受苦。當時適有炸彈落於松師身旁，炸毀屋宇，而師則虔誦觀音聖號，若無其事，亦竟平安無恙。圓松師為人仁恕正真，慈祥善良，見有窮苦之人，無不盡力資助，為眾所稱。

一九六八年，松師為了卻塵緣，三年不出禪房，專誦「七如來」聖號。一九七一年四月十一日晨，云：「**吾今日逝矣！**」弟子含淚飲泣，分侍左右，陪同稱念

卍《淨土聖賢錄・五編》（合訂版）卍

如來聖號。是日下午三時許，師更衣靜坐。四時許，合掌向空作禮云：「**阿彌陀佛已來接引！**」即泊然化去。世壽八十有五。

——《近代往生隨聞錄》頁五四—五五。

《摩訶般若波羅蜜經・卷二十一》（《大正藏》第八冊頁三七五上）

佛告須菩提：置是化佛，及於化佛所種福德。若有善男子、善女人但以「敬心念佛」，是善根因緣，乃至「畢苦」（滅盡所有苦難），其福不盡。

27 妙行法師（一八九九—一九七四）

妙行比丘尼，俗稱周，浙江湖州南潯人。夫早逝，遺有一子一女，亦相繼而亡，行師自知業重命薄，年廿四即決志出家，往杭州禮大悲庵某老尼披剃為沙彌尼。後又往南京棲霞山受「具戒」。行師秉性仁慈，平日專修淨土，曾在蘇州鐘樓頭貞淨居關房閉關。三年後，住持北園天龍庵。

一九七四年，行師患腹水症，臥病廿餘日，自知不起，不肯就醫服藥，一心念佛，求生西方。往生前三日，對徒弟云：「**三日後吾即往生**。」到第三天，仍正念分明，持念佛號。一九七四年六月十六日中午十一時，不覺歎云：「**三日矣，何故佛未來接引？**」正說之際，忽覺滿目光明，隨向徒弟招手云：「**光太亮，速關燈**。」大眾言：「**並未開燈！**」是時師即隨眾合掌，稱念聖號，端坐而化。往生後，頂熱肢軟，瑞相昭然。世壽七十有五。

——《近代往生隨聞錄》頁五六—五七。

28 明然法師（一九〇二―一九七四）

明然比丘尼，俗姓吳，名菊花，臺灣澎湖人。俗時，於事業穩固，子女有成之際，皈依三寶，求生淨土。欲出家修行，衝破艱難與層層羈絆，先令幼女披薙，繼之己亦薙落，同修吳君亦隨後出家為比丘。除早晚日課，念佛不斷。人問：「**念阿彌陀佛外，尚求何願？**」師云：「**除願生西方極樂外，別無所求。**」

然師於高雄千光寺建設期間，亦參與粗工，種菜、種花及身邊瑣事，絕不假他人手。一九七四年正月，師遇舊知，即云：「**此為最後一次相見。**」於行事間，亦流露即將往生之意。四月六日，身感微疾，眾等議論紛紛，莫衷一是。師云：「**勿送醫，汝等為吾念佛。**」說罷閉目，不再言語。毫無病苦，寂然而化。翌日，頂門尚溫，面色如生。世壽七十有三，僧臘十三，戒臘十三。

―《行化雜記》頁三八七―三九三。

29 道因法師（一九〇四—一九七五）

道因比丘尼，俗姓郭，揚州瑚江縣人。幼即茹素，皈依高旻寺來果老人，行持淨業，兼事參究。中年喪夫，乃勘破世緣，出家受沙彌尼戒，居蘇州善人橋馬崗山一小庵內修行，文革中乃遷滬。因師曾蒙虛雲老和尚示修行法則，勸修淨土，從此恪遵不移。勇猛精進，一心持名。

一九七五年，略感微疾，自知不起，安排身後諸事。農曆五月初二日，臨終親見阿彌陀佛放光接引，正念現前，安詳西逝。世壽七十有一。

——《近代往生隨聞錄》頁四九—五〇。

《大智度論．卷九十三》（《大正藏》第二十五冊頁七一三中）

復次，須菩提聞《法華經》中說：於佛所作少功德，乃至「戲笑」，一稱「南無佛」，「漸漸」必當作「佛」。

30 永寶法師（一八八三—一九七六）

永寶比丘尼，名文通。俗姓羅，浙江黃岩縣人。母陳氏，夢見觀世音菩薩抱一女孩與之，且云：「**此女大有善根，必使出家。**」寢後產寶師。年十二，母便送寶師至黃岩優缽羅庵，投式東老師太披剃。住庵三十餘年，農業勞動，隨眾早晚功課外，專持彌陀聖號，念佛不輟。待人接物，慈悲為懷。戒律謹嚴，馳名遐邇。皈依弟子甚眾。開示痛切，唯囑：

「**老實念佛，求生西方。瞥爾錯過，得度無日。**」。

寶師於圓寂前七日，已預知時至。對助念弟子云：「**吾已見觀世音菩薩，決定往生。**」一九七六年農曆五月廿四日晚，於大眾念佛聲中，寂然逝化，春秋九十有三。

—《近代往生隨聞錄》頁四八。

31 圓信法師（一八九七—一九七六）

圓信比丘尼，俗姓汪，蘇州人。適曹某，生一女，成年病歿。因悟人世無常，遂出家。住蘇州小倉口楞嚴庵。常持誦《楞嚴》，念佛不輟。道心堅固，數十年如一日。一九七六年秋，身感不適，即臥床不起。病危時，有道友對信說：「**往生西方，最關重要**。」信師含笑點首，合掌稱謝。農曆八月廿九日下午八時，正念分明，安詳而逝。面貌如生，紅潤光澤。世壽七十有九。

——《近代往生隨聞錄》頁四八—四九。

《妙法蓮華經・卷一》（《大正藏》第九冊頁九上）

若人「散亂心」，入於塔廟中，一稱「南無佛」，皆已成佛道。

《觀世音菩薩授記經・卷一》（《大正藏》第十二冊頁三五三下）

佛告華德藏（菩薩）：西方過此「億百千剎」，有世界名安樂，其國有佛，號阿彌陀如來應供正遍知，今現在說法。彼有菩薩，一名觀世音，一名得大勢，得是三昧。

32 宗如法師（一八九七—一九七七）

宗如比丘尼，俗姓黃，名志學，江蘇武進人。早年皈依圓瑛法師，中年出家，披剃於蘇州紫竹庵蓮淨師。年六十，於寶華山隆昌寺求授「具戒」。如師一生精修淨土法門，戒律謹嚴，樂於施捨。一九七七年雖示病疾，正念分明，預知時至。直至往生，念佛不輟。容顏潤澤，有過生前，二月十九日圓寂。世壽八十。

——《近代往生隨聞錄》頁四九。

《大方廣總持寶光明經・卷四》（《大正藏》第十冊頁九〇〇下）

照察眾生命終時，教令「念佛」即見佛，命終決定生佛剎。

臨命終時若「念佛」，見於「佛像」生「愛敬」。佛為往彼而救度，得見諸佛為說法。

33 常明法師（一九二四—一九七八）

常明比丘尼，俗姓陳，臺灣臺北市人。自解人事，即感無常之苦，因而涉獵修仙之術，漸次發現佛理精妙。初於礁溪妙釋寺與復如法師申辯長生之道，旋被如師破解。經多年修習，終因「**凡所有相，皆是虛妄**」而頓悟，曾向廣欽、道安、戒德……等善知識輸誠請益，甚至投入門下，因而覺性更清明、學佛更精進。曾於靜修女眾佛學院進修，並協助淨良法師掌理暖暖金山寺。

年三十，明師於基隆月眉山靈泉寺受「具戒」。一九五五年，成立三重佛教講堂。一九六一年，修建北投彌陀寺，並於一九六八年任臺北縣佛教會理事長。明師平素起居，極為嚴謹，對世事無常、生死輪迴，尤為戰慄，由是日夜勤修淨業。每日除持誦《彌陀經》、《普門品》、《普賢行願品》外，靜坐念佛，數十年未斷。平日亦以念佛、學佛勸化大眾。堅守道業，禁足不出，從不因外景榮枯而動心。自奉甚簡，殘羹冷茶，即可飽餐；粗服披身，數十寒暑，未添新衣；數日更浴一次，體膚始終清潤，尤其不可思議。常曉諭寺眾來客，云：

「**凡能出世為人，不論貴賤，咸具多生福德，實應珍視；況且彼等今世善植福田，或許業盡，得生善趣，即成人天師範，豈可輕忽？今生相會，乃多生之緣，豈可錯過！**」

爾後明師因積勞成疾，卻不就醫，亦無愁眉之狀，唯有專注念佛。視肉體如棄物，了知病痛乃業緣之感招，唯佛是賴。一九七八年，其師欲外出，明師請其當日勿外出。日暮時，已多日不起之明師，竟能自行坐起，面有法喜，室有異香，安詳逝化。世壽五十有四，僧臘三十有二，戒臘廿有七。

——《海潮音》第八十卷・第一期。

34 天慈法師（一八九二—一九七九）

天慈比丘尼，俗姓孫，蘇北鹽城南鄉伍佐鎮人。年廿四，投慧山老和尚薙染，於揚州某寺受「具戒」。此後即至蘇州虎邱小普陀寺為客師，歷時三載；又往上海閘北寶福庵為客師三年，後返蘇州葑門二郎庵。慈師初進二郎庵時，僅破屋三間，荒蕪一片；便發願重興梵宇，節衣縮食，辛勤勞動，積累資財，建大殿三間。頓使敗瓦頹垣，成為莊嚴道場。師平日勤誦《大悲咒》、萬德洪名，苦行卓絕，為大眾所稱歎。

一九七七年初秋，師體力漸衰。一九七八年冬，患浮腫病，但身心安泰，不感痛苦；雖病臥床席，始終念佛不斷。一九七九年五月五日，下午四時一刻，自言自語云：「**阿彌陀佛來了！來了！**」言訖，瞑目西逝。時有文山寺大眾數人，齊集念佛相送。荼毘，撿得舍利花若干。世壽八十有七。

——《近代往生隨聞錄》頁五六。

35 天乙法師（一九二四—一九八〇）

天乙比丘尼，俗姓洪，名金珠，臺灣高雄鳳山人。穎慧好學，年十七，自省立屏東高級女校，畢業後，旋即赴日留學。返國後，因篤信佛教，熱愛佛學。年廿五，投屏東東山寺圓融師披薙。年廿八，於大仙寺受「具戒」，嘗助白聖長老於三壇大戒中任翻譯。乙師於一九七三年之圓山臨濟寺、一九七七年之大崗山龍湖庵，皆任比丘尼得戒和尚。南北共住持四處道場，常為三壇大戒之引贊師，領尼眾講戒、持戒，結夏安居，鮮少間斷。

乙師教導徒眾，內能修學佛法，外能弘揚教理，並提醒諸事皆要趣向菩提，回歸自性。常鼓勵並資助青年出家眾，需發悲心，繼續求學。不許座下弟子觀看「電視」，云：「**出家人，捨親割愛，遠離俗家，清淨淡泊，目的了生脫死，今反在凡塵中，念念隨生死境界轉動，何需出家？**」一九八〇年，因病住院，臨終前問弟子時辰後，與大眾道別，口持彌聖號，溘然西歸。世壽五十有六。

——《聖比丘尼列傳》頁三十七。

36 妙蓮法師（一九一一—一九八一）

妙蓮比丘尼，名聖德。俗姓麥，廣東順德人。年十五，禮香港蘭若園智明法師披薙。年十七，依寶蓮寺紀修老和尚受「具戒」。親近海仁法師修學天台止觀，足跡遍及星馬。

蓮師淡泊知足，晚年隱居星島愛道小苑潛修，足不出户，日誦《法華經》及觀音聖號，教依「天台」，行歸「淨土」。一九八一年感病，示疾三個月，臨終正念分明，於念佛聲中，安詳捨報。八時後，肢體柔軟，頂門尚溫。世壽七十有一，僧臘五十有六，戒臘五十有四。

——《南洋佛教‧第一五一期》頁三九。

37 福慧法師（一九三〇——一九八五）

福慧比丘尼，俗姓陳，臺灣苗栗苑裏鎮人。家道小康，受中等教育，就讀臺北第一高女。年廿結婚，育一男二女。年廿五喪夫，感人生苦多樂少，遂於年三十五毅然出家，據陳慧劍《臺灣大興善寺福慧比丘尼隨訪錄》云：「**似乎是自己剃度，自己受戒的**。」師勤修梵行，終年只著一衲衣赤足，寮房內無床、桌，僅一片水泥地。常夜不倒單，寒暑風雨，冷熱不侵，終年不改，復興建大興善寺。

師常自動到各寺清掃，不受酬勞。晝夜禮拜觀音，虔誦大悲神咒。凡來求大悲水者，皆獲滿願。不受供養，不受訪問，不受禮拜，終身止語，完全禁止對師有任何「照相行為」。最初不食五穀熟食，只吃水果，最後僅日喝「大悲水」而已。時常入定，多日出定，曾有廿餘日不出單房記錄。因師止語，但卻常為信眾「指示」念佛法門。

一九八五年農曆大年初三，師患感冒，拒絕醫療，引發肺炎，大年初十二日（國曆三月三日）清晨四時入滅。弟子皆以師又入禪定，紛紛聚集念佛祈師再出定，務必將師再「求回」人間。然眾生福薄無緣，師世緣確定已盡。一週後，送至臺北縣三峽鎮火葬場荼毘。由蓮因寺懺雲法師親自主持法會，俗家一子二女亦至靈前行禮戴孝。荼毘後，獲各種舍利子數千粒。世壽五十有六，僧臘廿有一。

宣化上人贊曰：

女中丈夫，名利不圖，萬緣放下，志趨孤獨。
法門龍象，宇宙賢淑，應當效法，鬼神敬服。

又說偈曰：

結婚生子與人同，鸞鳳斷羽各東西。
頓悟人生無常理，覺了佛法有道風。
關閉六門習般若，曾度大悲誓願宏。
不爭不貪淡名利，躬行責踐震華中。

——宣化上人《水鏡回天錄白話解》。陳慧劍《臺灣大興善寺福慧比丘尼隨訪錄》。

《阿彌陀鼓音聲王陀羅尼經·卷一》（《大正藏》第十二冊頁三五二下）

若能令心「念念不絕」，十日之中必得見彼阿彌陀佛，并見十方世界如來，及所住處。唯除「重障、鈍根」之人，於今少時所不能覩，一切諸善，皆悉迴向，願得往生安樂世界，垂終之日，阿彌陀佛與諸大衆，現其人前安慰稱善，是人即時甚生「慶悅」。

38 妙本法師（一九〇二—一九八七）

妙本比丘尼，俗名仙壽，臺灣臺中豐原人。年廿三，皈依苗栗法雲寺覺力法師，尚未出家。一九三〇年，姐妹共同創設毘盧禪寺，過晨鐘暮鼓生活，甘之如飴。一九五四年，大姊妙塵法師住持捨報，本師獨挑寺中要職，率眾清修，並持續建設道場，改善住眾生活。

年七十二，本師於道安、賢頓、聖印諸師見證下，正式披薙。日課除念佛外，亦讀各類經典。常敦請高僧大德舉辦講座，闡揚佛法。雖年過八十，精神奕奕，寺中瑣事，未有稍懈。師有寫日記之習，其中二則，一記載：「**開板前，忽聞空中阿彌陀佛聖號不斷，如千百童子之天籟，音韻清脆。**」另一則載：「**半夜，但聞一極妙之音樂繚繞耳際，無奈僅吾一人得聞，正定、正敏卻聽不到。**」

本師於臨終前，連續三日繞山念佛。往生前一日，尚訪問信徒，實含辭別之意。一九八七年，身無疾苦，心不貪戀，意不顛倒，如入禪定，泊然寂化。

春秋八十有五。

——《聖比丘尼列傳》頁八五。

婆藪槃豆（天親；世親）**菩薩造《無量壽經優波提舍》**（《大正藏》第二十六冊頁二三一中）

論曰：此願偈，明何義？觀安樂世界，見阿彌陀佛，願生彼國土故，云何觀？云何生信心？

若善男子、善女人，修「五念門」成就者，畢竟得生安樂國土，見彼阿彌陀佛。何等「五念門」？

一者、禮拜門。

二者、讚歎門。

三者、作願門。

四者、觀察門。

五者、迴向門。

39 願行法師（一九〇〇—一九八七）

願行比丘尼，俗姓胡，名瑞卿，浙江臨海人。早先於浙東、寧坡各地任教職。年四十，禮慈溪白雲庵常德法師披薙，後於寧波觀宗寺受「具戒」，日修淨業。

一九八七年正月，行師患風寒，坐念佛號數日後康復，且覺體力、視力、氣色更勝以往。一切作息事務如常，且倍見精神。往生前一日，沐浴更換新衣。至二月四日，焚香合掌念佛。眾等忽聞濃郁異香，行師雙手垂下，面現笑容，安詳逝化。世壽八十有七，僧臘四十有七。

——《覺海歸淨集》頁六九。

40 傳嚴法師（一九二〇—一九八八）

傳嚴比丘尼，俗姓李，名申妹，臺灣臺中人。自幼隨母吃齋唸佛，耕作時，心中佛號不斷。若有大德講經，嚴師即與普度師兩姊妹；不畏山路崎嶇，走二小時路程趕往聆聽。一九五七年，參加靈山寺佛學班後，即下出家決心。

嚴師披剃後，生活道糧，均自耕自給，從不向外化緣。除早晚課外，餘則禮佛以求精進。常於凌晨子時，即起身念佛拜經。自一九六一年起，嚴師即常於臺中監獄弘法。一九八七年起，更遠至臺北監獄弘法。後雖年長患疾，仍抱病繼續弘法，前後歷廿七年。病中手不離念珠，心不離佛，亦因此度化多位醫師與護士。如打針時，醫師須念「**阿彌陀佛**」方能順利，屢試不爽。

嚴師於往生前，已預知時至，仍堅持至臺北監獄弘法，與監獄主任辭別，云：「**吾最後一次來此，眾等需勤念佛，多保重！**」復至故宮博物院朝拜諸佛菩薩聖像，了卻心願。往生前五日，其妹普度師，於恍惚間，見已往生之李炳南老居士，前來探視嚴師。一九八八年六月十日，嚴師正念分明，安詳示寂。荼毗，得上萬顆堅固子，咸共讚嘆。春秋六十有九。

——《上國邨》第四二期・頁一三——一八。

《大乘寶雲經・卷六》（《大正藏》第十六冊頁二七三中）

善男子！菩薩摩訶薩具足十法，生「淨佛土」。何等為十？所謂：

❶「戒品」清淨，無隙、無雜、無瑕、無疵。
❷於諸衆生，起「平等心」。
❸「功用」無二，具「大善根」。
❹遠離「利養、恭敬、名聞」，心無「染汙」。
❺「信根」成就，心無「疑惑」。
❻勇猛「精進」，不暫「懈怠」。
❼具足「禪定」，心不「散亂」。
❽「多聞」分別，不習「邪論」。
❾具足「利智」，不生「鈍根」。
❿自然「多慈」，不習「瞋恚」。

41 仁光法師（一九二六－一九八八）

仁光比丘尼，字紹願。俗姓吳，名玉英，臺灣基隆人。年十八，慈母往生，師念戰禍頻仍，母恩難報，遂禮基隆寶明寺修果法師披薙。一九五二年，於臺南大仙寺受「具戒」。協助道源長老創建基隆海會寺，擔任道公講經之翻譯數十年。

光師日持《金剛經》、《彌陀經》，念佛、禮佛，數十年如一日。一九七一年，任海會寺住持後，益加精進，抽暇禮誦《法華經》，一字一拜，前後共三部之多。後更禮拜多部《梁皇寶懺》。常誡弟子云：「**三寶弟子之修學時間，永遠不夠**」。以弘法利生為家務，勸修淨土為依歸。

師舌燦蓮華、辯才無礙，於一九七七年協助創辦佛學院，曾主講《楞嚴經》、《遺教經》及各式毗尼，培育僧才，不遺餘力。多次於南北各處道場講演《彌陀經》、《普門品》、《遺教經》、《地藏經》。

一日於臺北志蓮精舍為道公長老口譯《地藏經》時，竟由齒縫中錠出舍利一顆；復於屏東東山寺講《地藏經》時，蒙菩薩慈悲，再賜予舍利一顆。一九八七年十月，逢颱風過境，光師於三總服侍道公長老，因掛念道場安全，冒雨涉水而返，致招染惡疾。

一九八八年，光師於往生前一日，告徒眾曰：「**吾將往生極樂**。」並催速予沐浴更衣。四月一日，臨終前，道源長老開示光師云：「**萬緣放下，一心求生淨土，證得無生法忍，乘願再來，現比丘相，度化眾生**。」隨徒眾念佛不輟，安詳逝化。荼毗，得晶瑩剔透堅固子數百粒，及無數舍利花，喉部二節椎骨不化。世壽六十有三，僧臘四十有五，戒臘三十有七。

——《大光明雜誌》四四期。《西蓮文苑》第一八期。

42 達慧法師(一八九八—一九八九)

達慧比丘尼,法名今得。俗姓廖,臺灣苗栗人。因見家中女僕茹素,清淡菜餚,皆不以為苦,慧師便自忖:「**葷食魚肉,山珍海味,每食難於下嚥,二者何異?**」忽萌出家之志。主僕二人,常相走動於寺院,始知有佛。初誦習《百歲修行經》、《十報恩》等勸世文,感念人生無常,幾十寒暑易過,出家之念,益發堅定。任憑家人阻撓,決志不改。

年三十二,慧師投獅頭山饒益院妙善師薙染。當時之女僕亦出家,即達心師是也。一九三五年,慧師住臺中寶覺寺,時逢中日戰爭,為留人用齋,常受呵責。年四十三,住南投萬丹山上,築茅蓬、墾荒地,使避難者,得以充飢。慧師自耕自食,相隨者眾。

年六十一,購地建佛寺,雖經濟拮据,每遇困難,從不提「苦」字,時刻以佛道自勉,終創建廣修佛院。年七十六,始於臺中佛教會館受「具戒」。爾後禮拜《法華經》三部、《金剛經》一部。年高九十，尚閉「方便關」二年。掩關時，寤寐中，菩薩提示：「**念佛有迴向否？**」醒後急念迴向文：「**願我臨終無障礙，彌陀聖眾遠相迎，迅離五濁生淨土，迴入娑婆度有情。**」直至臨終，未曾間斷。

慧師往生前，便已夢見菩薩接引。往生前數日，告誡弟子，云：「**菩薩有求必應，已心滿意足，功成身退，可安心去矣。**」言畢，舉右手三指「**正面、反面、正面轉示三次**」然弟子不解其意。又云：「**吾無病，屆時不可延醫。**」一九八九年，農曆三月三日下午三時，於助念聲中，安詳臥滅。春秋九十有二，僧臘六十，戒臘一十有六。

——《聖比丘尼列傳》頁一〇八——一一五。

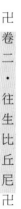

43 玄深法師（一九一三－一九九〇）

玄深比丘尼，俗姓鄭，名綉梅，臺灣新竹人。幼常隨祖母出入廟堂，時受薰修，發菩提心種。年僅九歲，排除眾難，即投一同堂覺力法師薙髮。一九三〇年，即任一同堂住持，時年僅十七。一九三六年，東渡日本，就讀京都尼僧學校。返國後，曾陸續親近慈航法師、印順導師、星雲法師，並為臺語翻譯。歷經十年，闢建壹同寺。一九五七年，創辦新竹女眾佛學院，禮聘印順導師為院長，演培法師為副院長，師則擔任訓導主任，培育僧才，不遺餘力。深師的理想為：「**寺廟學院化之生活**」。

平日講授《彌陀經》、《藥師經》、《地藏經》、《慈悲三昧水懺》、《金剛科儀》、《梁皇寶懺》等法要。以弘法利生為本務，廣勸淨土為依歸。一九四九年，於新竹南門本願寺創辦「佛教講習會」，禮聘慈航法師為會長。一九五〇年，任中佛會臺灣省佛教會理事，兼任新竹縣支會常務理事。一九七一年，傳「在家菩薩戒」，禮聘福慧寺慧三法師為得戒和尚。一九八九年，每月舉辦「八關齋戒」，禮聘真華法師為得戒和尚。深師平日誦《地藏經》，念佛、禮佛，數十載如一日。

一九八九年，示現微疾，益加精進，仍聖號不斷。一九九〇年六月三日，泊然坐脫。隔日瞻仰，仍面帶笑容。世壽七十有八，僧臘六十有九，戒臘三十有六。

——《玄深和尚尼圓寂訃告》。

《般舟三昧經・卷一》（《大正藏》第十三冊頁八九九中）

佛言：菩薩於此間國土，念阿彌陀佛，「專念」故得見之。

即問：持何法？得生此國？

阿彌陀佛報言：欲來生者，當「念我名」，莫有休息，則得來生。

佛言：「專念」故得往生，常念「佛身」有「三十二相、八十種好」，巨億光明徹照，端正無比。

44 真明法師（一九三九－一九九〇）

真明比丘尼，臺灣人。自幼茹素，年廿薙染。寺中常掌大寮，以濟他眾，安心辦道，廿年如一日。後因罹病，初不介意，遂至第四期乳癌，眾勸開刀，師云：「**刀開身敗，好亦不健**」，遂停大寮工作。

然明師亦非休工養病，仍日禮佛千拜，誦《普門品》，彌陀聖號不斷。往生前，將自事安排妥當，並先向師長告假。後人告曰，明師於五年前即預言：「**將於五十歲往生**。」一九九〇年，雙手結蓮印，泊然化去。是時，正為師五十歲誕辰。往生後十二時，面泛光彩，合身柔軟。春秋五十。

——《無量壽經四十八願略解》頁一一五。

45 傳放法師（一九〇二—一九九一）

傳放比丘尼，號普量。臺灣臺北縣樹林人。師不識字，故本不敢出家，只願做佛門之事。凡遇困難，即虔誠持誦觀音聖號，有求必應，不可思議。後遇廣欽老和尚，請示云：「**業障如此重，應如何消？**」廣老云：「**煩惱絲剃落即可。**」年四十六始薙染。一九七二年，隨智諭法師至梵淨山西蓮淨苑協助開山事宜。放師日課以念佛為主，亦歡喜聽受經法。常勸信眾護持三寶，真心念佛。雖年邁，亦日隨眾早晚課，絕無疏漏。每食必先供佛，對比丘常加讚嘆，並極力鼓勵青年出家。晚年體衰，更一心念佛。

臨終前一年，放師不慎跌傷腰骨，從此臥病在床。一九九一年中秋前後，見探病者眾，便曰：「**如此多人，何不助吾念佛？**」眾等輪班念佛，不再用藥。八月十八日，於眾等念佛聲中，安詳西逝。翌日，手腳仍柔軟。荼毗，得堅固子、舍利花無數。春秋八十有九，戒臘三十，夏臘一十有八。

——「老師太往生傳・慧觀法師手稿」。

46 通願法師（一九一三—一九九一）

通願比丘尼，俗姓翟，名堯臣，山東人。年廿七，依慈舟法師披薙，於廣濟寺受「具戒」，後依止開慧法師。曾任中國佛協常務理事，山西省佛協常務理事、副會長，五台山佛協副會長，五台縣四、五、六屆政協委員。願師以廣弘《華嚴》為導，苦修精研，廣演妙法於五台三十餘年。願師之長隨弟子亦以《華嚴》為定課，從不間斷。嚴持戒律，以戒為師。維護僧伽傳統，培訓尼眾學律持戒。一生以專修淨土為依歸，上效普賢十大願王，導歸極樂；下化眾生，一心念佛求生淨土。信眾求法，皆以「**持戒念佛，求生極樂**」開示之，曾云：

「一心念佛，此是出苦正因。若能生西，一切事辦。否則，無始業因，果熟難逃！生死輪迴，可懼可懼！吾現在一心專念，雖事多打閑岔，但內心只此一念，是唯一目標耳。」

「好好念佛吧！我也如此。」

一九九一年春，願師示疾，自知世緣將近，囑弟子一切備辦。三月六日，環顧弟子，示意告別，閉目正臥，一心念佛。於眾等念佛聲中，安詳逝化。荼毗，得五色舍利六千；經時日，骨片上又生舍利六千。遺囑將骨灰分成三：一灑五台山大道、二於五台山供養、三送至蘇州靈巖山寺供養。春秋七十有八，僧臘五十有一。

──《慕欽蓮訊》一九九三年七月十日出刊，第一版。《台州佛教》一九九一年十二月號・頁一一一一三。《法音》八期・頁三八──四十。《五台山研究》一九九一年第二期・頁二九──三四。

47 傳揚法師（一九〇八—一九九三）

傳揚比丘尼，俗姓湯，名喜妹，臺灣苗栗人。俗時育有六名兒女，後僅二子一女長大成人。夫猝逝，因大家族人口眾，遂攜婆婆與子女，另謀生計，侍奉婆婆至孝。曾患重病，命如懸絲，悠忽之間，感覺香氣迎面撲來，聽到有人喚曰：「**傳揚！傳揚！**」師心覺奇異，又再聞：「**傳揚！傳揚！此為汝孝順修得之福報。**」之後病竟痊癒。

年六十七，始於土城承天禪寺依止廣欽老和尚披薙，法名赫然名為「傳揚」。隔年，於樹林吉祥寺受「具戒」。師邊做事、佛號仍不斷；遇困難，亦是一心念佛，無不克服。若問如何修行，師答曰：「**話說不盡，邊做事、邊念佛。**」吃苦耐勞，任勞任怨，更不與人計較。

一九九三年，揚師於病中仍大聲唸佛，似要衝破關卡，迴異於平常，並要求家人送其回「寺」。往生前一日，師兩次表示：「**佛祖來了！**」仍不斷念佛。五月十七日，於眾等念佛聲中，正念分明，安詳捨報。荼毗，得堅固子七百粒。春秋八十有五。

——《淨土文選》第四輯・頁二三六——二五二。

《菩薩從兜術天降神母胎說廣普經・卷三》（《大正藏》第十二冊頁一〇二八上）

或有菩薩摩訶薩，從「初發意」乃至成佛，執心一向，無「若干想」，無「瞋」無「怒」，願樂欲生無量壽佛國……欲生阿彌陀佛國者，皆染著「懈慢」（解怠懶惰；散漫；輕慢；驕慢）國土，不能前進生阿彌陀佛國。億千萬衆，時有一人能生阿彌陀佛國，何以故？皆由「懈慢、執心」不牢固，斯等衆生，自「不殺生」，亦教他「不殺」，有此「福報」，生無量壽國。

48 宏定法師（一九一三—一九九三）

宏定比丘尼，俗姓高，名長元，桐城孔城鐵山人。自幼食葷即嘔吐。年七即依禪庵湯姓比丘尼披薙。定師不識字，以淨業為歸，精進不止。一九五四年孔城水患，轉至市郊揚橋觀音石寺，後逢文化大革命十年浩劫，寺廟毀壞，同修星散，唯師獨留，於頹寺中薰修。信眾供養，悉作修寺之用。一九八九年，左毒回潮，再毀觀音石寺。師奮身阻攔，毀廟者不顧七十高齡之定師，將其緊縛，強行抬走。師嚎泣，見者為之淚下。後師仍歸遭毀之寺，露宿石下。村民憫師，苦行卓操，為購小屋，師得以棲身。定師一生，唯一句佛號，日稱萬聲以上。

一九九三年初，定師自知時至，告曰：「**吾今年將往生**。」往生前一月，極少進食，飲水而已。七月六日，臨終前囑咐：「**往西方甚好，只念寺廟尚未恢復，望汝等繼續努力，圓我遺願**。」言迄，溘然西歸。廿四時後入缸，四肢柔軟，面色如生，唯頂猶溫。荼毗後三日，異香馥郁，遠近皆聞。得紅綠黃三色堅固子，如黃豆大小，復有三朵五彩舍利花。春秋八十。

——《法音》一一三期。

元・普度編《廬山蓮宗寶鑑・卷八・臨終三疑》（《大正藏》第四十七冊頁三八七上）

慈照宗主（南宋・子元大師）「淨土十門」告誡云：念佛人「臨終三疑」不生淨土。

一者疑：我生來「作業極重」，修行日淺，恐不得生。

二者疑：我欠人「債負」，或有「心願」未了，及貪瞋癡未息，恐不得生。

三者疑：我雖念彌陀，臨命終時，恐佛不來迎接。

有此三疑，因疑成障，失其「正念」，不得「往生」，故念佛之人，切要諦信「佛經明旨」，勿生「疑心」。

經云：念阿彌陀佛一聲，滅八十億劫生死重罪，上至「一心不亂」，下至「十念」成功，接向九蓮，令辭（告辭）五濁。

苟能心心不昧，念念無差，則「疑情」永斷，決定往生，可謂「十萬億」程，彈指到，（若有）絲毫擬議（揣度議論；研擬考慮），（則）隔千山。

49 證圓法師（一九一二—一九九四）

證圓比丘尼，字慧平，號達賢。俗姓簡，名慧珠，廣東人。值亂世，又逢慈母棄世，念世事無常。年廿九，皈依宗繞法師，獻身佛教，以報親恩。一九四一年，創陶養園，作安身辦道、念佛修行之所，並實行百丈禪師「**一日不作，一日不食**」之教。一九五七年，擴建為自度庵，並迎宗繞法師駐錫，且收容無依之老弱孤幼。一九六五年赴臺灣，年五十三，方依印順導師披薙，並禮苗栗法雲寺證蓮法師受「具戒」。師心量大，待人極厚，於佛教各道場，慷慨護持。星港、臺曾受惠之道場，不可勝數。對弘經演教之法師，平等尊敬，一律供養親近，請傳法輪。倡辦僧伽教育，提倡戒殺放生。興建佛教醫院，造福貧病。

圓師晚年放下萬緣，一心念佛，仍繼續關心佛教及社會，未嘗少懈。身無病苦，預知時至。一九九四年三月十六，安詳捨報。世壽八十有三，僧臘三十，戒臘三十。

——《慧平老師太行述》。

50 宏壹法師（一九〇五—一九九五）

宏壹比丘尼，字修鎮。俗姓張，名罔市，臺灣嘉義人。自少因宿具善根，喜禮佛茹素。年十八即頓悟世事無常，發出世離塵之志。皈依普還法師，歸向佛門，以梵行優婆夷身，帶髮修行數十年。一九五七年，年五十二始正式披薙。一九六七年於臺中慈明寺受「具戒」。一九七一年任嘉義義德堂住持，專志修持淨土法門。一九七五年，遷堂址，更名為義德寺。時蒙水里蓮因寺懺雲老法師支助，遂定期舉辦「**大專學生齋戒學會**」及「**佛七法會**」，度化大專青年甚多。

師年八十，不慎跌倒，遂不良於行，自覺生命無常，放下萬緣，一心念佛，少與人語，專念求生淨土。屢對弟子云：「**嘗睹阿彌陀佛相好莊嚴，光明照頂。**」並言：「**要回去了！**」弟子問師：「**回去哪裡？**」師皆答云：「**回阿彌陀佛世界。**」

一九九五年元月十七日，身無病苦，意不顛倒，安詳示寂。四日後入殮，全身尚柔軟如綿。荼毗，得舍利子、舍利花無數，其一並閃閃放金光。春秋九十有一，僧臘七十有三。

——《宏壹長修鎮老尼生平事略》頁一一一。

《正法華經・卷九》（《大正藏》第九冊頁一二六下）

佛告宿王華菩薩：斯經典者，度脫一切衆苦之患，拔斷諸垢三毒瘮疾，救濟生死諸繫牢獄。

若聞此經，尋即解了能書寫者，其功德福無能稱計，何況聞持懷抱誦說……

若有女人，聞此經法，尋即受持，便於此世，畢「女形」壽，後得「男子」。若有女人，於五濁世最後末俗，聞是經法能奉行者，於是壽終，生安養國（極樂世界）。

51 禪欣法師（一九三六—一九九六）

禪欣比丘尼，法名宗揚，俗姓何，名秀霞，南投草屯人。自幼茹素，早年皈依如學禪師，即萌離俗之念。親近李炳南老居士，習念佛法門，為行菩薩道之始。年廿七，禮法光寺如學禪師披薙。禪淨雙修，精進不懈。常引導眾等皈依佛門。許多老菩薩經師教導後，皆一心念佛，能預知時至，又常持《大悲咒》救度親朋。

師致力於「漢學」，於漢音鑽研，精闢獨到。一九七四年，感於佛學之不足，與僧伽教育之重要，故至曉雲法師座下修學。一九七八年，師大力推廣素食，一能戒殺放生，二能改變「吃苦菜」的觀念，三能攝取自然營養。遂完成有史以來第一部精美「彩色素食譜」。

欣師度眾，皆以方便法接引眾生，如勸年輕者，深入經藏；中年者，誦經念佛、福慧雙修；老年者，則萬緣放下，念佛生西。一九九六年，因致力度生，積勞成疾。療養中，亦持咒念佛，睡夢中常合掌念佛，更勸探訪者須及時念佛。並囑弟子將「**往生偈**」貼滿四壁，目觸之處，皆有佛像。更讓探訪者，警戒無常而勇猛精進。

一九九六年，師預知世緣將盡，除念佛持咒外，常一坐數時，如入禪定。往生前一晚，直云：「**要回家**」。弟子問：「**回哪裡的家**。」師答：「**回極樂老家**。」向眾人搖手言：「**再見！**」翌日，師即於佛號聲中，安詳西逝，身散清香。次日更衣，四肢柔軟。世壽六十。

——《慈雲》二四二期。

52 慧明法師（一九二〇—一九九七）

慧明比丘尼，字譬光。俗姓陳，名添智，南投竹山人。因善根深厚，喜聞佛及向道心切。年廿二，禮德山寺玄清、達超二師披薙，旋赴日本留學。一九四五年於京都尼眾學院學成歸國，即隨師興建道場，度世弘化。一九五六年於凌雲禪寺道源長老受「具戒」。一九五六年，任德山寺管理。勤儉耐勞，謙沖自守，不與人爭。常邊做事、邊念佛，對佛之信願彌深。曾云：「**修行不只是坐在蒲團上而已**。」

明師晚年雖示現病相，但嚴拒醫治，並曰：「**此爲業障，該受即受**。」一九九七年五月，正念分明，安詳逝化。世壽七十有八，僧臘五十有六。

——以上「德安寺住眾」提供。

53 玄光法師(一九〇三——一九九七)

玄光比丘尼,俗姓曾,名松妹,新竹竹東人。因宿植善根,慕道心切,年十八,與母同時投苗栗大湖法雲寺弘宗法師披薙。一九三九年,應汐止靜修禪院禮請,與同參達心法師接任靜修院住持。一九四〇年,依基隆月眉山靈泉寺善慧法師受「具戒」。一九四九年,慈航菩薩率青年僧廿餘人來臺,光師不畏時艱,禮請慈航菩薩來山供養,並建彌勒內院,供青年學僧,安住學法。一九五二年,創辦「靜修女眾佛學研究班」,恭請道安法師為班主任。

一九五四年四月四日,慈航菩薩安詳示寂於彌勒內院「法華關」中。光師為紀念慈航菩薩,創建菩提講堂,並創辦慈航中學,完成慈航菩薩興學願望。一九五九年四月,遵慈航菩薩遺囑開缸,肉身不壞,為臺灣第一尊肉身菩薩,師遂籌建慈航堂,供後人瞻仰而生正信。

光師生活簡樸,百忙之中,仍把握一句彌陀聖號,行持不輟,一生以慈悲喜捨之心，行化利他。凡教育文化，慈善公益，無不熱心護持。如慈濟、華梵、佛光、玄奘等佛教事業，心無分別，普同贊襄。一九九七年，師身感微疾，仍念佛不輟，於八月十五日，在大眾念佛聲中，安詳示寂。春秋九十有五，僧臘七十有七，戒臘五十有七。

——《海潮音》七十八卷第十期。《弘法資訊》三十期。

《陀羅尼集經・卷四・佛說跋折囉功能法相品》（《大正藏》第十八冊頁八一三下）

「觀世音檀陀印第四十四」……若人日日作此印者，得「四禪定」，命終以後得生西方無量壽國，成「阿鞞跋致」。

54 本量法師（一九一八—一九九八）

本量比丘尼，字明音，俗姓王，名玉鳳，臺灣高雄人。於幼女出家數年後，亦萌薙染之意。不久便禮龍山寺慧印法師披薙，並協助創建壽光學舍。一九八六年，師年六十八始於高雄元亨寺受「具戒」。戒期中不慎跌傷，仍堅守戒律，隨眾過堂，功課不斷。自嘆：「**晚出家，須更用功！**」利用藥石時間，精進念佛。量師長年過午不食，念佛誦經，手不離經書或念珠。

一九九八年正月，氣喘舊疾復發，預知時至，求生益堅。四眾請求「菩薩戒會」圓滿後再走，師即慈悲應允。正月十三日，堅持自醫院返回壽光學舍，沐浴禮佛，於大眾念佛聲中，安詳坐脫。三日後入殮，全身柔軟，面色如生。春秋八十。

——《慈雲》二六一期。

55 慧寬法師（一九一四—一九九八）

慧寬比丘尼，俗名閻慧明，天津人。年十七皈依佛門，同年披薙。年廿六受「具戒」，先於長春淨土寺修行，後至弟子顯德法師所住持之紅光寺住錫。

師不怕吃苦，學習忍辱，寺院大小活計皆一人負重擔挑。默默修持，不與人爭。持戒精嚴，終日默默不語，掐著珠子，默默念佛，深恐此生不能往生成就，將來如何普度一切眾生？若居士向師請法益，均言：「**好好念佛吧！**」僅此一句，再無他言。師一生接引和度脫眾生無數，尤其度脫餓鬼道，為眾所稱道，一生放焰口達九十多壇。

寬師於往生十天前示疾，往生前五天，斷食斷水，默默躺著念佛。一九九八年農曆二月廿一日忽坐起，云：「**吾要往生了！**」弟子顯德師領眾助念，七點五十九分於念佛聲中安然坐化，來去灑脫自在。世壽八十有四，法臘六十有七，戒臘五十有八。往生後，弟子為師助念，前後七日，天天放香，且香氣不絕。

師無荼毗，故「坐龕」於臨時磚砌起來之小屋子裡。圓寂後九年，即二００七年，九華山佛度法師主持「開龕」儀式。在念佛聲中，信眾們揭開屋頂，扒倒屋牆，將「大龕」抬出。結果「檩木、椽木、房笆」均已腐爛，老法師座下墊之蓮花座、黃香等亦發霉、腐爛。唯肉身無腐，正身打坐，竟得全身不壞之不思議境。

——「東北佛網」之「黑龍江紅光寺肉身菩薩：慧寬法師」。

《陀羅尼集經・卷四・佛說跋折囉功能法相品》（《大正藏》第十八冊頁八一二中）

時觀世音菩薩白佛言，世尊我有心呪，名「十一面」，具有「無量大陀羅尼」幷諸「印法」，及無量壇，我今說之，為一切衆生故，欲令一切衆生念善法故……

復得四種果報，何等為四？

一者、不為一切禽獸所害。二者永不墮地獄。三者臨命終時，得見十方一切諸佛。

四者命終之後，生無量壽國。

56 乙福法師（一九一五—一九九九）

乙福比丘尼，法名證慈。俗姓李，名玉梅，臺灣嘉義人。年六十，方禮半天岩紫雲禪寺天乙法師披薙。一九七九年於新竹翠壁岩寺白聖長老受「具戒」。曾參禮廣欽老和尚，承受教誨，專持彌陀聖號。嚴守口業，不說、不聽、不傳是非。勉誡學人，勿散心雜話，損氣傷神，浪費生命。雖病，亦無罣礙，不樂服藥，自行良醫，全憑對佛之信心。師一心願求往生極樂，行業純一，單提一聲彌陀聖號。

一九九九年七月廿七日，師頭一低垂，如其願所成，安詳坐脫，往生西方。三日後入殮，四周柔軟，面色如生。世壽八十有五，僧臘廿有五，戒臘廿。

——《普門慈幼》雜誌八一期・頁四四—五四。

57 覺鉢法師（一九二一——一九九九）

覺鉢比丘尼，號宏慈。俗姓崔，名雅齋，遼寧人。年廿三，於復命寺薙染。因時代環境之故，僧眾備受歧視。文革時期，遭受體罰、抄家等苦刑。身心受創，仍念佛不斷。

一九九八年，鉢師因病臥床，是年冬，對眾等云：「**吾明年要回家，不再來此娑婆世界。**」一九九九年農曆九月，便端坐念佛，於佛號聲中，安詳捨報。更衣時，四肢柔軟，頂上猶溫。荼毗，得五色堅固子十一枚，舍利花無數。世壽七十有八。

——《佛教通訊》六五期。

58 覺聖法師（一九二三——一九九九）

覺聖比丘尼，字新廣。俗姓王，名奎文，遼寧建平人。年廿一，深覺人間虛妄，此生如寄，遂於龍泉寺薙染。文革期間，福興寺毀，念佛誦經被視為大逆，師暗中修行，仍未稍懈。時局稍定，仍回福興寺，於居士護持下，過著念佛誦經淡泊之日。

聖師一向寡言，守戒精嚴，信眾供養，均交師叔，從無私蓄。往生前十餘日，囑言：「**少理閒事、多念佛。此五濁惡世，不能再來。**」一九九九年農曆七月，於持《大悲咒》及念佛聲中，溘然西歸。更衣時，身體柔軟，面色紅潤，較生前更莊嚴。世壽七十有六。

——《佛教通訊》六三期。

59 勝圓法師（一九〇九—一九九九）

勝圓比丘尼，臺灣屏東人。自幼宿具慧根，即念佛茹素，棲心彌陀淨土。年十八，離開俗家，居於屏東赤山巖寺。年廿九，禮新竹靈隱寺無上法師披薙。後另築茅屋，專心潛修。一九六二年，依大崗山舊超峰寺白聖長老受「具戒」。平日禮拜《法華經》，誦《金剛經》、《彌陀經》，持彌陀聖號，數十年如一日，從無間斷。因親近徒眾日益增多，師以不募款為原則，仍圓滿創建東林寺，供徒眾安住，專心辦道。

一九九九年，師稍感微疾，堅不就醫。勸誡眾等云：「**世間幻化，無物可得，唯念佛求生極樂，方為真實。**」四月初八佛誕節後，即斷食，僅喝流質，不再接待信眾，一心念佛，志求淨土。

五月三日，告侍者云：「**出家人，無罣無礙，此身不能用，說走就走，吾已發願再來娑婆度眾。**」侍者感於圓師欲捨報往生，乃集眾助念，遂於念佛聲中，坐化往生，如入禪定，安詳示寂，春秋九十有二。

——《勝圓和尚尼生平略事》。

《佛說太子刷護經》（《大正藏》第十二冊頁一五四下）

佛告彌勒菩薩言：聽我說之，太子刷護菩薩及長者子，前世皆供養百八億佛、皆行菩薩道，乃前世提和迦羅佛時，是五百人皆是佛弟子，是我所教，後世悉當共會。「六億佛」却後一劫，摩訶波羅會一劫中，五百人前後作「佛」，皆同一名若那使頭陀耶。後作佛時，當如阿彌陀佛其國，亦當如阿彌陀時等無異，國中菩薩往來者飛行者，皆如阿彌陀佛國。若有人民聞是經信喜者，皆當生阿彌陀國。

60 性淨法師（一九〇六—二〇〇〇）

性淨比丘尼，俗姓郭，澎湖人。年幼即茹素，欲出家，然因緣不足，未能如願。年七十八，捨萬貫家財，禮見性法師披薙。師奉行戒律，日夜精進，專志念佛。曾聞住持慧濬法師言：「**念佛人，當真心以生命投入，起信願行，即能成就。**」師依教奉行，日課佛號數萬。

二〇〇〇年初，身感微恙，知世緣將近，即不再進食。正念分明，佛號不斷。臨終前，現丈夫相，眉長新毛。二月廿一日，隨眾等念佛聲中，安詳示寂。翌日，全身柔軟，頂上溫暖。荼毗，得舍利無數。春秋九十有四。

——《明倫》三〇九期・頁三十—三三。《e世紀往生傳》。

61 見華法師（一九六七—二〇〇〇）

見華比丘尼，法名傳明，臺灣南投人。華師善根深厚，學生時期即學習佛法。年廿三，皈依懺雲老和尚，參加大專女學生齋戒學會及臺中蓮社，於解行奠定良好基礎。從事特殊教育達四年，慈悲誠懇，盡心盡力。復因痛念世間無常、生死迅速，決志出家。年廿八，投南林精舍尼僧團披剃，年三十二受「具戒」。

華師深信淨土法門，日課除拜佛、念佛、誦戒外，常讀誦《法華經》、《金剛經》大乘經典。二〇〇〇年，因疾送醫，檢驗為「急性白血症」且併發肺炎，師自知體質衰弱，不作化療，欲儘快回寺，令身心更為安穩。

由於華師夙世善根、福德因緣，病後感多方善緣予以協助、迴向。多位長老、法師善信每日為其迴向，如蓮因寺懺雲老和尚，每日放蒙山後，亦為其迴向。二月三日華師拒絕化學治療，決志求生西方，自院返寺。寺中法師詢問：「**有無往生之把握？**」師答：「**能否往生，全憑『信願』之有無。**」

華師病後，深深體悟「**假使百千劫，所造業不亡，因緣會遇時，果報還自受**」之真實不虛。二月七日，住持親領華師及常住大眾，至誠禮拜《水懺》，華師親自向冤親債主求哀懺悔，並發大願。拜懺時，見聖法師見華師正前方，一男眾(但僅半身)對華師微笑；再回頭看華師，卻見華師前面有另一她的「影像」在禮拜，一圓形光圈，落在影像頸背。二月八日，寺再與大眾同誦《地藏經》、《普門品》、《無量壽經》、《彌陀經》，並蒙宏杰法師為冤親債主授「幽冥戒」。此時，華師身心安穩，病顏消失，變得光彩，宿業已除。之後，除少量中藥，謝絕醫藥及輸血，以堅定信念，一心念佛，求生極樂。

二月十二日下午五時多，華師請求大眾為其助念。十三日凌晨二時多，於無人攙扶下，自行禮佛三拜，復坐念佛。至凌晨五點廿分對住持曰：「**眞的要走了，煩請大眾相送一程！**」遂回顧大眾一週，且目視佛像，隨眾稱念佛號，至最後一聲「**阿彌陀佛**」聖號之「**阿**」字，華師正念分明，安詳往生。世壽三十有三。

荼毗獲金、白、亮黑、翠綠舍利及舍利花無數。依其遺囑，將骨灰送至大海，施予水族眾生。

——《僧伽醫護》第七期。《e世紀往生傳》。《跨世紀蓮池會》頁三四—四六。

《大樂金剛不空真實三昧耶經般若波羅蜜多理趣釋・卷二》（《大正藏》第十九冊頁六一二下）

「紇利」字亦云「慚義」……由此字加持，於極樂世界水鳥樹林，皆演「法音」，如廣經中所說。

若人持此一字真言，能除一切災禍疾病，命終已後，當生安樂國土，得「上品上生」。

淨土聖賢錄五編卷三・往生男居士

果濱撰錄

1 沈用九居士（一八八七—一九一二）

沈用九，名善長，浙江人。甫出生，父亡。侍母極孝，樂善好施，有古德之風。篤信淨土，精進念佛，持戒甚嚴。一九一二年，遊杭，禮蓮池大師塔。又往普陀，敬禮觀音大士。入秋，忽染疾，家人欲送醫療，居士堅拒。謂：

「**人生如朝露，處世如夢幻，四大色身，原非吾有，何用醫為？但當一心念佛，遠離塵垢，面見阿彌陀佛，吾願已足。**」

九月三十日，病況加重。鄰人探視，皆以感激心情，勸令念佛，眾人皆受其教，齊聲念佛。居士益自策勵，一心彌陀，求生極樂世界。臨終時，忽回顧左右云：「**五色蓮華，已呈現在吾前。**」言訖，安詳逝化。面色如生，異香滿室。世壽廿有五。

—《近代往生隨聞錄》頁一一六—一一七。

2 馬聊庵居士（一八六二—一九二七）

馬聊庵，名曜青，江蘇人。民國時代放棄科舉舊習，從事新學。創辦石港小學，教人讀書，以自利利他為志業。歷任平潮小學校長、教育會長及勸學員等職。從事教育事業達數十年，作育後學，孜孜不倦。居士有七子，四子名靈源，執教於南通師範，自師範校長江易園居士處，得淨土經典，攜回家中，供馬父閱讀。馬居士一見，歡喜讚歎不已，於是歸心西方淨土，持誦聖號，每日數千聲。

一九二六年秋，馬居士忽染微疾，念佛更加精進，並持誦《般若心經》。一九二七年十一月廿日，正身端坐，稱念彌陀聖號，含笑坐逝，捨報往生。二時後，以煎松枝檀香水為居士沐浴，肢節柔軟，猶如生前。世壽六十有六。

—《近代往生隨聞錄》頁一一七—一一八。

3 汪序昭居士（一八四八－一九三〇）

汪序昭，號鳴球，安徽人。家世貧寒，年四十，猶負債累累。經三十年勤懇經商，遂漸富裕。居士自奉淡泊，不輕易浪費。皈依三寶後，好樂布施，與辦善舉。村中祠宇佛廟，皆由居士出資修繕。其家周圍十多里範圍內之崎嶇小道，悉經居士整修平坦。救濟孤寒、拔脫眾苦，掩埋枯骨等善事，皆盡力為之。並印送《安士全書》、《印光法師文鈔》等善書，廣為勸化。所修善業，悉迴向西方，願與眾生同生極樂。

汪居士平日修持，極為認真，禮金色佛像，持六字洪名，晨夕寒暑，從不間斷。足部嘗患風疾，不良於行，艱於跪拜；由於念佛懇切，不久即能跪誦，繞念如常。一九三〇年，對蓮友曹雲喜居士言：「**吾往生時，請來助吾念佛。**」逝世前十日，邀曹居士至家助念聖號。十日期滿，便如願往生。面容含笑，神色如常，頂溫體軟。佛堂中聞「魚磬」聲自響，天樂鳴空。春秋八十有二。

——《近代往生隨聞錄》頁一一八－一一九。

4 徐石庵居士（一八六一—一九三一）

徐石庵，號達泉，皈依法名聖樸，江蘇無錫人。敦厚慈悲，由姑母扶養成人。以繪圖為業，常應人請，恭繪聖像，絕不受酬。徐居士每日凌晨，持誦《阿彌陀經》、《金剛經》、《大悲咒》。一九二七年至一九二九年間，諦閑法師應蘇州靈鷲寺可興和尚之請，宣講《始終心要》、《八識規矩頌》，居士聽法，往往感動流淚。爾後常親近可興和尚及北寺持松法師，凡遇念佛會，風雨無阻參加。北寺觀音殿年久失修，居士雖貧，但發心募化，復其舊觀。亦極喜放生，作諸功德，熱心奔波，助人為善。

一九三一年，應上海陳友之請，站立繪製山水巨幅畫，歷半月方成。返蘇後，兩足浮腫，醫藥罔效。六月廿九日上午，尚在作畫。未時，面西，安詳臥逝。大殮時，頂上猶溫，面色紅潤。世壽七十。

——《中國近代淨土聖賢錄・第四冊》頁九三。

5 丁炳文居士（？—一九三四）

丁炳文，四川榮縣人。經營藥房。曾染上鴉片，後經族人勸誡，隨黃書雲居士學佛。昔日因吸毒，每夜遲睡；如今則洗臉漱口，至誠念佛，方才休息。

一九三四年五月，丁居士預知時至，安詳坐化。

——《淨土文摘》頁五三。

《阿惟越致遮經・卷下》（《大正藏》第九冊頁二二三中）

講說是經典，則至安樂國，得睹平等覺，阿彌陀無念。而修隨經義，一切佛所演。

《廣博嚴淨不退轉輪經・卷六》（《大正藏》第九冊頁二八二上）

應流布是經，得往安樂界，得見彌陀佛，光明不可議。

6 貝祖善居士（一八八四—一九三六）

貝祖善，字幼偉，蘇州人。性聰穎悟，事母至孝。母目盲，為之舐目以明。昆仲及親友若有急難，每傾囊相助，絕無吝嗇。曾任南京電廠廠長，及宋子文機要秘書、海關總監等職。年四十餘，因與當道意見相左，遂引退，留意身心性命之學。初習道家吐納導引之術，後學密宗。年近「知命」，始得聞淨土持名法門，慶得歸宿，盡棄前學。一句彌陀，專精持念。雖遠客相訪或有要事，必待淨課完畢，方出酬答。

一九三六年秋，忽染疾症，知己淨土緣熟，即安排臨終諸事。又恐其妻世愛深重，故早安排她另處居住，不與知情。除約道友數人，主持助念等事外，僅留長女聿瑠在旁服侍，並切囑：「**不許哭泣喧擾。往生後八小時內，不得觸動身體。一切須照『飭終津梁』辦理。**」其餘親友及子女，均摒絕不見。一心念佛，決志往生。

聯襟趙君前往視疾，見其病重，不覺淚下。貝居士反笑而安慰之，曰：「**吾等平時念佛修持淨土，正為今日往生，此乃大喜慶事，豈可仿效世俗兒女之態？**」病中始終神智清朗，念佛不斷。一九三六年九月十二日亥時，於床上合掌跏趺，念佛而逝。世壽五十有二。

——《近代往生隨聞錄》頁六九——七十。

《無字寶篋經・卷一》（《大正藏》第十七冊頁八七二上）

若能受持此「廣博嚴上王無字寶篋法門」，若能聞者，彼人則為已恭敬我，尊重讚嘆……命終之時，則得現見阿彌陀佛聲聞、菩薩大眾，圍遶住其人前，亦見我身於此耆闍崛山王頂，及見此等諸菩薩眾。

7 鄭錫賓居士（？—一九三九）

鄭錫賓居士，山東人，原從商。因讀佛經，知淨土之利益，遂發心念佛，終身不婚。一九三三年，從倓虛法師處受三皈依，自此心益加誠懇，家務全交其弟料理，專心念佛。一九三九年，鄭居士應邀往平度縣講《彌陀經》。講經畢，居士忽言：「欲租一間房。」眾友問其故，居士言：「吾要往生，若亡於他人家，恐犯忌諱。」眾友言：「吾等是多年知交，勿說往生佛國，即使臥病不起，歿於吾家，亦有何妨？吾今此處，念佛人頗多，如眞有把握，也可爲此一方人作榜樣。」友人即收拾兩間屋，設一榻令其休息。

居士登榻，面西趺坐，向眾友言：「向諸位告假，吾要走矣。吾等同事信佛一場，請諸位念佛，送吾一程！」眾友勸請說偈，居士說：「無需說偈，見吾如此，來去自如。汝等依此行，即是很好之紀念。」語畢，不到一刻鐘，含笑逝化。

鄭居士弟初不信佛，見兄拋捨家業，專門念佛，不以為然。後經兄一再勸說，弟勉強信佛念佛，但不懇切。逮親見兄預知時至，念佛往生，來去自如，始知念佛功德利益不可思議，於是弟亦一心一意至誠念佛。三年後，亦預知時至，念佛往生去矣。

——《近代往生隨聞錄》頁一一九—一二〇。

《入楞伽經．卷九》（《大正藏》第十六冊頁五六九上）

大慧汝諦聽，有人持我法，於南大國中，有大德比丘，名龍樹菩薩（Nāgāhvaya，應譯為龍叫、龍名或龍猛。此人為龍樹之弟子，與提婆是為同時代之人），能破有無見，為人說我法，大乘無上法；證得「歡喜地」，往生安樂國。

8 丁固元居士（？——一九三九）

丁固元居士，四川榮縣人。青年時加入「同盟會」，參加「辛亥革命」。一九一二年，曾任軍職。後請辭返鄉，隨黃書雲居士潛心學佛，專修淨土。每日行持，真誠懇切，勇猛精進。

一九三八年，向親友發出「請柬」，書有：「**西歸辭行**」字樣，並註明「**明年某月某日**」。是時，身無病苦，沐浴焚香，端坐念佛。於家屬助念聲中，泊然逝化。

——《中國近代淨土聖賢錄‧第四冊》頁一〇三。

《月燈三昧經‧卷五》（《大正藏》第十五冊頁五七四上）

善持彼佛真妙法，悉得往生安養國。彼「離垢穢」如來尊，其佛號曰阿彌陀。

9 陸紫卿居士(?—一九三九)

陸紫卿，法名德超。務農，稍通文字，居佛化家庭。其子出家，不久病逝，衣服、戒費與喪葬費，皆由陸居士提供。散盡田產，只為出家子做功德。居士之兄圖謀以己之子繼承，強勢令陸居士贖回田產。不得已下，陸居士只好覓鄉長商榷其事。後因其田便宜賣出，鄉長不肯讓其贖回。陸居士進退兩難，只好投河而盡。

落水後，其身竟直立水中，面西合掌。古來往生者多有坐脫立亡，而立身於水中，乃不可思議境也。

——《印光法師文鈔續編・卷上》頁一三四。

《月燈三昧經・卷六》(《大正藏》第十五冊頁五八六中)

降伏諸異論，廣作佛菩提。菩薩於此終，往生安樂國。彌陀為說法，逮得「無生忍」。

10 吳離塵居士（？—一九四三）

吳離塵，名賓，河南開封人。性爽直，精書畫。從事革命十餘年，足跡遍中國，歷任粵滇顯職。凡求救濟者，傾囊助之，毫無吝惜。一九二〇年，於昆明遇虛雲禪師，得聞佛法。一九二五年，遇慈舟律師，得受三皈五戒，潛心覺道。一九三四年，北上燕京彌勒院親近真空禪師。後以老病，罷參修淨，一心安養。一九四三年中秋前二日，初因感冒，未甚注意，卒成大病。

淨友問吳居士：「爾覺病苦否？」曰：「苦！」問：「吾欲爲汝誦經，願聞否？」曰：「願聞！」再問曰：「吾欲爲汝念佛，喜聽否？」曰：「喜聽！」其友復曰：「《地藏經》之功德，最爲廣大。倘壽命不盡，能消除夙業，解脫病苦；若壽命已盡，則助汝往生極樂！」其友即為誦《地藏經》一部。

當晚，吳居士氣息更微。其友復曰：「此身爲眾苦之本，應急放下，一心念佛，求生西方。」又道：「汝用功多年，專備此時受用。務須提起正念，隨我念佛，

一心西馳，了生脫死，在此片刻，萬不可生第二念也。」

只見吳居士神色清醒，面無苦容，脣齒依磬聲微動念佛，安詳逝化。周身俱冷，頭頂尚溫。

——《近代往生隨聞錄》頁七五—七六。

《菩薩從兜術天降神母胎說廣普經．卷七》（《大正藏》第十二冊頁一〇五一上）

爾時「金翅鳥」聞「龍子」所說，受「八關齋法」口自發言……

是時「龍子」說此頌時，「龍子、龍女」心開意解，壽終之後，皆當生阿彌陀佛國。

11 毛藹堂居士（一九〇三—一九四四）

毛藹堂居士，浙江紹興梅袁人。性慷慨好施，自奉儉約，布衣蔬食，不以處境豐饒而稍易其志。抗戰軍興，隨西遷入蜀。後屢經變亂，宿疾復發，遂於成都大聖慈寺休養。時方丈常恩法師，知毛居士宿植善根，贈以經籍數種，中有《印光法師文鈔》。毛居士得睹文鈔，經常捧讀。嘗曰：「**吾於淨土法門，似有宿緣，願終身奉侍之**。」未幾，所患逐漸療癒。

一九四四年，九月十六日，夙疾突發作，至於失音，乃囑家人助念佛號。並延請四僧，日夜輪念，己則隨眾默念。頻舉其手，以拇指、食指相掐。家人初未解其意，繼見其作合掌恭敬狀，始解欲得念珠，即以授之，居士取珠後，隨口微動。十九日，忽能發音，謂眾曰：「**吾當於廿一日往生，因印老已來告知吾也**。」家人等漫應之，未甚在意。

十九日當晚，毛居士妻侍坐床側，恍惚中，見夫坐起，披衣健步出門。妻甚怪之，後隨之。行至大門，竟見丈六佛身，佇立空中，光明熾盛，不可具說；繼見佛垂手接引，引領而去，其妻一驚而醒。翌日，居士安適如平時，且能隨眾稱念不輟，家人問其病苦，但云：「**喉間稍有不適而已**。」

九月廿一日下午四時廿分，毛居士於大眾助念聲中，合掌念佛，安詳往生。往生當晚，常恩法師在方丈室中，已就寢矣，忽見毛居士捧《印光法師文鈔》來，曰：「**謝師惠贈，獲益匪淺，今特奉還**。」法師方欲與居士言語，瞿然驚醒。次日疾書，方知居士已於前一日西逝矣。世壽四十有一。

——《近代往生隨聞錄》頁七六——七八。

12 樊性念居士（？—一九四五）

樊性念，大陸人。中年受何桂芳居士之薰陶，歸信佛法。未久，即皈依印光大師。每逢佛期，常至功德林素菜館佛堂，隨眾念佛。後參加閶門內後石子街陳依仁所創之佛教淨行社。年五十，於西園戒幢寺受「優婆塞戒」，即茹素念佛終身。居士一生依勞動維持生活，時存悲心，憫人疾苦，遇有貧困之輩，常存救濟之心。己力不逮時，輒轉向富厚善信，頂禮膜拜，苦口乞施，為人請命。己則粗食充腸，敝衣遮體而已。

一九四五年十月，樊居士預知時至，於寢室內自行打七念佛，求生淨土。對其媳云：「**能於十一月四日往生爲佳，因靈巖印老亦是初四圓寂**。」後果於十一月初四下午七時，於大眾助念下，安詳而逝。荼毘後獲各色堅固子甚多。

——《近代往生隨聞錄》頁七八。

13 藍種仙居士（一八七八—一九四六）

藍種仙，名道正，江蘇人。壯年時從政，歷任要職。中年入同善社，後知其所傳，皆採集佛學之殘絲，附會己意，自立門戶。其所編印諸書，雜引三教經論，謊稱一源，支離紛雜，不得旨歸。居士心知該社之非，後得流通本《新編佛學初機》諸書讀之，大感契機，遂毅然捨棄邪法，皈依三寶，受持五戒，精研梵典。然不廢事修，誦儀軌偈贊，音節靡不熟習。

一九三五年，南京佛教淨業社成立，被推為董事。領導社友，朝夕禮誦。循循善誘，誨人不倦。倡議每月底，禮《大悲懺》三天，放生一次，以為常軌。復於每年夏季，舉行《華嚴》、《地藏》等法會。藍居士於淨土法門信仰尤深，對印光大師備極欽崇。

一九四四年秋，將社務交付他人承接，己則專修淨業，一意西馳。一九四五年冬，與其友人書云：「**明年吾將行矣！**」次年六月十六日，夜間夢入淨境，堂高宇邃，屋舍連雲，白光如晝，門前彷彿幡蓋飄揚。正仰觀間，忽然便醒，自知往生時至。

十九日，恭逢觀音大士聖誕，藍居士隨同社友禮誦念佛。廿日晨起，早課甫畢，略覺不適，而言談一如平日，端坐念佛，神志清爽。至下午二時，手結佛印，念佛聲漸微，寂然而化。翌日入殮，頂猶溫暖，面色如生，全身柔軟。世壽六十有八。

——《近代往生隨聞錄》頁一二〇——一二一。

14 王吉人居士(一八七八—一九四八)

王吉人,蘇北人。開設米行,並以經營航運為業,家頗富裕。居士行世仁慈,為人寬厚,樂於施捨。維護三寶,不遺餘力。夫婦同持長齋,逢年過節,全家吃素。平時,全家每月持十齋,不無故殺生。一九三一年,至蘇州報國寺,皈依印光大師。從此念佛修持,更加精進,常命家人隨同念佛禮拜。育三子三女,皆極恭順。長子及媳,尤能極盡孝道,終日陪伴,不離左右。居士嘗告誡子女,要勤勉求學,忠厚做人,憐憫窮苦。需恭敬三寶,積德行善。勿積財與子孫,造成不勞而獲,揮霍浪費。於居士教誨下,雖家族人口眾多,均能和睦共處。

一九四八年,王居士往生前三日,預知時至,身無病苦。臨終前,理髮沐浴,著淨好衣,外穿法服,端坐中堂,合掌念佛。謂家人言:「**吾要往生矣!汝等勿泣,為吾念佛要緊。**」語畢,安詳捨報,念佛往生。世壽七十。

——《近代往生隨聞錄》頁一一二。

15 李廣祥居士（一八八三—一九四八）

李廣祥，安徽人。秉性忠厚，遭人欺負，惟自省過失，不與計較。其母皈依三寶，至誠念佛。李居士受母薰陶，早歸佛門。年十六，淨口長齋。年廿八，娶妻鄒淨明，育有二女。因收入微薄，生計十分艱難。然李居士安貧樂道，不甚介懷。年四十五，皈依穹窿山大茅蓬道堅和尚，發心於茅蓬撞鐘半年，懺悔夙業。終日至誠念佛，從不間斷。

一九四八年四月，忽患半身不遂症。雖病，但神志清朗，毫無痛苦。臨終，結跏趺坐，猶能唇動念佛，安詳坐脫。世壽六十有五。

—《近代往生隨聞錄》頁八十。

16 方志鵬居士（一九二九—一九四八）

方志鵬，上海人。年六時與鄰兒嬉戲於門前，一行腳僧路過其家，見之曰：「**此是誰家兒？為某老和尚轉世來也**。」其母此時尚未信佛，不以為意。年十，進聖芳濟外語學校讀書。該校每晨需背誦《聖經》，居士對此不感興趣，而心慕佛教。見乞食者，常救濟之。常不惜忍餓，節省其母給予之早餐費，捐與學校倡辦之孤兒院。其樂善好施，異於常兒。居士好學中國文學，每見古文，閱讀一遍即能領會其意。

年十六，外祖母病重，居士焚香禮拜，願減己壽以益之，外祖母之病，果然痊癒。年十九，十二月一日，居士書一紙條，藏於枕下，云：「**母親！吾要去了，請不必悲傷**。」其母發現後，問將何往？答曰：「**寫寫罷了！**」

七日後，居士仍讀書至九時就寢，夜間一無動靜。晚間，其母忽聞香氣滿室，作旃檀味，次晨又聞木魚之聲。居士竟於當夜，泊然逝化，無疾而終。次日晨，其母呼兒起床，不應，見已右脅而臥逝矣！時一九四八年十二月八日。世壽一十有九。其母慟子早逝，至法藏寺見興慈老法師。法師開示曰：「**父母夫妻子女，有緣則會，無緣則散，無需悲也。**」其母因此而悟，亦信佛矣。豈非其子度母乎？

──《近代往生隨聞錄》頁一三三──一三四。

《大方廣佛華嚴經不思議佛境界分》（《大正藏》第十冊頁九〇八中）

如是三界，一切諸法，皆不離心。若能了知一切諸佛，及一切法性唯「心量」，得「隨順忍」。或證「歡喜地」，捨身他世，速疾生於妙喜世界。或生極樂淨佛土中，常見如來，親承供養。

17 孫常權居士(一九一六——一九四九)

孫常權，浙江天台人。年廿，因病於赤城山休養，遇陳海量居士引導歸佛。信心純篤，念佛至勤。與朱天寶、袁子平等創建天台佛教居士林，被推派為林長兼講師。每月逢九，集眾說法。諄諄善誘，勸人深信因果。嘗云：

「種瓜得瓜，種豆得豆，此是明顯確實之事。果從因生，因必有果，人事之因果，非常複雜。若以短淺之眼光觀察之，不足以窺見因果始終之眞相。因果通於三世，不局於一生。今生所受之果，為前生造之因，而今生所造之因，有時卻待來生受報。經云：『欲知前世因，今生受者是。欲知來世果，今生作者是。』作善因，招善果，作惡因，得惡果，是無可致疑的。又過去所造之因，固然已決定本身禍福，此為夙業。而現在造因之權，操之在吾。則正可趁此良機，廣造善因，轉移既定之夙業果報。」

孫居士以學佛人最大仇敵，非天魔外道，而是五欲心魔。嘗作「五欲偈」自勉，偈云：

「道心何以道？五欲生障礙。刀頭舐蜜兒，割舌受其害。五欲蒙其心，以道日以遠。賓士臨懸崖，勒馬不可緩。」

居士為詩，蒼涼高雅，發人深省，其「過溪南外祖母故宅七律」云：

「育母撫雛兩代恩，卅年身世對寒村。故園新主驚來客，老屋舊鄰話斷魂。紅樹當窗思白髮，青山歸骨冷黃昏。秋風不盡孤兒淚，爲報劬勞禮世尊。」

一九四九年三月十四日，孫居士往生前夕，諸道友環榻助念佛號，與大眾曰：「**明日上午八時，佛來接引，吾當往生極樂世界。**」翌晨八時許，復對眾曰：

「佛來了，吾去矣！」遂念佛而逝。世壽三十有三。

——《近代往生隨聞錄》頁八十一—八二。

《佛說大乘聖無量壽決定光明王如來陀羅尼經》（《大正藏》第十九冊頁八五上）

世尊告大慧妙吉祥菩薩言：汝等諦聽！從是南閻浮提「西方」，過無量佛土，有世界名無量功德藏，國土嚴麗，衆寶間飾。清淨殊勝，安隱快樂，超過十方，微妙第一。於彼無量功德藏世界之中，有佛名無量壽決定光明王如來無上正等菩提，今現住彼世界之中，起大慈悲，為諸衆生演說妙法，令獲殊勝利益安樂……

妙吉祥菩薩！此「無量壽決定光明王如來一百八名陀羅尼」，若有人躬自書寫，或教他人書是陀羅尼，安置高樓之上，或殿堂內清淨之處，如法嚴飾種種供養。短命之人復得「長壽」，滿足百歲，如是之人於後此處命終，便得往生於彼無量壽決定光明王如來佛刹無量功德藏世界之中。

18 王心湛居士（一八八一－一九五〇）

王心湛，原名心三，自號真如居士，浙江山陰人。幼時聰明過人，成年加入同盟會，參與革命。鳩合同志，創辦日報，啟發民智。凡能振興實業，換回國權之舉，無不盡力以赴。王家本富饒，斥施無吝，以是逐漸耗竭。民國成立後，參與革命者，多居高位，享厚俸。居士則退居上海，口不言祿。與其弟大同，布衣蔬食，一家和睦，平淡度日。

後禮印光大師，皈依三寶。生平所結師友，白衣有章太炎、歐陽竟無、馬一浮等，法師則有諦閑、太虛等諸師，王居士與弘一法師更有師生之誼。晚年於上海壽聖精舍啓建「彌陀法會」。每月朔望，集眾念佛。逢周日，則宣講佛經，感化彌廣。

一九四九年春，王居士忽患痰喘失音，醫藥罔效。身體雖弱，正念分明，對眾言：「**不久將歸。**」一九五〇年四月廿一日夜，又云：「**明日往生矣！爾等切**

勿哭泣，當齊聲念佛送吾。」翌日晨五時三十分，安詳逝化。世壽六十有九。著述頗富，惜未印行。

——《近代往生隨聞錄》頁八三—八四。

《大乘遍照光明藏無字法門經・卷一》（《大正藏》第十七冊頁八七五下）

爾時四天王復白佛言：世尊！若當來世，有善男子及善女人，能有受持此經典者，我當擁護，諸有願求，皆令滿足，何以故？此善男子及善女人，能持此經是法器故……

當知是人臨命終時，定當得見阿彌陀佛菩薩大衆之所圍繞。

當知是人常見我身在靈鷲山，及見此等諸菩薩衆。

當知是人則為已得「無盡法藏」。

當知是人得「宿命智」。

當知是人「不墮惡道」。

19 孫季魯居士（一八八二—一九五〇）

孫季魯，天津人。宿根深厚，篤信佛法。持齋念佛，勇猛精進，廿餘年如一日。參加天津佛教居士林，曾請太虛、慈舟、圓瑛諸師於林中講經，己則率眷屬恭聽，自始至終，從不間斷。

一九五〇年，孫居士雖在病中，而護法之心不懈；至病危，念佛更切。居士林友多人及其眷屬，分班助念，佛聲浩浩。五月十三日下午九時，安詳西歸，助念者咸聞異香。春秋六十有八。

—《近代往生隨聞錄》頁八四—八五。

20 焦勛建居士（一九三七—一九五〇）

焦勛建，上海焦雨亭之次子。勛建幼極聰慧，但體弱多病。年六時，有僧過其門，謂其母曰：「**汝次子生肖屬牛者**，**乃普陀某『坐關僧』轉世**。**閉關三載而寂**，**依『妄』入胎**，**為汝之子**。」其母即令子皈依，法名培鑫。因宿植深厚，幼年即知念佛，每日臨臥，均持聖號不輟。母給與糖果之費，不妄花用，積聚成數，輒以布施，亦勸母布施。年九，焦居士消瘦就醫，謂大腿「坐骨」傷，恐成「骨癆」。醫治臥床，三年始癒。醫囑施手術，以免復發。

焦居士住院時，遇同需手術者，皆勸其勿膽怯，應一心念「阿彌陀佛」名號，痛苦可自減。一九五〇年，手術前一日，焦居士便自行剃髮沐浴，曰：「**現吾身內外均發亮透明**，**可憐爾等血肉蒙心**，**即佛菩薩現在目前**，**亦未能識耳**。」復對鏡子曰：「**吾之兩耳**，**來日更大如菩薩矣**！」

家人聞後，斥其妄語，焦居士皆笑而不言。翌日，手術畢，人亦清醒。然猝起變化，施救無效；見其面含笑容，溘然長逝。翌日大殮，頂門猶溫。世壽十有三。

——《近代往生隨聞錄》頁一一一—一一三。

《佛說藥師如來本願經・卷一》（《大正藏》第十四冊頁四〇二下）

若欲往生西方極樂世界阿彌陀如來所者，由得聞彼世尊藥師琉璃光如來名號故。於命終時，有「八菩薩」乘空而來，示其道徑，即於彼界，種種異色，「波頭摩華」中，自然「化生」。

若復此人欲生「天上」，即得「往生」，本昔善根無有窮盡，不復更生諸餘惡趣。

21 蕭厚齋居士（一八八三—一九五一）

蕭厚齋，名培身，浙江人，蕭梁之後裔。曾赴日本留學，歸國後，執教於浙江法學院。居士宿根深厚，篤信佛法。秉性仁慈，長齋茹素，經常買物放生。精進修持，誦經禮佛。盛暑寒冬，亦不暫輟。鄰里親族，皆以「善人」稱之。

一九五一年夏，蕭居士將平生貯藏之各種摺扇，就日曝曬，並謂兒孫言：「**此扇過了今秋，永遠用不著了**。」是年九月十三日，居士便正念分明，面向西方，吉祥而臥，念佛不絕，無疾往生。歿後，全身俱冷，獨頂猶溫，四肢柔軟。世壽六十有八。

——《近代往生隨聞錄》頁一一三。

22 丁桂樵居士（一八八六—一九五三）

丁桂樵，名傳紳，湖南長沙人。幼時穎悟過人，讀書過目不忘。所作詩文，澹雅古樸，直追魏晉。早年研求老莊之學，後以為玄談，不足濟世，因棄而習醫，至日本留學。畢業歸來，從事教育。

民國成立後，奔走南北，投身政界，廉潔從公，為人所稱述。年三十後，棄政治，居上海，謝絕交遊，茹素歸佛，專研佛典。研討教義，辨析真實，深究因明、唯識，貫通顯密觀行，融冶瑜伽、中觀，泯大小、空有、顯密之諍，而歸心淨土。信願深切，躬踐力行。數十年，念佛從未間斷。

丁居士晚年無意於「般若文字」，不事述作，但發無上心，行菩薩道，提倡素食護生，發起刊印「續藏」。凡屬弘法利生之事，無不盡力為之。一九五三年二月十三日，當日猶為家人說法。待戌時，整衣淨手，顏容不改，舉動如常，對友陳毓秀醫師言：「**念佛之心，了無罣礙**。」及至亥時，神志清朗，如入禪定，稱念聖號，安詳西逝。世壽六十有七。

——《近代往生隨聞錄》頁八五—八六。

《大方廣如來不思議境界經・卷一》（《大正藏》第十冊頁九一一下）

若離分別，即無所見，自心作佛。離心無佛，乃至三世一切諸佛，亦復如是，皆無所有，唯依「自心」。

菩薩若能了知諸佛及一切法皆唯「心量」，得「隨順忍」，或入「初地」，捨身速生妙喜世界。或生極樂淨佛土中，常見如來，親承供養。

23 劉昌信居士（一八七三—一九五六）

劉昌信，陝西人。早年誤入歧途，後知其非，乃詣法門寺良卿法師，求引出迷津，開示覺道。師知其賢，收為弟子，並教以淨土法門，令信願念佛，期生淨土。居士大喜過望曰：「**不凌絕頂，不知泰山之高；不睹汪洋，不知溟渤之廣。吾今知所歸矣！**」由是專修淨業，力行不懈。嘗曰：

「誰是長生不死仙，精勤念佛惜殘年。瓜因熟後蒂方落，柿到秋深果始甜。」

一九五五年臘月中旬，劉居士至法門寺詣良卿法師告別。持其生平衣物，請師代為施眾結緣，並將銀元數枚供養佛寺，為佛像造背光。返家後，自營墓穴，備妥後事。翌年一九五六年正月十日晨八時，自行更衣沐浴，端坐念佛，無疾而終，面色如生。春秋八十有三。

——《近代往生隨聞錄》頁一二三—一二四。

24 陳依仁居士（一八八二—一九五七）

陳依仁，法名聖緣，蘇州香山人。以醫為業，一生樂善為懷。皈依諦閑大師，深明教理，歸心淨土，至誠持名。於蘇州後石子街，創設佛教淨行社，領眾行道。弘揚大乘淨土諸經，辯才無礙，為眾所推。曾就香山故里，宣講《阿彌陀經》，勸化鄉人。說法微妙，引人入勝。當地書場，平時營業頗盛，講經時至，門前冷落，座客日稀，係因皆前往聽陳居士講席，恭聆法要矣！為法之誠，感人之深，於當時居士中，實不可多見。

一九五七年農曆七月，居士臨終前，雖無重大疾苦，但因年邁，精力不濟，漸入昏沈，迷失正念。同道咸集，罔知所措。時穹窿寺清禪老和尚聞訊趕至，睹此情況，令眾等退出閉門，就居士耳畔敲動手磬，先為居士誦《阿彌陀經》，繼稱念聖號。歷三時許，始漸清醒，微張雙目。老和尚更為開示，居士隨即坐起，合掌禮謝畢，含笑逝化。世壽七十有五。

——《近代往生隨聞錄》頁八六—八七。

25 呂慧喬居士（一八八七—一九五七）

呂慧喬，大陸人，畫像為業。中年，妻與子相繼去世，痛念無常。皈依拈華庵慶豐和尚及印光大師。呂居士便於己寓所，創設淨宗助念團，專門成就修持人最後一程。所訂助念規章，十分嚴格。助念團所需經費，均由居士一人負擔。每月朔望或佛菩薩聖誕，集眾「念佛打七」。一生修持，精進不懈，後與池蓮邦、潘延齡等合辦保安念佛堂。常年之「念佛打七」，終以經費困難停辦，後移住香港庵念佛。

呂居士晚年一貧如洗，但高風亮節，從不向人求助，處境困難，精進不退，一心求生西方。一九五七年十二月臨終前，得同道友朱慧銳等人助念，照料一切。廿八日，合掌念佛，安詳生西，世壽七十。

——《近代往生隨聞錄》頁八七—八八。

26 吳毓祥居士（一八七八—一九五七）

吳毓祥，江蘇人。以醫為業，仁心仁術，鄉里愛戴，居佛教世家。皈依太滄老和尚，並參加臺北市蓮友念佛團。年五十六，患重疾，群醫束手。居士虔誠持誦觀音聖號不輟，遂夢觀音菩薩灑以淨水，病竟不藥而癒。

年七十三，忽似中風，家人禮誦觀音聖號，居士亦從而默持。往生前，忽言：「**吾將返家矣，汝等無需再奉侍**。」一九五七年元月五日又云：「**還有十日，決定回家**。」正月十五日晨，口中佛聲不輟，安詳而逝。世壽七十有九。往生後，眾等持續稱念佛號，其子見父頭頂放黃光，並有蓮華數朵，圍遶靈柩旁，復見阿彌陀佛身金黃色，聖像高大，一手托寶塔，一手覆居士頭。

—上述根據網路《戒邪淫網》資料。

27 郭鳳藻居士（？—一九五八）

郭鳳藻，字蘊岑，甘肅渭源人。能文章，尤工書畫，人爭求之。晚年潛修佛乘，專心淨土，持五戒，行十善。並勸其妻柴氏及媳吳氏，皈依佛門，實行佛化家庭。與淨友周佛性、張瑞亭同心弘法，創設居士林。於北關建法源寺，成立佛教支會。善信歸心，念佛者達三、四百人。

一九五八年十一月十三日，居士示微疾。至十四日，道友與其眷屬，咸為助念，居士亦隨眾默念。十五日晚間七時起坐，注視佛像，神志湛然，一無苦惱，便微笑西逝。

——《近代往生隨聞錄》頁八八—八九。

28 陳錫成居士（一八七二——一九六一）

陳錫成，法名明加，廣東海豐人，馬來西亞華僑。務農，誠懇簡樸，寬厚待人。皈依圓瑛法師，中年茹素，早晚念佛不輟。

一九六一年六月廿日晨，清醒如常，忽對子孫言：「**時候到矣，佛昨夜召吾返家！**」遂穿上法服，端坐禪椅，念佛數聲，泊然逝化。春秋八十有九。此事轟動遠近，往觀者眾，道為之塞。

——《菩提樹》一〇六期。

《大乘無量壽經・卷一》（《大正藏》第十九冊頁八二中）

世尊復告曼殊室利：如是如來一百八名號，有自書，或使人書為經卷，受持讀誦。如壽命盡，復滿百年壽。終此身後，得往生無量福智世界無量壽淨土。

29 夏蓮居居士（一八八二—一九六五）

夏蓮居，山東鄆城人，清朝雲南提督夏辛酉之長子。少志學，博貫群籍。窮研理性，兼擅眾藝。中年潛修內典，由宗而教，由顯而密，圓融無礙，會歸淨土。一九二五年，軍閥張宗昌督魯時，以莫須有之罪相加，沒其家產，下令通緝，居士乃避禍東瀛。隔年歸來，掩關津門。丈室唯供彌陀像，一心虔持聖號，專精行道。歷十載，感應道交，瑞徵屢見，見佛見光，但從不示人。有詩云：

「一卷六字經，轉破十年暗。
人云我念佛，我說是佛念。
迷雲陳霧重重過，暫見澄潭月影圓。」

夏居士經北京僧俗一再堅請，乃赴京。銳志潛修，盡心弘化，廣讚大乘，宣揚淨宗，誨人不倦，數十年如一日。求道問學者，日盈於庭。獲沾法益者，不可勝已。或明心見性，或生脫立亡，或往生現瑞，或捨俗出家。至於聞教啓信，洗心向善者，更仆難數。

一九六五年冬，夏居士謂人曰：「吾大事已辦，決捨濁世矣！」時精神奕奕。旬日後，略示微疾。夜間家人侍側，聞其念佛相繼。忽聞高聲一唱，眾驚視之，即於此一句萬德洪名聲中，安詳逝化。正念分明，說行便行。春秋八十有三，著有《淨語》，節錄其中如下：

「客來不必問如何，靜對焚香念彌陀，一句彌陀非是少，遍窮三藏未云多。」，「戒定慧學三無漏，信願行三是資糧，我有神通三妙用，持名頂禮更焚香。」（幻余吟）

「唇皮雖動意紛紜，己尚不聞佛豈聞，眞念始能得眞感，自欺只可引魔軍。」

「念來字句用心聽，自喚自醒還自應，妄想千般都莫管，聲聲佛號要分明。」

（自課）

「生已無可戀，死亦奚足厭，本來無生死，生死由心現。了知諸法空，始信一切有，西方有極樂，有佛無量壽。」

（大病中口占二偈辭世）

「勸人學佛猶容易，令識西方事大難，爲底梅花香未放，因無徹骨一番寒。」

「普被三根濟三有，圓超圓攝無量門，誰能自念勸人念，是即名爲報佛恩。」

（問東答西）

「不念彌陀念六趣，非歸淨土歸娑婆，兩條道路分明甚，背佛趨魔奈爾何。」

「此事本來也太奇，頓教一念越三祇，佛云難信誠難信，萬億人中一二知。」

（奈爾何）

「如何習淨又吟哦，從古詩人妄想多，珍重餘光多念佛，更莫平地起風波。

若問如何出愛河，只有彌陀念得多，念熟方能登樂土，倘生不免墮娑婆。
誤人第一是多疑，疑網纏心不易知，勘破疑魔勤念佛，功純自有佛加持。
疑能生苦苦生疑，咬定牙關念阿彌，念得疑情連蒂斷，到此方知我是誰。」
（贈某居士）

「一句六字眞經，循環莫教暫停。
無論苦樂動靜，耳邊歷歷佛聲。
防被境緣牽轉，如護生鳥風燈。
分別即是魔網，菩提不染凡情。
從容綿密做去，功純念念圓成。
此乃徑中捷徑，何須更覓途程。」（淨宗徑）

──《近代往生隨聞錄》頁六四──六五。《報恩佛網》夏蓮居老居士網路專輯。

30 竇存我居士（一八八四—一九六五）

竇存我，江蘇邳縣人。不善治生，家遂中落。晚年雖貧，恬淡無慾。為人敦厚，受欺不計較。早年篤信程朱學。同鄉劉仁航居士勸讀《起信論》，遂皈依佛教，讀誦大乘，勸修淨業。一九四五年，邳縣大水，與胡松年發起救災。居士慨捐一萬圓，以竟全功，且不具名。性儉樸，家人或衣飾稍華，必斥之。印光大師生西後，竇居士與德森法師等，組織印光大師永久紀念會。籌辦《弘化月刊》，自任主編。發表弘揚淨土之文甚多，皆不署本名，人莫之知。一九五四年，與妙真和尚發起編《印光大師畫傳》，時竇居士經濟已極困難，然猶捐資。居士深通教理，知見純正，其論佛法，必以印光大師為宗。嘗謂：

「敦倫盡分，閑邪存誠，爲人佛之階梯；信願念佛，求生淨土，乃萬行之歸宿。」

「學佛當如儒者，志在淑世利人，憂樂天下，不應自了生死爲極致。達摩云：『中土多大乘根器者』，謂儒宗也。」

一九六五年十一月，竇居士臨終示微疾，時史守謨教授造訪，猶起床飲食，談笑自若。至申時，稍休息。久之不出，再探之，已寂然逝化。世壽八十有一。

──《近代往生隨聞錄》頁一一四──一一六。

《佛說作佛形像經・卷一》（《大正藏》第十六冊頁七八八下）

作佛形像，後世死，不復更「泥犁、禽獸、薜荔惡道」中生。其有人見佛形像，以「慈心」叉手，自歸於「佛塔、舍利」者，死後百劫，不復入「泥犁、禽獸、薜荔」中……

佛告王：作善者！作佛形像，其得「福祐」如是，不唐（不唐捐也）。

其王歡喜，前為佛作禮，以頭面著佛足。「王、群臣」皆為佛作禮而去。壽終，皆生阿彌陀佛國。

31 陸根林居士（？—一九六六）

陸根林，常州人，中年事庖廚，殺生無數。一九三一年，印光大師居蘇州報國寺，居士就寺求皈依。向印公請求皈依者眾，師無不慈悲攝受，獨對陸居士拒絕之。居士痛苦哀求，師答以：「**汝滿身血光，因此不受。需先素食三年，方允皈依**。」居士即依教奉行，三年後，復往報國寺，遂蒙印光大師錄為弟子，從此精進念佛；並於西貫橋善信庵創立蓮社，每月初二、十六領眾念佛。復請明開等諸師，宣揚聖典，勸人精進修持，務期臨終往生。

一九六六年，陸居士雖患氣喘，仍念佛不斷。臨終，端坐床上，持念《大悲咒》，正念分明，毫無病苦，泊然而逝。

——《近代往生隨聞錄》頁八九—九〇。

32 陳量居士（一九八二—一九六六）

陳量，澎湖人。為林世敏居士之外祖父，捕魚維生。年五十，因兒女因緣而聞佛法，毅然改業自新，茹素念佛，前後判若兩人。一九六六年，因病臥榻，為表明往生切願，拔除點滴，懇求助念。並禮高雄宏法寺開證法師披薙，發願再來。

一九六六年六月，陳居士臨終前，始終聖號不斷。突然間，停止念佛，令眾熄燈，顫抖言：「**滿江的魚都來了，快救吾！**」通身冷汗，臉色鐵青。兒女皆鎮定，持續念佛不斷。終見居士轉歡喜，忽言：「**速開窗，佛來矣！**」，語畢，安詳西逝。是時，晚霞映入，滿室生香。世壽七十有四。

——《貝葉之色》頁四五。

33 羅奉章居士（一八九四—一九六六）

羅奉章，安徽人。幼即喪父，母守節撫養成人，家境蕭條，故發奮勤讀。為人誠篤敦厚，為主管所器重。調度有方，臨財不苟，深為主事者所信賴。居士天性仁慈，惜福憐貧，急人之難。抗戰時期，他人多屯積致富，獨居士廉潔自守，財不苟得。所居陋室數間，依靠薪水度日，樂善好施，經常施醫給藥，救濟貧苦，並一度擔任紅十字會會長。羅居士之繼室趙氏，亦崇信三寶，信佛念佛。

年居六十，終皈依靈巖山德森法師座下，從此念佛，皈心淨土。一九六六年三月八日，臨終仰臥榻上，合掌胸前，高聲稱念聖號。其妻禮請蓮友，為之助念，自當日凌晨三時至九時，羅居士忽對妻言：「**室內大放光明矣！**」又云：「**許多尊佛來矣！金光晃耀**。」言罷，專誠念佛，不復他語。於眾等助念聲中，手結彌陀印，置於腹上，安詳西逝，面色如生。世壽七十有二。

——《近代往生隨聞錄》頁一二四—一二五。

34 陳無我居士（一八八三—一九六七）

陳無我，號法香，上海，錢塘人。曾任《太平洋報》、《民國日報》等編輯，精深國學。創辦新世界新聞社，自任社長。時陳白虛居士引導陳居士信佛，後閱《護生畫集》一書，即立志茹素。為弘揚佛法，開辦大法輪書局，流通佛學書籍，並編印《覺有情》月刊。月刊內容充實，生動活潑，稿件剪裁，居士皆親任之，出版十餘載，訂戶遍及海內外。年四十二，妻亡，不復續娶。

居士篤信淨土，嘗謂友竇存我居士言：「**曾閱中峰國師『三時繫念』，殊感得力**。」故居士每日雞鳴即起，禮誦甚勤，處世接物，誠實待人，藹然長者。一九六七年十一月三日染疾，終於念佛聲中寂滅，春秋八十有四。著有《皆大歡喜》、《奇夢輪迴》等書行世。其子心純，法號念慈，亦精佛法，著有《念慈筆談》。生平亦篤志淨土，然體弱而先逝。

——《近代往生隨聞錄》頁六五—六六。

35 唐榮康居士（一九〇〇—一九六九）

唐榮康，法名通樂，江蘇無錫人，銀匠出身。中年信仰佛法，皈依印光大師。居士除修持淨土法門，恒喜研究教典，經常持誦《楞嚴》、《金剛》諸大乘經。嘗與葉通和等人，於西麒麟巷染香庵內創設淨土法會，名為圓覺蓮社，每月定期念佛。一切費用，均由唐居士及同道三人負擔。當地如華嚴寺、師子山法音寺，及妙香蓮院、佛學淨行社等，皆熱心贊助。唐居士生性剛直，沈默寡言。為人辦事，不辭勞苦，精進修持，毫不怠懈。

一九六九年十二月廿七，臨終前一日，居士即對妻言：「**吾要往生矣！**」翌日廿八號，身無疾苦，安詳逝化。世壽六十有九。

——《近代往生隨聞錄》頁九〇。

36 吳榮慶居士（？—一九七〇）

吳榮慶，大陸人。性忠厚。年廿八喪妻，不復娶，育有子女各一。年五十，乃茹素。先皈依印光大師，後於虛雲和尚座下受五戒，歸心淨土。專誠念佛，暇則誦經。朝暮課誦，寒暑無間。日禮佛二百拜，廿年如一日。迨母生西時，見諸瑞相，心感佛慈，持名益力。平時為人效力，有求必應，雖勞不怨。天寒見人受凍，即解己身棉衣褲與之。

一九六六年，吳居士常獨自宴坐，對其妹言：「**汝聽到否？吾常聞佛聲，寤寐從未間斷**。」居士素有喘病，一九七〇年五月，竟霍然而癒。臨終之夜，居士對其妹言：「**汝可安睡，吾頗舒適**。」由善友袁心弘居士陪伴助念。未幾，但見吳居士嘴唇微動，似在念佛。袁與其妹輪流稱念洪名相助，頃見居士面現笑容兩次，最後更作大笑狀，身心豫悅，安然而逝。

—《近代往生隨聞錄》頁九〇—九一。

37 李西原居士（一八七七—一九七一）

李西原，四川人。敦厚謙和，好學篤行，立志學佛，晚歲專修淨土。於燕京遇夏蓮居居士，獲沾法益，如飲醍醐，得未曾有，乃委心依止。廣讀經論，受菩薩戒。終身茹素，過午不食。每日黎明，人尚熟睡，居士已禮念多時矣。手持《淨修捷要》，以為日課。持名修觀，極為精誠。雖在鬧市，亦常默誦入觀。解放後，復閉關多年，專持聖號，一意西馳。

雖居嚴冬，仍臥榻唯一草席，身處困厄，毫無退悔，專精持念，志愈堅，行愈篤。晚年，深得法樂，安詳自在。年逾八十，仍能作小楷，常以法語書扇贈人。年九十，仍能健步，齋戒不退，禮念如恒。一九七一年，身無病苦，面西端坐，持珠念佛，最後唯舉手中念珠，向助念之兒媳等示意，泊然逝化。春秋九十有四。

——《近代往生隨聞錄》頁九一—九二。

38 鍾世賢居士（一九二八—一九七二）

鍾世賢，臺灣人。出生時，胸口顯現念珠之相。其父隨雪廬老人學佛，故居士年少即知念佛，且能度眾。年廿六結婚，組佛化家庭，任職於信用社。

一九七二年十月，突罹患「急性血癌」，入院療治，持佛名號愈勤。十一月四日凌晨二時，病危，忽見天放金光，鍾居士高聲念佛，並請助念，拒施打強心劑。其妻障礙之，鍾居士慰妻言：「**吾至極樂世界，必會護佑子女**。」至四時，於最後一聲佛號之「**佛**」字，安詳西逝。世壽四十有四。

—《新覺生》十一卷．八期。《明倫》二七九期。

39 池逸樵居士（一八九三—一九七三）

池逸樵，號蓮邦，鎮江人。早年以推拿為業，遇朱石僧後，始信佛教。與黃涵之、關炯之等加入佛教居士林。後創辦素菜館，提倡素食。因妻及子相繼亡故，悟世無常，修持愈勤。一九四三年冬，假藥草庵，禮請海山法師宣講《法華經》三個月。一九四四年春，禮請雪相法師於靈鷲寺宣講《無量壽經》。又請慧舟法師於王家祠堂宣講《地藏經》。請了願法師講《金剛經》。

池居士經常發起「精進佛七」，為期廿一天。凡弘法利生之事，無不盡力以赴。法會或有道糧不敷，仍能盡力維護，安心念佛，十分鎮靜。解放後，居士林改為清心蓮社。雖常患病，仍精進念佛不懈，常言：「**西方要自己去！**」一九七三年八月四日，臨終前一週，池居士預知時至，遂將身後事，委託淨友徐覺意。後果於一週後八月十一日，端坐面西，念佛而逝。春秋八十。

——《近代往生隨聞錄》頁九二—九三。

40 趙孟韶居士（？—一九七三）

趙孟韶，大陸人。畢業於北京工業大學，歷任各地大、中學教師，為人忠厚誠實，毫不虛偽，年六十九退休。迨年七十，方信佛法。每晨禪定二小時，閱讀佛經，頗有契入。年七十六，因患膽囊炎，由此茹素念佛。至年八十餘，信心更切。淨友黃輝邦為趙居士說淨土法門，云：「**要一切能捨，不能貪著。一心念佛，求生極樂。壽數如到，雖怕死終不免死。壽若未終，不求癒而病自癒。因病從業生，業由心起，專心念佛，最能消業，而病苦自癒。**」

一九七三年十一月十日，趙居士稍覺膽痛腰酸，即沐浴更衣，與親友告別。十三日晨，與大眾言：「**病苦已消，二日後將行。**」仍念佛不斷。其子詢問，囑勿相擾。午時，居士云：「**西方有佛來迎。**」下午一時餘，安詳往生。五日後荼毗，面色紅潤，四肢柔軟，如入禪定。

—《近代往生隨聞錄》頁九四。

41 胡兆英居士（？—一九七四）

胡兆英，浙江人。早年經商有成，與妻李妙果皈依三寶，專修淨土。一九四九年，避難香港，依止覺光法師，持誦更殷勤。晚年放下一切，專志念佛。

一九七四年秋，胡居士常感疲憊，然倍加精進。是年十月初，臥床靜養，持續念佛不輟。十月十四日，見觀音菩薩預示往生日期，其妻在旁晝夜助念。十六日晚，居士便含笑逝化。

——《優婆塞列傳》頁七四

《無垢淨光大陀羅尼經．卷一》（《大正藏》第十九冊頁七一八下）

若有護淨，日別一遍，誦念此呪，滿足百年，是人命終生極樂界。若一切時常念誦者，乃至「菩提」，恒憶宿命，永離「夭壽」及諸惡趣。

42 包廷甫居士（一八九〇—一九七四）

包廷甫，蘇州人。曾從事刺繡業。早年於釋、道俱信；終捨道歸佛，篤修淨土。長齋課誦，寒暑無間，尤喜諷誦《華嚴》，凡遇「華嚴法會」，必專誠隨喜禮誦，復參加吳慰喬所創設之淨土助念團。一九四四年加入施林庵、唐進培所發起之佛學普仁會。宅心仁厚，忠實誠篤。沈默寡言，不與人計較。二六時中，執持名號，至為懇切。

一九七四年，包居士雖色身衰老，經常臥榻，尚無疾苦。往生前數日，鄰婦問言：「**汝終日念佛，有何效果？**」答云：「**功不唐捐。**」六月五日上午八時，便向鄰婦拱手言別。婦問：「**汝何往？**」居士言：「**吾已見佛，金台接引西方去。**」語竟，垂目合掌，安詳西逝。春秋八十有四。

—《近代往生隨聞錄》頁九四—九五。

43 鍾靈毓居士（一九一二—一九七四）

鍾靈毓，法名觀耀，江西宜春人。為人忠厚誠懇，樂善好施。一九四八年皈依，一九六〇年受五戒。深體世間無常，四大苦空，早晚課從不間斷。精勤念佛，眾善奉行，感應甚多。居士因用功不輟，念佛時，曾見佛像毫光燦爛，目為之眩，但精神愉快，亦曾夢佛與高人為己說法。

一九七四年二月十七日，鍾居士無疾而終，安詳往生。荼毗時，得各形舍利甚多，其一舍利有如「佛禪坐」之相。世壽六十有二。

—《優婆塞列傳》頁七五—七七。《明倫》四三期。

44 張嗜仁居士（一八九五—一九七五）

張嗜仁，法名德博，浙江吳興人。皈依印光大師，常放生念佛，作諸功德。退休收入雖豐，自奉甚薄，每餐一菜，不食兼味。請人書寫大乘經典，則不惜以重資相酬。皈心淨土法門，以深信願，持佛名號。經常持誦《華嚴》、《楞嚴》、《圓覺》諸大乘經。日覽《華嚴》一卷，四十年不輟。

一日見有未曾裝訂之影印《宋磧砂版藏經》散頁十三箱，頁次凌亂，殘缺不全，塵封已久。痛念法寶受損，發心加以整理。缺者補齊，損者修復，裝訂成冊，歷數年始完成。年過八十，猶日誦《印光法師文鈔》，擇其警句，寫成單本施送，勸人念佛。

一九七五年一月七日，張居士略示微疾，不思飲食，當夜見阿彌陀佛現身後，自知不起。八日，再見阿彌陀佛及觀音、勢至二大士現高大身，喜告子言：「**西方境界，就在眼前。**」神態安適，朗聲念佛，並命其子助念。九日晨八時半，正念分明，安詳生西。世壽八十。

——《近代往生隨聞錄》頁九五—九六。

《大智度論・卷九》（《大正藏》第二十五冊頁一二七上）

復有一國，有一比丘誦《阿彌陀佛經》及《摩訶般若波羅蜜》，是人欲死時語弟子言：阿彌陀佛與彼大衆俱來。即時動身自歸，須臾命終。命終之後，弟子「積薪」燒之，明日，灰中見「舌」不燒，誦《阿彌陀佛經》故，見佛自來；誦《般若波羅蜜》故，舌不可燒。

45 楊文林居士（一八八九—一九七六）

楊文林，法名慧祥，蘇北人。生平精研醫術，以醫為業。年三十八，感世事無常，始信仰佛法，斷葷茹素，專修淨土。曾赴寧波普陀皈依佛頂山文質和尚。居山中三年半，聽講《楞嚴》，頗有心得。自皈信佛法，努力修持，十分精進。老實念佛，不換題目。四、五十年，始終如一。

一九七五年冬，楊居士罹患食道癌。歷時七十五日，亦不感痛苦，念佛如故。往生前數日，預知時至，言：

「吾已見到兩位童子前來接引往生西方。已爲時一周，不能讓他們久等，吾擇定正月廿三日往生。」後又言：

「所選日子不太好，決定提前三日，吾將準備於正月廿日往生。」

楊居士囑咐家人，預先打電報通知其女返家。待往生當日，沐浴淨身，換穿淨衣，穿上長衫，臥於床上，高聲念佛。下午三時許，其女方回。隨作手勢，令女坐於床前，一齊念佛。至下午七時，楊居士脈息漸停，唇猶微動，尚能聞極微細之念佛音聲。舉家合掌，在旁高聲念佛，遂於眾人念佛聲中，安詳示寂。全身俱冷，頂門獨溫。春秋八十有七。

——《近代往生隨聞錄》頁一二五——一二六。

《金剛恐怖集會方廣軌儀觀自在菩薩三世最勝心明王經・卷一》（《大正藏》第二十冊頁一〇中）

若誦一洛叉，一切「天、梵王、摩醯首羅、那羅延、俱摩羅…」等皆大踴躍，則當入「一切曼荼羅三昧耶」，一切真言皆得成就……命終生安樂國。

46 龍鳳居士(?—一九七六)

龍鳳,浙江富陽人。經營繡花業。平生念佛,頗為虔誠,兼持誦《心經》。

一九七五年十二月,腿疾,臥病月餘。翌年二月廿二日,龍居士請來金紙店老闆,對彼言:「**吾今日將往生,請爲吾更衣。**」安排後事畢,便向眾人拱手告別,瞑目逝化。

——《近代往生隨聞錄》頁九六—九七。

《聖觀自在菩薩一百八名經・卷一》(《大正藏》第二十冊頁七0中)

爾時佛告梵王及帝釋言:若有受持讀誦此「聖觀自在菩薩一百八名祕密明」者,當知是人世世生生,恒得覩見「聖觀自在」。若恒受持,得大富貴,獲得聰明,獲得勇猛……早晨課念,永無病苦,疥癩氣疾。臨命終時,往生西方極樂世界。

47 蔣長安居士（一八八六—一九七七）

蔣長安，法名寬仁，江蘇人。出身下中農，隸南陵公社。居士為人忠厚老實，安貧樂道。早年信佛，並送其子至定慧寺出家，即德純法師也。年三十二，蔣居士皈依虛雲老和尚座下，其子德純師至鎮江參究，順道返家探父，攜回《金剛經》一卷。德純師見父身體欠佳，便勸令念佛，兼持誦《金剛經》。蔣居士一見《金剛經》，如獲至寶，由是發心，每天持誦三部，三十多年，從未一日中輟。

一九七七年正月十九日，下午五點三刻，蔣居士身無痛苦，正念分明，念佛安詳而逝。逝世後，頂暖肢軟。春秋九十有一。

—《近代往生隨聞錄》頁一二六—一二七。

48 蔣文瑞居士（一八九九——一九七八）

蔣文瑞，揚州人。早年曾開設鞋店。為人正直豪爽，遇他人困難，無不盡心幫助。篤信三寶，皈依南京圓治老人。年三十，發心持長齋，虔誠念佛。與辦閘北佛教居士林，並擔負林內一切費用。居士喜捨為懷，深得人心。文革期間，念佛被視作反動行為，而居士高聲持念聖號如故。鄰里知之，亦不干涉。

一九七八年九月六日，蔣居士往生前一日，受友之托，代邀蓮友作佛事，奔走終日。待返家後，略感不適，是日晚，理髮沐浴，更換淨衣。忽謂家人言：「**吾欲休息，勿驚擾！**」隨即回房，閉目宴坐。未片刻，已無疾坐化矣！世壽七十有九。

——《近代往生隨聞錄》頁一二七——一二八。

49 凌炳炎居士（？—一九七八）

凌炳炎，天臺人。自至佛教青年會得見陳弘法、李文啓等居士，常承啓導，由是念佛信念甚切。解放後，返鄉務農。家計維艱，於佛法亦淡忘矣。

一九七八年一月，凌居士病重後，更虔誠稱念彌陀聖號。如是月餘，痛苦頓消，淨念純熟。但飲食日減，肌肉瘦削。自知不起，預囑後事，一心念佛。二個月後，久未連絡之親友，忽前來探望。親友謂居士言：

「吾昨夜夢見炳炎破襖敝屐，容光煥發，故欣然前趨。問何往？炳炎則遙指虛空曰：『彼等迎吾去！』時見紅光燭天，妙樂鳴空，天際垂下金階，炳炎拾階級而上，漸漸西去。旋即醒寤，故前來探望。」

親友語畢，是晚凌居士便溘然西歸。

——《近代往生隨聞錄》頁九七—九八。

50 胡復省居士（一八八九—一九七九）

胡復省，法名聖三，江蘇常州人。年廿，父母及弟相繼亡。遂感人生空幻，受表兄所勸，信奉基督。一九二三年，任職於寧滬鐵路吳淞機務處。站長朱石僧屢勸居士信佛，輒被拒絕。一日，胡居士無意間翻閱佛書。其中云：

「人生如夢，百年剎那。富貴榮華，煙雲過眼。石崇未享千年富，韓信空成士面謀。人生終是苦多樂少，即使盡是快樂，草草光陰，不過數十寒暑耳。」

居士自始覺悟，遂棄耶皈佛，皈依諦閑法師，與朱石僧組織吳淞佛教居士林，創辦義務小學。除勸人信佛，亦盡力於福利事業等。居士持身甚嚴，誠篤謹慎，歸心淨土法門。

胡居士自一九五〇年退休後，日課禮佛四百八十拜，跪誦《行願品》一部，持念彌陀聖號，求生淨土。日間若有要事無法課誦，晚間即補課，至深夜仍不休息，三十年如一日。一九七九年，雖示微疾，但無痛苦。不思飲食，乃習靜坐，執持洪名。七月廿一日上午十一時，安詳逝世，頂尚溫暖，四肢柔軟。春秋九十。

——《近代往生隨聞錄》頁九八—九九。

《佛說大乘莊嚴寶王經・卷一》（《大正藏》第二十冊頁五一上）

若人得聞如是經王而能讀誦，是人若有「五無間業」皆得消除。臨命終時有「十二如來」而來迎之，告是人言：

善男子！勿應恐怖，汝既聞是《大乘莊嚴寶王經》，示種種道，往生極樂世界。有微妙蓋天冠珥璫、上妙衣服，現如是相，命終決定往生極樂世界。

51 呂日新居士（一九〇一——一九七九）

呂日新，臺灣臺中人。行醫五十年，不計酬報，憐貧濟困，施財與藥。年五十五起，常隨李炳南居士聽經聞法，信願念佛。初時散念，繼而定課。閑時掐珠持念，進而隨息繫念。下定決心，此生必定往生極樂。

一九七九年，二月廿日，呂居士因病復發，師長親友，至誠懇切，日夜助念。廿三日辰時，忽見圓光數朵，自居士頭頂晃過，居士眼微睜；圓光再現，瞑目後便西逝。世壽七十有八。

——《明倫》八六——八七合刊。

52 陶世德居士（？—一九八一）

陶世德，大陸人。法名能德，一九四七年，皈依臨濟宗廿五世隆濟老和尚，一九五四年，至寧夏馬鞍山甘露寺受在家菩薩戒。自皈依三寶後，每日修「十念法門」，從不間斷。後又每日二時課誦，以一句佛號為正行，持誦淨土五經、《妙法蓮華經》、《金剛經》等大乘經典為助行。

一九七九年，陶居士身染病苦，而專持佛號，更加精進。並再三囑咐家人親屬：「**吾臨終時，汝等切勿搬動身體、哭泣。遺體火化，不許葬埋。**」往生前十一日，便對家人言：「**汝等請準備吾之後事，吾快往生了！**」臨終前三天，禮請隆元老和尚開示，師云：「**心中唯有佛，臨終不離佛。**」至臨終前一日，居士時坐時臥，安然自在，無任何患病之相。一九八一年三月廿六日九時，於隆元法師及淨友數人於念佛聲中，面向西方端坐，念佛而逝。翌日，面色如生，光澤鮮耀。越四日荼毗，四肢柔軟，骨灰呈彩色。

——《近代往生隨聞錄》頁一二八—一二九。

53 朱伯驥居士（一九二〇——一九八二）

朱伯驥，臺灣臺南人。年五十，其妻往生後，發心念佛。自覺學佛較遲，特別勇猛精進。信願堅固，早晚課誦，念佛精進不輟。對佛法及人，均恭敬以對。常以幸遇佛法，而歡喜掉淚。研讀經典，每有所得，亦常感動潸然淚下。有緣則介紹念佛法門，熱心度人。對子女時常灌輸佛法種子，嘗言：「**此生定要往生極樂，否則懊悔莫及！**」

一九八二年十二月廿六日，又言：「**一切都是虛妄，勿執著。**」是晚忽然倒地，但仍口稱佛號不斷。廿九日，目視佛像，正念分明，安詳往生。世壽六十有二。荼毗，獲舍利子及舍利花數千。

——《明倫》一五五期。

54 陳子平居士（一九〇〇—一九八三）

陳子平，名嗣鈞，號子平，法名智乘，浙江人。經商，因事繁體弱，遂戒菸酒、賭、葷，長齋禮佛，並研究淨土經論。年廿七，皈依天台山興慈法師，求受五戒。每日讀經念佛，歸心淨土，求願往生。一九二九年，開設「葆康齋」，施醫藥、廣救貧病。成立「上海貧病救濟會」，凡因貧病無力醫治者，即送醫，代繳醫療費。故鄉若遇災難，居士皆盡力籌辦救濟及補助事宜。

陳居士自父母雙亡，始覺人生如夢，即淡泊名利，專志念佛。一九四七年工廠解散，更一心念佛。年五十四，於臺北籌建松山寺，禮請道安法師為住持，居士則自任監院，勸募捐款，勞心瘁力。一九六三年，建「水陸法會」四十九天，並興建「淨蓮別墅」，與毛惕園等善知識，同住共修，領導「精進佛七」，求生極樂。為自利利他，彙編諸多淨土叢書發行，並發動助印，以廣弘揚。

一九七三年，陳居士掩關三年，專修淨業。一九八二年十二月，忽示微疾隔年一月四日，因氣喘而張口念佛，眾等皆為之助念。至下午一時，口唇漸合，身無病苦，安詳西逝。頂上猶溫，全身柔軟，光潤逾生。荼毗，獲舍利花甚多。春秋八十有四。

——《獅子吼》二二卷・第九期。

《千眼千臂觀世音菩薩陀羅尼神咒經・卷二》（《大正藏》第二十冊頁八八上）

此「呪印」能降伏諸邪見外道。若有善男子、善女人，於「晨朝、午時、日沒」三時，一時誦一遍者，即與種種供養「十億諸佛」無有異也，永不受女身。

命終之後，永離三塗，即得往生阿彌陀佛國，如來授手摩頂，汝莫怖懼，來生我國。

55 沈富康居士（一九〇八—一九八三）

沈富康，大陸人。年五十二始發願吃素。年五十五從肖山蘭亭老和尚受三皈依，年六十起專事放生。嘗以祖遺房屋一間，售得一千圓，悉以買物放生。兒輩每月供養生活費廿五圓，僅以五、六圓買米鹽雜項外，餘款皆悉用於放生。年六十五，一日騎自行車，載一布袋螺螄至杭州西湖斷橋邊放生。回程途中，一吉普車迎面而來，自行車被撞壞，居士倒地。吉普車前輪從腳上輾過，留下明顯印跡。司機見狀，驚恐無措。沈居士起身後，竟毫無損傷，怡然一笑，便長揖而去，無餘異狀。

沈居士本多病，自吃素放生後，體力轉健。廿多年，從不看病服藥。年七十二起，專持佛號，求生淨土。自云雖睡夢中，亦能持名不輟。一九八二年底，臥病十餘日，神智清爽，無昏沈之容。一九八三年一月三日，往生前一日，沈居士對眾言：「**吾要往生矣！今日未行，就是明日**。」又說：「**吾心中快樂，無絲毫痛苦**。」遂令子女為之助念，且囑咐將預置之「棺木」出售，售得款項，用以放生，遺體按佛制「火化」即可。

一月四日，子女從父命雇車，將沈居士載往杭州（時肖山無火化設備）預備往生，下午四時許，於車內便合掌安詳逝化。三小時後，通身冰冷，頂門猶溫。春秋七十有五。

——《近代往生隨聞錄》頁一二九—一三〇。

56 林培松居士（一九一〇—一九八三）

林培松，臺灣臺中人。為純樸之農夫，日出而作，日落而息，克勤守信。一九八一年，罹患「鼻咽癌」，即發心全家戒殺茹素，並皈依三寶。聞淨土法門殊勝，遂一心持名，決志歸西。雖至癌末病重，猶強起禮佛，雖數次不支，亦不懈怠。

一九八三年三月十三日，臨終前一刻，林居士見佛光滿室，光中有韋馱菩薩在前，彌陀、觀音隨後，皆來接引。居士目視佛像，口稱聖號，正念分明，便安詳西逝。亡後遍身皆冷，頂上猶溫。翌日中午，四肢柔軟，面色如生。春秋七十有三。

——《明倫》一三四期。

57 楊欽芳居士（一九〇七—一九八三）

楊欽芳，浙江人。居士初不信佛，年七十五，其子暴病身亡，因感人命無常，遂發心吃素念佛。每念佛時，其音懇切，鄰居皆聞。由初發心直至往生，修持未滿兩週年。一九八三年九月末，居士患感冒，十月四日開始臥床。自見有一白蓮華苞落於胸前，家人皆聞室內異香馥郁，半日始散，居士於病中了無痛苦。

十月廿八日傍晚，忽囑家人：「**汝等快助吾念佛，吾要隨阿彌陀佛去了。**」家人問：「**見佛否？**」答言：「**見！**」隨即雙手合掌，作禮佛狀。家人請蓮友助念，林居士竟阻之，曰：「**夜間勿請人了！**」又大聲云：「**讓開些，佛來了！**」繼以其「指」書子之名。居士胞妹已信佛多年，見狀即正言，告兄曰：

「**汝今臨終時至，宜一意西方，從此了生脫死。要放下萬緣，怨親都不思量，唯念阿彌陀佛，隨阿彌陀佛去，不可思念兒子。**」

居士點頭應諾。時有多人於室內齊聲念南無阿彌陀佛，居士亦隨聲默念，未幾，含笑西逝。廿四小時後，舉身柔軟，頭頂猶溫。世壽七十有七。

——《近代往生隨聞錄》頁一三〇—一三一。

《佛說十一面觀世音神咒經・卷一》（《大正藏》第二十冊頁一四九中）

持此呪者，現身即得十種果報，何等為十？一者、身常無病。二者、恒為十方諸佛憶念……十者、不受一切橫死，是名為十。

現身復得四種果報，何者為四？一者、臨命終時得見十方無量諸佛……四者、命終之後，生無量壽國。

58 張善德居士(一九三二－一九八三)

張善德，臺灣臺北人。自幼即皈依三寶，生於佛化家庭。大學畢後，心繫出家，經常出入佛寺。因係家中獨子，於雙親安排下結婚生子，故未能如願。然居士出離心日益倍增，日課佛號三萬，持之以恆，從未間斷。踴躍參與法會，協助法師義不容辭。鼓勵他人信佛，普勸放生，印佛書，建道場，發心勇猛，始終不變。

一九八三年五月六日上午，居士於定中念佛至「一心不亂」之境，忽見極樂世界種種莊嚴，阿彌陀佛為諸天人、菩薩說法，其定中所見，與經中所言，無二無別。出定後，深覺娑婆世界汙濁，五欲六塵，易染道心，不易修行。應發大心，求生淨土，親聽佛法，證得菩提，乘願再來，度化有情。自居士見此瑞相後，日課佛號增至五萬，如此持續數月，最終得獲「預知時至」，肯定當日即將往生，並對妻言：

「念佛求生淨土者，若心無間斷，見佛不難；若間斷心一生，絕不見佛；既不見佛，與佛無緣；與佛無緣，難生淨土；淨土不生，必墮惡道。因此，需心不離佛，佛不離心；心佛不二，則感應道交，見佛現前。若能見阿彌陀佛，即可見十方諸佛；既見十方諸佛，則可見自性佛，可得自性大用現前。依此自性大用，起大慈悲心，廣度眾生。此名淨土禪，亦名禪淨土。」

言畢，作吉祥臥，於眾等念佛聲中，泊然寂化。世壽五十有一。

——《優婆塞列傳》頁一一六——一一八。《淨土法門》。

《何耶揭唎婆像法・卷一》（《大正藏》第二十冊頁一七〇中）

用「何耶揭唎婆心呪」，呪三七遍已……一呪一投當前面上至八千遍……得七寶轉輪聖王。命終以後，生安樂國，從觀世音足下而坐。

59 邱番薯居士（一九〇二—一九八四）

邱番薯，臺灣臺北人。年七十八，中風。一九八四年，切除左腿，胃又出血；家屬決定返家，與淨廬念佛會蓮友助念。因居士未曾聞法，故僅耳聞佛號，口未念佛。翌日，親友乘機開導，善巧安慰，令生信願。居士始偶爾隨眾念佛。之後，曾二度面向助念者，破顏微笑，頻頻點頭。

第三日，已要求更衣，連稱：「**再見！**」起身坐視佛像，一再求佛速來接引，大聲念佛號六聲畢，言：「**吾喜歡聽『阿彌陀佛』**。」遂於助念聲中，安詳而逝。世壽八十有二。

——《明倫》一四六期。

60 楊金田居士（一九〇一——一九八五）

楊金田，臺灣新竹人。年幼喪母，祖父及父親均為佛弟子。自幼深受薰陶，信佛茹素。事親至孝，婚後依然如故，數十年不變。遇有牲畜死屍，必妥為掩埋，並念佛迴向，以安亡魂。晚年，子女事業有成，亦十分孝順。每有金錢奉養，居士全數救助貧戶，或護持道場。平日持五戒，精勤念佛，過午不食；收聽「蓮友之聲」，以解行相應，願求往生。

一九八五年二月廿六，楊居士身著海青，於子女及蓮友助念下，安詳往生。春秋八十有四。

——《明倫》一八〇期。

61 羅立富居士（一九〇四──一九八五）

羅立富，臺灣苗栗人。夫人張慶祝居士，曾任臺中蓮社董事。居士心地淳厚，勤儉謙和。年六十三開始念佛，後因胃疾，食物難以下嚥，深感痛苦，覺悟無常。此後，早晚課除誦《彌陀經》外，佛號六千，月持十齋，從未間斷。

一九八五年，羅居士往生前數月，又因胃疾所纏，一度忘失念佛。夫人撥放「大勢至菩薩念佛圓通章」錄音帶，居士遂又提起佛號。夫人以助念之利益，曉諭親眷，居士聞之，心無罣礙，隨同念佛。一九八五年七月廿九日，持續念佛不斷，居士忽向蓮友稱謝，於眾等助念聲中，安詳西逝。世壽八十有一。十二小時後，身軟如綿。荼毗，獲舍利數十。

──《明倫》一五七期。

62 陸湘田居士（一九一三—一九八五）

陸湘田，字少雲，河北通縣人。陸軍上校退役，轉任臺灣省政府秘書處檔案股股長，一九七八年退休。熟稔藝文掌故，喜好書法，以文字廣結有緣。亦好戲曲。地方語言，多能上口。多才多藝，談吐幽默，熱心助人。親友部屬，引為知交。居士因其妻之因緣，信受三寶，持名念佛。常恭錄經典及祖師語錄，深信淨土不虛。曾書一聯，云：「**垂名千古易，無愧一心難**。」期生極樂。

一九八五年七月，氣喘舊疾轉劇，專念彌陀，求願往生，耳旁念佛機之佛號不斷。八月二日五時，於親眷念佛聲中，安詳往生。居士之女，信佛多年，因家務不克侍側。當日下午四時三十分，於自家中求佛加倍，朦朧中見蓮華樹歷歷，光明無比，各色蓮華莊嚴美麗，其中一白色蓮座，來迎其父。後電話查詢，方知陸父已於五時往生矣。世壽七十有三。荼毗，得五彩舍利花數十。

——《明倫》一五八期。

63 李炳南居士（一八九〇——一九八六）

李炳南，山東濟南人。號雪廬，法號德明，別署雪僧、雪叟。元配張德馥夫人早卒，繼配趙德芳，子俊龍、孫女珊、彤均在濟南故里。自幼聰穎好學，經、史、文學及醫學，均博涉精通。研究佛學，教、禪、密、淨，皆嘗修持，終歸於淨業，皈依印光大師，偶閱豐子愷之《護生畫集》，深感弭兵之本，在於戒殺護生。

李居士初於濟南、莒縣、重慶講經說法，並協助太虛大師於重慶宣揚佛法。抵臺後，即覓弘法之所，佛家儒家之經典，兼容並蓄；出世入世之學，淵博異常。初期講經於法華寺、靈山寺、寶覺寺、寶善寺、佛教會館、慎齋堂、菩提道場等地。一九五〇年與董正之、徐灶生、朱炎煌、張松柏諸居士，籌組臺中市佛教蓮社。翌年，由許克綏、朱炎煌居士發起，購蓮社現址，經二、三十年建設，方為現今之雄傑氣象。一九五八年，設慈光圖書館。一九六四年，協助印順、演培法師建太虛館。更建立許多佈教所，為講經說法之道場。

居士慈悲為懷，遵守印光大師祖訓，特倡明倫理，故創辦《明倫月刊》，將佛家五明、儒家五倫，鎔於一爐。苦心辦理許多培育英才之班、團、社、座。以造詣極深之經史醫藥、詩、書法來宣揚法音。居士自持嚴謹，諸機構供有宿舍，概辭而不受。食唯飯蔬，定時少量。弟子若有奉養「束脩金」者，悉以弟子之名，再轉為慈濟功德，隨緣法施、財施。嘗言：「一息尚存，不忍閒逸也。」自一九六八年啓講《華嚴經》，聞法者擁塞講堂內外，恆逾千人，有遠自屏東、高雄、臺北而來者。

居士宣講佛法，引經據典，時時勉勵深信因果，老實念佛。嘗云：

「吾曾從北京眞空禪師學參究法，與濟南淨居寺方丈客觀公同參八年；後復學密法於白教貢噶呼圖克圖，紅教諾那呼圖克圖，如法持咒，亦有八年；愧皆無成，確信印祖之提示，依舊專修念佛一法。」

講經時，聲音宏亮，晚年惟因屢次食物中毒，體力漸弱，然講經未嘗中輟。一九八六年三月，再三勸眾，加緊念佛。四月十二日，語弟子：「**吾要去了**。」翌日凌晨，仍念佛不輟，並以「**一心不亂**」囑咐諸弟子，吉祥臥逝。春秋九十有七。著有《阿彌陀經摘注接蒙暨義蘊》、《大專學生佛學講座》六種、《佛學問答類編》、《弘護小品彙存》、《內經摘疑抒見》、《內精選要表解》、《詩階述唐》、《雪廬詩文集》行世。

——《李公雪廬導師平生簡介》。《李炳南先生事略》。

《聖賀野紇哩縛大威怒王立成大神驗供養念誦儀軌法品・卷二》（《大正藏》第二十冊頁一六八下）

斷言語念誦……命終以後，生安樂國，從馬頭尊（即「觀音菩薩」）足下而生。

64 蔡寶龍居士（一九一七—一九八七）

蔡寶龍，臺灣臺中人。一生克勤克儉，於社頭鐵路局站長任內退休。因病就醫，遇鹿谷淨律寺照因法師，後因法師慈悲蔡居士不良於行，親臨居士寓所，為之說法皈依。居士遂一心至誠念佛，從不間斷。

一九八七年十一月三十日，居士因疾住院。尚未聽聞佛法之子孫，皆排班助念，日夜不斷。越日，子孫聞優雅之天樂，凌空而至。第三日凌晨三時許，更見三道耀眼白光，接近蔡居士。五時四十分，三道彩色光華再次降臨，居士便於此瑞相中，安詳逝化。聞者莫不讚嘆其念佛功德不可思議。世壽七十。

——《上國郵》二四・二五合刊。《優婆塞列傳》頁一九九—二〇〇。

65 葉東波居士（一九一七—一九八八）

葉東波，法名智賢，臺灣臺中人。幼年喪父，家徒四壁。自奉甚薄，刻苦耐勞。維持家計，甚是清苦，但對手足仍經常支援。晚間，尚熱心於公益事務。雖沉默寡言，但樂善好施，數十年如一日。家庭和樂相處，子女事業有成，居士卻勤勞如昔，除忙農事，更積極於公益。後聞李炳南居士講經，即全家學佛茹素，專修淨土念佛法門。

居士平日念佛，時念時斷，並無恒一。一九八八年七月，臨終前七日，忽勇猛精進，日夜朗朗念佛。七月十日晨，居士虛弱異於平時，全家圍繞，共同念佛。十時半，居士已無法隨眾念佛，其子言：「**耳聽吾等念佛，心中憶念阿彌陀佛，願求往生**。」至午，居士凝視西方三聖像，安詳而逝。翌日，身體柔軟如常。世壽七十有一。

——《明倫》一八九期

66 周宣德居士（一八九九—一九八九）

周宣德，字子慎，江西南昌人。年八，就讀南昌第一高等小學，年十四考入江西第一中學，畢業後逕升北京工業大學化工系。初服務於教育界，後從事教育行政工作，來臺後任職台糖公司。居士個性質樸，生活清簡。處境艱危，亦不違心。一九五一年，皈依華嚴蓮社智光老和尚，開始學佛弘法，終其一生。

因參訪各佛教團體，深深遺憾自稱佛教徒者眾，具正知見者少。精深之哲理、高明之教義，竟淪為迷信膜拜之俗教。遂發心策畫「空中弘法」，邀約緇素大德，每日晨間播出「**佛教之聲**」，並引導知識青年學佛。以淨化人心為己任，安定社會為職志，不遺餘力，以其至誠，後得慈航、南亭、印順諸上人慈悲護持。

自一九六〇年起，周居士輔導各大專院校成立佛學社團，由臺灣大學率先成立晨曦學社，師大中道社亦跟進，先後達六十五所社團。復創慧炬雜誌社、慧炬出版社，以文字般若啓迪青年。並辦「慧炬粥會」，延請高僧大德、學者專家，作專題學術演講。居士亦常應邀至各寺院及大專社團講經說法，並屢次代表我國，出席世界性佛教會議。

一九七九年，遵醫師指示，赴美靜養。將自宅捐贈予慧炬出版社，並將各界所贈之八秩大慶禮金，悉數捐作「慧炬基金」，接引青年學佛事業，得以繼續。更捐出退休金，集資興建「慧炬大樓」，特闢虛雲、太虛、印光三大師紀念堂。財施、法施，數十年不懈。一九八四年，美國洛城法印寺成立「淨業助念會」，居士任副會長，念佛或其他法會，從不缺席。周居士曾強調：

「念佛法門至爲平實，只要執持名號，口念而心專一，念久自然感應阿彌陀佛顯現。」

「只在文字上求解，其猶說食數寶，不如學老太婆念佛，當生即了生死。」

「修淨土可橫出三界，只要一心念佛，備辦淨土三資糧，效法普賢行願，臨命終時，順利往生，親受彌陀教育不退轉，直證補處菩薩，乘願再來與諸道友通力合作，淨化濁世苦眾身心，同登極樂，共成佛道。」

一九八九年八月二日，壽終正寢，安詳往生。春秋九十有一。編有《佛學廣播詞》三冊、《大專學生佛學論文集》四冊，平生講演說法、文章書簡，彙集為《淨廬佛學文叢》。

—《慧炬》三〇二・三〇三合刊。《慧炬》四〇九・四一〇合刊。《明倫》一九六、一九七期。

67 鮑孝孔居士（一九二〇——一九九〇）

鮑孝孔，安徽人。家鄉因先後六次遭長江大洪水淹沒，六次傾家蕩產，心衰力竭，積勞成疾。胸口更患腫瘤，醫藥罔效。一九八七年，因讀《印光大師文鈔精華錄》，內心猶如撥雲見日。遂至九華山懺悔宿業，皈依三寶，立志修行。每日禮佛、念佛，從不懈怠。一個月後，腫瘤竟不藥而癒。居士遂感佛力不可思議，修持更精進、虔誠。每日除切實念佛外，誦《法華經》一品，持之以恆，從未間斷。

一九九〇年十二月，忽感不適，五日晨，謝絕茶飯，僅端坐念佛，朗朗有聲。入夜因咳嗽加劇，無法出聲念佛，遂由子女助念，居士改以「心」念佛。翌日中午，居士雙目炯炯有神，凝視佛像，嘴唇微動。於子女念佛聲中，倏然坐起，雙手合掌，安詳逝化。四日後，四肢柔軟，面色如生。世壽七十有一。

——《鮑孝孔居士往生記》安徽迎江禪寺印

68 王象居士（一九〇三—一九九二）

王象，臺灣彰化人。為人慈悲，樂善好施。雖尚無緣皈依，每日凌晨四時即起身念佛、拜佛，早、晚各修持三小時，風雨無阻，數十年不斷。見居家附近道路，車輛眾多，行人穿越，十分危險，便於自己土地上開路、鋪設，使學校師生及行人，方便行走。

一九九一年底，某晚就寢時，居士與其次子，均見莊嚴閃爍之蓮華，飛進屋內。此後，居士便至每一子女家中輪流小住，並言：「**最後一次來此，吾要往生了**。」一九九二年一月中旬，再次見到蓮華飛進屋內，並有聲音，云：「**下個月來接！**」居士遂又向子女、兄弟一一辭別。二月十三日，聯絡子孫們返家，己則於外出返家途中，毫無傷病，溘然逝化。世壽八十有九。當晚助念時，蓮華第三回出現。往生後一個月，其次子朦朧間，見居士乘坐蓮華，全身金色、身形高大、年輕莊嚴。言：「**極樂世界眾等，皆如此殊勝！**」並囑：「**好好念佛！**」

——《花開見佛》頁一五二—一五七。

69 黃念祖居士（一九一三——一九九二）

黃念祖，湖北江陵人，法名龍尊，亦號心示，別號老念、不退翁。生於佛教世家。祖上五代單傳，代代皆信佛。早歲專攻無線電信工程，大學畢業後任職於電臺。解放後任北洋大學、天津大學、北京郵電學院教授。年輕時初讀《金剛經》，於「**應無所住，而生其心**」之句深感其妙，受大震動，故引發「**以凡夫心欲臻此境，唯有念佛或持咒**」之念。一九三六年，於夢中覓「**家**」不可得而初悟。

黃居士皈依虛雲老和尚，隨舅父梅光羲參學法要，潛心教典。於密宗皈依紅教蓮華正覺王上師，及白教貢嘎上師。一九五九年繼承蓮花精舍金剛阿闍黎位，日課持誦真言四至五萬。復蒙夏蓮居老居士獎掖，為入室弟子，夏老開示云：「**持戒念佛看經教，察過去習毋自欺。**」對居士有很重大的啓發。後居士於中國佛學院、居士林、廣化寺多次弘法，並開設淨宗講座，其對淨土修持有諸多貢獻，如云：

「誦經修法都是好事，但均宜精要，而不應繁多。總以隨時隨地持名爲主，其他一切均是助行，不宜喧賓奪主。一切善行，一切功夫，一切境界，總不如老實念佛，念念相續。」

「一心念佛，就是念時心中專一，只有這句佛號。念時萬緣放下，一切都不想，心中沒有任何其他念頭，就是『心不餘緣』，這樣念就是一心念。」

「您當前的第一件大事，同時也是唯一的一件大事，那就是一句彌陀念到底，『萬緣放下，一念單提』，了生脫死，唯此一法。所謂萬緣，不僅柴米油鹽、妻兒子女、富貴榮華、地位聲名、功勳事業、學術文章等等世俗之緣，實則您今日信中所問之咒名，與所求之聖像等等，亦在萬緣之中。」

「定課不妨少，但是不許中斷……定課可以少一點，比方十分鐘，但是還有其他很多的時間可以利用。例如排隊、坐車、採購、聽無聊的發言等等這些事，占去你多少時間？這些時間本來很煩人，可是利用來念佛念咒多好，這是廢時利用。我最提倡廢時利用，廢時利用的天地非常廣闊，而且減少煩惱，你不著急了，什麼事你也就安穩了。別人占去我的時間，很著急，很不耐煩，現在反正我念著佛呢，我這兒有正用。所以在什麼時候，什麼地點，常常都能提起這一句，這是根本的修持。」

黃居士因身患疾，本應休養，然而弘法心切，為加緊完成諸多著述，經常廢寢忘食。終因勞累過度，於一九九二年三月廿七日凌晨，示疾往生。臨終前欲語不能之際，但灑然一笑，全無牽掛。春秋七十有九。著有《大乘無量壽經解》、《淨土資糧》、《谷響集》、《華嚴念佛三昧論講記》、《心聲錄》，及未完成之《大乘無量壽經白話解》半部行世。

——《淨宗學會・六十周年紀念》頁二一三——二一四。

70 廖陞南居士（一九一九—一九九三）

廖陞南，法名妙音，台灣嘉義縣人。一九九二年始歸依三寶。一生務農，清苦平淡。由其子廖榮尉居士引導學佛、念佛，初始並不積極。後以種種善巧方便，使居士能體會無常，及生死輪迴之苦。居士以往從不做夢，一九九二年某日，卻夢見六道生死輪迴之恐怖景象。由此次因緣，於生死有深切覺悟，念佛求生西方之信願，更為堅定。

一日病疾，經醫師診斷為末期「肺癌」，其子勉勵父親放下妄念，一心念佛，廖父答：「**吾不依靠阿彌陀佛，要依靠誰？如不求生西方淨土，要往那裡去？**」某日，其妻依風俗，拿一疊紙鈔，要居士帶身上，居士拒絕，並言：「**吾去淨土，不需帶錢。**」問是否有遺言或罣礙，答：「**都無，一心只想見阿彌陀佛，接引往生西方。**」後因癌細胞已蔓延至腹腔，然拒絕服藥，且云：「**吾要盡早去極樂世界，不能執著此身**」又言：「**臨命終時，阿彌陀佛若前來接引，必定馬上讓汝等知道。**」

廖居士發病期，並無接受化學或放射線治療，唯服草藥，亦無使用止痛劑。

然對彌陀及淨土深具「**眞信切願**」，並以至誠心「**憶佛念佛**」，故蒙佛力威神加持，方能減輕病苦。

一九九三年農曆八月十七日，居士首次見阿彌陀佛於門口出現。十八日晨八時，復見到阿彌陀佛現前，並用手指佛言：「**阿彌陀佛來了，在那裡！在那裡！阿彌陀佛很高大，坐著。**」九時許，居士第三次見到阿彌陀佛，同樣用手指佛說：「**阿彌陀佛又來了，在那裡！在那裡！待會要帶吾去了，再見啦！再見啦！**」自下午二點至晚上八點，居士皆不停念佛，大聲呼喚彌陀接引。晚上八時許，居士忽大聲念一句「**阿彌陀佛**」後，隨即側臥，安詳往生。世壽七十有四。其子媳於返家途中，亦見西方三聖接引老菩薩之聖境。荼毗，得舍利數枚。

——《妙音居士往生見聞記》。《戒邪淫網》網站資料。

71 沈世寧居士（一九一四—一九九三）

沈世寧，大陸浙江人。祖母和母親皆信佛，故自幼即深受熏陶。年廿七，患肺病第三期，已是不治之症。故專念《白衣大士神咒》與觀世音菩薩聖號，病竟霍然痊癒，從此篤信佛法。每日四時早課，從不間斷。曾任上海市佛教協會常務理事。常盡心力集資，支援各名山修塔廟，塑佛像，並印行經書，普遍贈送，倡導放生。凡弘法利生之事，不論大小，均傾全力贊助。

沈居士晚年多病，一九九三年春，自知住世不久，選擇普陀山為捨報之所。獲普陀山方丈妙善法師慈悲許可後，與妻至普陀楊枝庵靜養。居士往生前二週，對其妻言：「**吾將於觀世音菩薩聖誕，農曆六月十九日以前往生**」。又囑咐：「**吾去後，汝要多念佛**」。並向楊枝庵中師父云：「**吾往生時，請來助念**」。

果於六月十一日下午二時，安詳而坐，手結彌陀印，心默念佛。時楊枝庵法師前來助念，並開示云：「**沈老！萬緣放下，一心念佛，求生西方！**」居士點點頭，仍默默念佛。下午六時許，遂安詳西逝。助念廿四小時後，居士面色清潤，神態安詳。十三日入龕，結跏趺坐，儼然如生。世壽七十有九。

——《弘化》創刊號。《戒邪淫網》。

《佛說老母經・卷一》（《大正藏》第十四冊頁九一三上）

佛言：大德巍巍，以是故而即解。是「老母」者，是我前世「發菩薩意」時母。

阿難白佛言：佛前世時母，何因「困苦貧窮」如是？

佛言：乃昔拘樓秦佛時，我為菩薩道，意欲作沙門，母以「恩愛」故，不聽我作沙門，我憂愁，不食一日。以是故「前後來生」世間，五百世遭厄如是。

佛語阿難：是老母壽終，當生阿彌陀佛國中供養諸佛，却後「六十八億劫」當得作佛，字扶波健，其國名化作。

72 黃錫勳居士（一九三四—一九九四）

黃錫勳，臺灣高雄人。以醫為業，後赴美，一九六六年設立「社區醫療保健中心」。居士常提醒同仁：「**醫院與醫生之任務，不只醫治有錢和有保險者，亦有責任爲貧者服務。**」此中心，位於該市最亂地區，巴爾的摩太陽報曾以「不是人住的地方」為標題，連續報導這「五濁惡世」最「劇苦極悲」的地區，廿七年來，此中心診療過五萬五千餘名病患，均屬貧民。一九九二年春，黃居士因病提早退休，巴爾地摩市長更宣佈三月十二日為「黃錫勳醫師日」。

一九九一年十月，黃居士罹患腺型肺癌。開刀後，發現癌細胞已擴展，更擴散到腦和脊椎。雖然居士生長於佛教家庭，但除了燃香拜佛外，未讀過佛經。罹病後，真正用心讀的是《佛說阿彌陀經》，雖然癌細胞已擴展至腦部，無法集中精神看書，但居士言：「**《阿彌陀經》裡，每一頁，都充滿了一尊尊小小的阿彌陀佛。**」遂每日早晚拜佛念佛。

一九九四年一月十六日，為居士六十歲生日。午睡時，夢見西方極樂世界，居士云：「**整個世界充滿光，樹發光，地發光，天空亦是光。**」又說：「**一看此地，便覺非常舒服、歡喜，而且莊嚴美麗。**」後礙於親情難以割捨，放不下；復夢阿彌陀佛問：「**是否已準備好要來此？**」居士答：「**吾還未下決心。**」往後又夢見好幾次，總是未給阿彌陀佛肯定的回答。

一九九四年五月，與妻共修《無量壽經》，嚮往極樂世界，增加往生信心和願力。並將念佛機置於居士房間，俾使能時時憶佛念佛。妻言：「**汝到西方極樂世界，一定要通知，讓吾等放心。**」居士答：「**一定會讓汝等知道的，請放心！**」九月初，居士復夢見阿彌陀佛，為其開一場盛大之「歡迎大會」。醒來後，對其妻言：「**歡迎大會實在太棒了，佛、菩薩與蓮華均十分莊嚴殊勝，大約有五百位佛菩薩。吾一定要去，不再考慮了。**」自從夢見「歡迎大會」後，常見西方三聖自鏡框走至居士面前，更有許多菩薩跟隨在阿彌陀佛之後。

十月十日，又夢見阿彌陀佛，居士言：「佛知道吾曾救了許多人，做許多善事。現在亦有多位菩薩與善知識，爲吾拜佛、念佛和迴向，屆時佛一定來接吾。」顯得非常安心和自信。最後十天，無甚痛苦。往生前三日雖無法言語，但正念分明。家屬於耳邊念佛，居士心中也念。一九九四年十月十四日下午四時，安詳往生。世壽六十。於助念中，其妻見「佛光、蓮華」及黃居士以「紫磨金色身」回報彼已往生，一切皆如《無量壽經》所說無異。

——《美佛慧訊》三七期。《不可思議的念佛功德－黃錫勳醫師的生平與往生經過》。《戒邪淫網》。《跨世紀蓮池會》頁一九四—二一二。

73 崔吉居士（一九三八—一九九五）

崔吉，山西人。自幼家貧，年五便喪母，年七即隨父至煤礦坑做苦力。歷盡苦難，卻也養成「濟貧救人、捨己成人」之德。一九六一年，奉養一位無依無靠之孤獨老鄰，寧可挨餓，也要讓老者吃飽，奉養二年後壽終。一九八二年，奉養一位半身不遂、八十二歲貧孤老翁至家中一年，養老送終。鄉里競誇，傳為美談。

一九八五年冬，初聞佛法，即至五台山受三皈，一九八八年七月受五戒，一九九二年受菩薩戒。持戒清淨，念佛精進，放下萬緣，志心西歸。凡遇修寺造像等三寶功德，莫不盡力而為。一九九五年二月，往生前，遍訪親戚道友，言：「**吾要生西方矣！**」安排後事，全依佛教樸素辦喪事。並叮囑妻兒：「**千萬勿忘念佛，要像吾一樣，預知時至。**」六日，沐浴更衣，念佛不絕。次日凌晨三時半，一道白光從空而起，安詳坐脫，如入禪定。世壽五十有八。

—上述根據網路《戒邪淫網》、《佛教城市》資料。

74 尤家祿居士（一九二一—一九九六）

尤家祿，江蘇人。曾任大廠鎮代理鎮長，先後於二七二煤田、江蘇省交通廳、新華船廠等處任職。為人隨和厚道，嚴於責己，寬於待人，生活儉樸。一九九五年初，不慎摔倒，引發中風，十分痛苦。居士女兒信佛，為求佛菩薩保佑，一者放生，二於佛菩薩像前發大願。僅九日，居士病即痊癒，並開始念佛。一個月後，於金粟庵皈依三寶。

尤居士每日念佛，初約四十分鐘，後增加至四小時。往生前幾月，凌晨三時起床，四時念佛至六時，八時後又繼續一小時。並反覆聽《無量壽經》、《阿彌陀經》、《觀無量壽經》與《普賢行願品》講解。念佛極誠懇切，往往感動淚流。一年多，共念阿彌陀佛聖號，達五百萬聲以上。

至往生前一週，居士絕少出門，全部用功在念佛、拜佛、聽經。並訪金粟庵，燒香拜佛，供養常住。往生前二日，梳理頭髮，沐浴淨身。往生前一晚，居士女兒忽覺應返家探視，一進門即嗅到極濃檀香味，此濃香味已持續二、三日。此時，居士正集中精力念佛。

一九九六年九月三日晚，尤居士依平時習慣，八時就寢，方躺下，忽起身，站於床邊，面向彌佛聖像，發出輕微念佛聲，並慢慢躬身彎腰，頭置床上。兩腿直立，兩手心向上，頭置兩手間，呈跪地拜佛之姿。夫人覺異，呼喚數聲無應，竟已無氣息。全家持續念佛，居士嘴唇泛紅，面帶笑容。助念八時後，面色較生前更莊嚴，頭頂猶溫。世壽七十有五。

——《e世紀往生傳．一》。《跨世紀蓮池會》頁一六三——一六七。

75 張杏纔居士（一九四四—一九九六）

張杏纔，江蘇人。奉公守法，事母至孝，早年參與道教。一九九二年，聞淨土法門，捨道向佛。一九九五年罹食道癌，不開刀，一心念佛，志求西方。至上海通北路念佛，早晚一百零八拜佛、念佛、誦《無量壽經》。僅八日，病竟痊癒。自此，日課誦《無量壽經》數部，念佛、繞佛，精進不懈。

一九九六年七月，張居士預知時至，並言：「**要站著往生**。」臨終前開始斷食、斷水。十月五日六點言：「**佛菩薩來了！**」身無疾苦，安詳西逝。往生後廿六小時，全身柔軟，面色如生，頭頂長出黑髮。世壽五十有二。

——《妙音集—張杏纔居士往生西方極樂世界記實》。

76 許恩賞居士（一九一一—一九九六）

許恩賞，臺灣新竹人。年七時父母便相繼過世。篤實勤奮，品學兼優。後開設「中央藥局」，忠信老實，事業成功。喜愛運動，為臺灣桌球界之前輩，曾代表臺灣參加運動大會，獲最高殊榮。稍長，改打網球。年六十，依然榮獲網球冠軍。許居士自幼篤信佛教，熱衷佛法，頗有研究。亦受其妻精進念佛之策勵，早晚課誦念佛，從未間斷。知足常樂，且為善不欲人知。

居士年逾八十，每日運動後，仍以冷水盥洗，雖是寒冬，依然如是。一九九六年九月，忽感微疾，送醫治療。雖日益虛弱，但毫無苦痛。住院十日，於眾等助念聲中，正念分明，安詳西逝。春秋八十有七。荼毗，獲五彩舍利一千二百餘顆。

——《慈光通訊雜誌》十八期。

77 張燿昌居士（一九二六—一九九七）

張燿昌，臺灣臺中人。曾任公職於后里鄉公所，退休後經營石材公司。心地寬厚，為人謙虛，無現實之商賈氣。一九七六年學習梵唄，受李炳南老居士感召，發心於自宅設立后里佈教所。禮請善知識講經弘法，又組助念團，舉辦國學啓蒙班，並安排念佛共修、舉辦法會，不疲不厭。擔任菩提仁愛之家董事，為慈善事業出錢出力。

一九九六年，張居士患肝腫瘤，隔年六月，因癌細胞擴展迅速，病情轉劇。六月廿六日，居士眼望彌陀聖像，面帶微笑，安詳捨報。世壽七十有二。

——《明倫》二七七期。

《不空罥索神變真言經・卷七》（《大正藏》第二十冊頁二六一上）

日誦千言，為人愛敬，若命終已，直生「西方」，蓮花化生，識宿住智。

78 陳進池居士(?—一九九七)

陳進池,法名淨池,臺灣人。早年聽經,但未深入。至一九九六年罹淋巴癌,方受開導,漸入佛法。每日讀誦《藥師經》、《普門品》、《地藏經》、《阿彌陀經》等,持續一年。一九九七年,癌細胞蔓延全身,因不捨家人,不欲往生。時道證法師以種種善巧譬喻,增其信念,並求佛哀祐居士,對居士云:「能安然放下,歡喜提起往生之信願、人有眞願,佛有感應。」居士之妻亦慰彼言:

「吾等以後也去極樂世界,汝先行,再回來度吾、度眾生。此娑婆太苦,病痛太折磨,是吾所不忍。西方極樂世界有七寶池、八功德水,金沙布地。汝名『進池』,記得進入西方清淨七寶蓮華池!」

經眾等鼓勵、念佛下,居士面容平靜,毫無病態,一念放下,念佛不斷,即滿面紅光。後自醫院返家念佛後,竟無需止痛、點滴,手腳較之前靈活,並向醫護人員一一致謝。時員林蓮社鑑因法師,自在親切、辯才無礙,對居士講説極樂殊勝。居士眼睛為之一亮，心悅領受而笑。於最後剎那，陳居士竟舉起已久不靈活之手，揮手與眾告別。母親亦破涕笑言：「**眞是佛祖引領去矣！**」助念八時後，身體柔軟如綿，面仍含笑如生。居士以「**笑著往生**」度化母親信佛念佛，是為人間最大之孝也。荼毘後，得舍利子數枚。

──《笑著進入七寶池》。《明倫》三二五期。《e世紀往生傳・一》。

《金剛頂瑜伽理趣般若經》（《大正藏》第八冊頁七八一中）

若是「經典所在之處」，此地則為有諸「佛塔」。若諸有情，愛重此經，常隨守護，不離身者，是人應受一切世間恭敬供養；是人當得宿命智通，能知過去無量劫事；不為一切諸天魔波旬之所擾亂，四天大王及諸餘天常隨衛護；一切諸佛及諸菩薩恆常供養攝受，「十方淨土」隨願往生。

79 林振龍居士（一九二九—一九九七）

林振龍，臺灣臺中人。服務於臺灣鐵路管理局。性情開朗、平易近人。妻逝後，獨力撫養三男四女，嚴父兼慈母。一九九四年罹腺癌，仍念佛共修，充實快樂。一九九六年十月底，肩膀痠疼，藥石罔顧，至淨業精舍念佛三日，竟不藥而癒。自此，虔誠精進念佛。一九九七年四月，臂疾復發，但仍參加共修念佛不輟。

一九九七年五月十七日林居士住院，仍念佛不斷，言：「**念佛即不痛，不念就痛**。」要求回精舍念佛往生，隨著蓮友繼續念佛不斷。半夜一時，居士言：「**阿彌陀佛踏著蓮華至面前**。」雖已七日未進食，卻很自在，心無貪戀，意不顛倒。五月廿五日，臨終前雙手合掌，大聲念「阿彌陀佛」後，正念分明，安詳捨報。世壽六十有九。

——《明倫》二七九期。

80 陳俊彥居士（一九六七—一九九七）

陳俊彥，臺灣高雄人。天資聰穎，孝順父母，恭敬師長，潔身自愛。生於佛化家庭，自皈依三寶後，恭敬護持，常行布施。因課業繁忙，專心學業，自認尚年輕，祈學業完成、事業成就、生活安定，實現願望後，再勤學佛。平日只偶爾念佛，兼讀誦《無量壽經》與持《大悲咒》。後至美國哥倫比亞大學攻讀電機碩士學位，畢業後服務於美國AT&T。

一九九六年九月，忽然昏倒，檢查竟得胃癌，決定回臺醫治。後經診斷，決定不開刀，不作化療，把握生命，加緊念佛，用功修行，俾蒙彌陀慈悲願力接引，往生極樂。其姊悟正法師勸言：「**有生必有死，本來就無常，遲早須走這一段。面對死亡，無法逃避。父母親吾會照顧，不必掛念。一旦往生極樂，必定一生成佛，方能眞正照顧吾等。放下萬緣，一心念佛，求願往生，勿再輪迴。**」

陳居士住院時便發心吃素，中醫師曾要求需燉牛肉、胡蘿蔔湯補血，居士堅持寧捨生命，不食眾生肉。聽《地藏經》，知地獄罪相，更堅定今生需了生死、出三界，永脫輪迴之決心。於是日禮佛三百，念佛一支香，誦《佛說療痔病經》廿一部，餘時念佛，偶拜八十八佛。自此，無再疼痛出血，也不需打止痛。遂於一九九六年十二月四日求受五戒，持戒清淨，勤修十善。嘗言：

「**學佛無成就，在於聽完經後，無認眞依教奉行，只當作佛學常識。認爲還有明天，死亡還很遙遠，如此日復一日，沒有認眞念佛修行，生死心不切。吾已患癌，隨時可能死，再不認眞，求願往生，定墮三惡道。今生定要往生極樂才行。**」

後不看電視報章、不聽廣播、不說閒話。徹底看破，放下萬緣，決志求生淨土，精進用功，不受打擾，一向專念彌陀。偶遇親友探望，則迴避不與閒話，僅請雙親代為致意。每日餐畢，碗筷一放下，即念佛經行，僅於用餐及睡眠時休息，終日說不到兩句話。往生前三日，對父母言：「**吾病是要示現於汝！**」並向父母辭別。忽問母言：「**是否有信心，今生往生極樂？**」母答：「**可能吧？**」居士說：「**如此不行，定要眞信、切願往生極樂，並眞心念佛方可。**」

一九九七年四月廿一日，陳居士正念分明，無煩惱相。突然，高聲念「**阿彌陀佛、阿彌陀佛、阿彌陀佛……**」三回，於「**阿**」字聲中，溘然西逝。是日上午十時，胞姊悟正法師忽見西方三聖前來接引，居士於桃紅色蓮華上回眸一笑，便從西方消逝。

陳居士往生後，下午約四時許，忽聞從空傳來居士之聲，曰：「**悟正師、悟正師，吾在極樂世界，很快樂！**」事出突然，悟正師不以為意，仍一心念佛為弟弟助念，未久，又有聲呼：「**姐姐！**」法師方才驚訝注意聆聽，竟是弟弟的聲音。

居士對悟正師言：「**吾眞在極樂，汝怎不信？**」

法師答：「**太好了！**」

為求證，師又問：「**如在極樂，往生哪一土？**」

答：「**凡聖同居土。**」

師再問：「**何等品位？**」

答：「**中品下生**」

為求實事，師又問：「**如眞往生極樂，證明與吾。眼睛閉起，嘴巴閉起，需笑。**」

居士答：「**不信，請掀開看！**」

眾人於助念十三小時後，始掀陀羅尼被，果如所言，陳居士眼口皆閉，面帶微笑，臉色紅潤，光澤鮮耀，逾於平時。通身冷透，惟獨頭頂溫熱。異香滿室，如此異香竟持續一年左右，始終不散。世壽三十有一。

——《佛陀教育》十期。《跨世紀蓮池會》頁六四—七八。《e世紀往生傳．一》。

81 王萬球居士（一九一七—一九九七）

王萬球，浙江人。性好靜，年三十學佛。一九八五年正月皈依三寶，次年受戒。茹素持戒，禮佛誦經，勤加精進。贈書弘法，慈悲放生。一生專修淨土，參學禪定。發願抄寫《法華經》五、六部，及書《地藏經》、《放蒙山》未計其數。樂為道場繕寫「疏牒」，熱誠護法。

一九九五年二月，王居士診斷罹患惡性淋巴瘤。化療後，一心念佛，病情好轉。更增信念，求生淨土。一九九七年農曆二月，家人慰言：「**要一心稱念阿彌陀佛，阿彌陀佛幾時來接你？**」居士答：「**三日後**」。二月十九日，居士仍念佛不斷，毫無病苦，泊然逝化。助念廿四小時後，全身柔軟，面色如生。春秋八十有一。

——《慈雲》二七一期。

82 田有耕居士（一九一三—一九九八）

田有耕，法名宏淨，臺灣雲林人。堪稱「醫藥世家」，世代懸壺濟世，扶弱濟貧。子女亦能克紹箕裘，善繼衣缽。一生待人以寬，律己以嚴。修十善業，慈心不殺，孝養父母，恭敬師長，喜詩文、好吟詠，愛好古玩墨寶。皈依印順導師，受持三歸五戒。喜讀《六祖壇經》、《金剛經》及《妙雲集》。

一九九七年田居士始接觸淨土法門，多次聆聽《無量壽經》、《佛說阿彌陀經》，即生深切之心，老實念佛，求生淨土。常以倓虛法師講述「修無法師往生事蹟」中的偈語：「**能說不能行，不是眞智慧**」自我惕勵。並常自我期許，願以臨終示現，度化親朋眷屬。亦發願：「**未度有情令得度，已度之者使成佛，假令供養恆沙聖，不如堅勇求正覺。**」

一九九八年，田居士往生前二月，身無疾苦，囑咐後事。並一再告誡家屬，不得鋪張，做好「環保喪禮」，改善喪葬禮儀。以不喧嘩、不哭號、不影響交通、不干擾鄰舍為原則，力求簡樸寧靜、衛生清淨。節約開銷，金錢用於布施，資助貧困，供養與護持三寶。居士最後遺作，詩云：

「同苦同甘六十年，兒孫滿眼喜無邊；
蝸居舒適欣安樂，慣看風雲幾變遷。
種杏已超三世業，誦經禮佛五更天；
老來惟愛心清淨，一念彌陀結善緣。」

二月十九日，往生前一夜，居士之女於半夜睡夢中見大勢至菩薩，手持大蓮華從空而降。翌日二月廿下午二時十五分，居士於多次合掌、念佛聲中，安詳生西。經廿小時助念後，身體柔軟，相貌莊嚴，頭尚微溫。荼毗，得舍利子十多枚，彩色舍利花數片。世壽八十有六。

——《慕西》四十期。《e世紀往生傳・一》。

83 趙彬居士（一九二〇—一九九八）

趙彬，字覺非，江蘇人。年十五，就讀揚州中學，知印光法師於上海弘法，善根深厚之故，心生歡喜，親赴上海聞法。皈依印光法師，印祖勉勵：「**好好求學，老實念佛，將來同生極樂**。」居士蒙慈悲開示，感動不已，力行念佛，求生淨業大道。後投筆從戎，陸軍官校畢業。於對日抗戰中某役，所屬連隊全軍覆沒，僅居士一人存活，念佛力不可思議。來臺，居警界，服務人群。自奉節儉，清廉樸實，不說人非，不與人爭。精勤念佛，時間甚長，深得法喜，坐臥必向西方。

趙居士往生前半年，忽於念佛前方之地毯，浮現數朵蓮華，經蓮友發現，居士卻以《楞嚴經》云：「**不作聖心，名善境界；若作聖解，即受群邪**。」而不以為異，繼續精進念佛。雖患胃癌及攝護腺癌，終不以病為苦，常提印祖所云：「**今日死，今日往生；明日死，明日往生**。」加強念佛。

往生前一週，自言：「**本週將往生**。」往生前二日，亦云：「**這二日將西歸，已見觀音、勢至二菩薩**。」蓮友虔誠助念，佛聲朗朗。遂於眾等念佛聲中，目視三聖像，安詳西歸。春秋七十有八。數日後，其妻夢見居士云：「**吾已至西方矣！**」

——《明倫》二九一期。

《摩訶般若波羅蜜經・卷十七》（《大正藏》第八冊頁三四二下）

佛告須菩提：菩薩摩訶薩行「般若」波羅蜜……是人常願欲見諸佛，聞在所處「佛國土」中有現在佛，「隨願往生」。如是心常晝夜行，所謂「念佛心」。

84 張兆祥居士（一九三三－一九九八）

張兆祥，遼寧人。一生從醫，為人正直儉樸，晚年身患不治之症，經善知識指點，專修淨土法門，念彌陀聖號，持之以恆，勇猛精進。並經常印送經書，布施放生。居士患病期間，不曾使用止痛劑，經常戶外散步，栽花種草，一如常日。往生前二日，囑咐家人，於自己往生後，承辦四十九日念佛道場，提供廣大信徒共修機會。

張居士學佛僅兩年，即能預知時至，女兒曾問：「**父八月廿五日隨阿彌陀佛走嗎？**」父搖頭。女復問：「**廿六日能隨阿彌陀佛走嗎？**」此次點首肯定。一九九八年八月廿六日正午十二時，臨終正念分明，佛號綿綿不輟，安詳逝化。是時異香滿室，歷久不消。越二日，皮膚仍具彈性，肢體屈伸自如。荼毗，骨灰呈五色斑彩。世壽六十有五。

──《佛陀教育》三期。《e世紀往生傳・二》。

85 陳正德居士（一九三一——一九九八）

陳正德，臺灣人。成立臺中蓮社沙鹿念佛會。昔日因生活清苦，於沙鹿山坡墳場側邊，蓋陋屋居住，家中不平安。居士及胞弟均患難治之病，群醫束手無策，神棍、乩童亦異口同聲說無法可施了！後某善知識指點：「**要設念佛道場，化解坎坷命運**。」有佛聲之處，即是佛光普照之處，陳家自然平安吉祥。居士除念佛共修外，亦禮請師長講經指導。居士母親念佛至誠，不論寒暑，早晚課不斷，往生後，亦獲許多舍利。居士遂因母親之成就，對淨土法門信心十足，至為用功。久而久之，功夫成片，耳邊隨時有佛號聲。

一九九八年，往生前二月示疾。一日，忽言：「**無需服藥，明日病即好矣！**」翌日，果然安詳往生。世壽六十有七。其子女同時夢見西方三聖，金光閃閃、高大無比，居士立於三聖前，笑容滿面。子女問：「**汝往生極樂否？**」居士笑盈盈，頻頻點頭。

——《明倫》二九〇期。

86 王維義居士(?—一九九九)

王維義,北京人,一九九〇年於北京法源寺皈依,繼於廣濟寺受菩薩戒。每日聽學《無量壽經》,將「慚愧」二字懸於床頭牆上,激勵依教奉行。早年因子女多,家境不富裕,但勤勞儉樸。學佛後,經常布施,隨緣印經。一九九二年,廣化寺法會,讀誦《無量壽經》,居士遂將多年積蓄,全部捐出印經。子女供奉金錢,均代為印經作功德,言:

「**子女供養父母是報父母恩,吾印經爲供養諸佛,利益眾生。報佛恩、眾生恩,心量即擴大。**」

一九九三年起,王居士日誦《無量壽經》三部,如此三年,信心堅定。自一九九三年至一九九八年,足不出户,不攀緣,與妻閉門淨修。日禮佛三百,一心稱念彌陀聖號,日日聽經數小時,早晚課從不間斷,發願:「**若臨命終,自知時日,身無病苦,自在往生。**」

後來參加通縣鼓樓念佛團，廿四小時精進念佛，己常站著念，聲音洪亮，神情專注。嘗言：「**廿四小時念佛好，常常念得不知道有自己，心中清淨歡喜。**」居士省吃儉用，不添衣物，住所無冰箱，無彩色電視，生活極簡。凡遇身體不適，除了拜佛、布施醫藥費，即是大量放生。

一九九九年十二月，王居士往生前二週，曾囑曰：「**吾往生極樂世界，絕不拖累汝等，絕不為任何人添麻煩。**」十二月十三日凌晨，稍感不適，吉祥臥休息，佛號仍朗朗不斷。六時許，正念分明，毫無病苦，泊然逝化。家人繼續助念至翌日，四肢柔軟，散發異香。

——《佛陀教育》五期。《e世紀往生傳・一》。

87 鄭頌英居士（一九一六—二〇〇〇）

鄭頌英，浙江人。年十五即聞佛法，皈依佛門。年輕時興辦佛教慈善事業，凡有紹隆三寶，利樂有情之事，無不竭力而為。於天台宗興慈法師處受三皈五戒，又於密宗清定法師座下，受瑜伽菩薩戒。廣學諸典，解行並進。有感惑業起伏，化解頗難，死生無常，命在呼吸。故以念佛往生極樂，為自行化他之宗旨。嚴以律己，定慧等持。

一九四五年，鄭居士擔任上海佛教青年會副理事長兼弘法部主任，發行《覺訊》月刊，並於佛教刊物《覺有情》、《弘化月刊》發表文章。一九八〇年代，任中國佛教協會理事，上海市佛教協會常務理事。以刊印經典，普及教義為己任。曾任上海佛教協會出版流通組組長，印行《法華》、《華嚴》、《楞嚴》等大乘經典。

晚年，鄭居士繼續撰寫弘法文章，往往忙至深夜，鞠躬盡瘁。嘗言：「不論何時壽終，決定以淨土法門了生死。」二〇〇〇年八月廿六日，安詳西逝。春秋八十有四。依居士遺囑，骨灰灑於大海。

——《普陀山佛教》二〇〇一年第一期。《弘化期刊》二〇〇一年第二期。

《阿彌陀鼓音聲王陀羅尼經・卷一》（《大正藏》第十二冊頁三五三上）

此是「阿彌陀鼓音聲王大陀羅尼」，若有比丘比丘尼，清信士女，常應至誠受持讀誦，如說修行。

行此持法，當處「閑寂」，洗浴其身，著新淨衣，飲食「白素」，不噉「酒肉」及以「五辛」。常修「梵行」，以好香花，供養阿彌陀如來，及佛道場大菩薩衆。

常應如是專心繫念，發願求生安樂世界，精勤不怠，如其所願，必得往生於彼佛世界。

淨土聖賢錄五編卷四・往生女居士

果濱撰錄

1 洪顯芳居士（一八六五—一九〇七）

洪顯芳，溫州人。適葉，育一子一女。年三十二，至頭陀寺聽聞《彌陀疏鈔》，對經文均能瞭解無疑。返家後，對其夫言：「**吾與佛法有緣，聽經甚為法喜。欲另覓一女，為夫作妾，請汝成就吾之志業。將來道業圓成，汝之功德，不可限量。**」其夫笑曰：「**吾非好色之徒，娶妻為傳宗繼承。今子女俱有，無需娶妾，徒增煩惱。汝有志清修，吾亦歡喜，絕不糾纏干擾。但家務不得全然不管。**」居士允之。當日，即移居至經堂側室。

居士每日上午，佛前禮誦，午後料理家務，過午不食，夜間再禮誦迴向，十年如一日，未曾間斷。一九〇七年十月，某日早晨六時，對家人言：「**吾今日十時往生，汝等不可離去，吾有言交代。**」八時，居士清楚囑咐要事後，繼續靜修。未幾，家人忽聞居士歡喜稱念「阿彌陀佛」，並雙目瞪視。家人問：「**見到什麼？**」

居士答：「光明。」
問：「何種光？」
答：「佛光。」
問：「是日光否？」
答：「日光無法照至室中。」
問：「是燈光否？」
答：「燈光刺眼，佛光清涼。」
問：「何以唯汝能見，餘人不見？」
答：「佛度有緣人，無緣人則不見。」
少頃，居士言：「聖眾來也。」
問：「有何聖眾？」
答：「和尚法師。」
問：「有幾位？」
答：「多的不知其數。」

最後言：「**佛來也！吾去矣。**」遂合掌端坐，無疾而終，泊然逝化。世壽四十有二。

——《諦閑大師語錄》頁三六〇。

《佛說稱揚諸佛功德經．卷三》（《大正藏》第十四冊頁九九上）

復次舍利弗！西方去此，度「十萬億佛剎」，有世界名曰安樂，其國有佛號阿彌陀如來……號曰眾祐，度人無量。若有得聞無量壽如來名者，一心「信樂」，持諷誦念，當起廣遠無量歡喜……命終之後，皆當往生彼佛剎土。

命欲終時，一心信樂，念不忘捨阿彌陀佛，將「諸眾僧」住其人前，魔終不能毀壞斯等「正覺之心」。所以者何？

其佛世尊興立大悲，誓度一切無量眾生，亦復護持十方世界一切眾生。其有得生安樂世界，當於其中，具滿「如來正覺之慧」。

2 鄧桃仙居士（一八五四—一九二三）

鄧桃仙，字志西，東昌人。適胡，夫早逝。居士茹素，安貧樂道，不受支助。持《金剛經》廿餘年。一九一九年，至女子蓮社聽講佛法，自後專修淨土。日誦佛號二萬，《彌陀經》、《藥師經》、《普門品》為恆課。朝夕禮佛，叩地有聲，期生極樂。每年彌陀、觀音聖誕，集眾共修佛七，先後六七日。數次燃臂供佛、以自懺悔。一九二一年春，求慧明法師授五戒。一九二三年元旦，打佛七，共二七日。終日念佛不懈，嘗見佛住於空中。

一九二三年四月十四日，鄧居士因肝病，深受疾苦，依然信念堅固，勇猛念佛，於臨終一念，佛號無間，並言：「**決定正念往西，不待餘生。**」於眾等助念中，安詳逝化。世壽六十有九。往生逾二時，額上猶溫。

——《海潮音文庫·三編》頁四五八—四六〇。

3 孫居士（一八二五——一九二四）

孫居士，崔祥鴻居士母，大陸人。治家勤苦，為人靜默寡言，煩惱甚少。茹素念佛，志求西方。原不識字，後學《彌陀經》、《心經》、《大悲咒》，悉能依文一一朗讀。樂善好施，令其子月施金錢數千，並常行放生。村中有信佛老婦，面黑衣垢，孫居士常留之，與之共寢，並對兒孫言：「**勿輕慢此輩也**。」

一九二四年孫居士習《華嚴》、《法華》二偈，朝夕持誦。九月初，身無疾患，預知時至。九月廿日，示微疾。二日後，嚴身端坐，目矚佛堂，佛號不輟，泊然逝化。春秋九十有九。逝後歷久，肢體悉冷，頭頂猶溫。大斂，面色如生。

編按：崔祥鴻母孫太夫人已編入《淨土聖賢錄・三編》，今略補遺。

——《弘一大師全集》第七冊・頁三九六——三九七。

4 項居士（一八五八—一九二六）

項居士，浙江人。適林。家世代奉佛，好行布施。夫逝，家無恆產，唯賴居士以醫為業。居士母繆太夫人，起初信奉先天教，後專持佛號。

一日，繆太夫人忽對女言：「吾將於七日後西歸。」

女問：「母精神健旺，何驟出此言？」

繆太夫人答：「修道之人，若不能預知時至，枉費一生功夫也。」遂以用功方法授予女兒，並誡之曰：「一切世事，虛假無常，爲此佛法，乃是眞實。」

女問：「持齋奉佛，布施行善即可。靜坐念佛爲何？」

繆太夫人答：「持齋行善，爲求福報；靜坐念佛，爲了生死；生死不了，宛似囚犯，苦不堪言！」

女問：「應從何法修起？」

繆太夫人答：「汝身曾破壞，需先修有爲法，再入無爲法。當多求善知識，切忌看不起人，驕慢爲修道者大病。且有道者，人不易知。」

又云：「**修道人易遭魔障，需堅定信心，勿為所動，魔即無奈我何。**」後繆太夫人如期端坐，念佛而逝。居士自此勇猛精進，每日趺坐念佛，功夫大進。

一八九七年，項居士禮半山庵欽漢法師受五戒，師開示：「**法門無量，統歸自心，如專持聖號，二六時中，心生相應，妄念不生，佛在汝前已。**」自是一心念佛，凡遇病患者相邀，必以念佛相勸。所收之醫療金，半數作為善舉。如遇講經，雖路遠，必出席，若與醫療相衝突時，則曰：「**救人病苦為暫時，若能教人修行、深入佛法、永脫生死苦海，方為根本之道。**」

年六十一，排除一切事務，先後掩關各百日。晚輩以家事問之，則不發一語。若問法者，僅回答：「**一心念佛。**」一九二四年某日，於佛前趺坐念佛，忽見極樂世界，湧現眼前。樓台莊嚴、寶樹行列，眾鳥和鳴、蓮華香潔。阿彌陀佛、觀音勢至，趺坐金蓮。項居士忽覺自身高大，與佛同等。端立花中，花水上撒，浸潤全身，清香甜蜜，通體悅豫。靜定自然，輕快宛如騰空。七日之後，始漸散去。凡此境界，即將示西歸。

一九二六年，項居士忽對子言：「吾七月一日返鄉，將了大事，不再來矣。」返鄉後，七月十六日，復對其子云：

「吾將往生西方矣！將佛法咐囑予汝，依教奉行，則可西方相見。否則，生死纏縛，後悔莫及。汝應發歡喜心，助吾念佛，才是正理。八月十六日下午八時，為吾往生之期。」

八月十六日時至，居士滿面紅光，洎然逝化。時頂門跳動不已，猶如初生小兒。世壽六十有八。

——《菩提樹》一〇七期．頁一一一。

5 鄒妙順居士(一八七二—一九二九)

鄒妙順，為華融海居士之母，無錫人。年四十六，因右臂風癱，不能舉動，經中醫治療無效。翌年，六月十九日觀音菩薩聖誕，一信佛之善女，邀居士至淨土庵禮敬大士。時興慈法師住錫是庵，見居士於炎暑中，臂猶纏大毛巾，言：「**有僧善治此疾，雖略有痛苦，何妨一試**。」居士遂往詣僧人求治，果獲痊癒。自此發心皈依興慈法師，法名妙順。

鄒居士因不識字，由善女教誦《大悲咒》及《彌陀經》，早晚功課無間，歸心淨土，念佛不輟。一九二九年，忽罹胃癌，但無疾苦。一日，忽對其子言：「**三日內將別矣**。」次日深夜，居士神態如常，沐浴更衣言：「**明日九時，吾往生矣！**」一九二九年七月二日晨，子女齊集。居士端坐念佛，並囑家人，往生時勿哭泣，可齊跪念佛。於是家人遵囑、環跪，稱念彌陀聖號。居士隨著念佛，音漸低微，安詳西逝。世壽五十有七。

——《近代往生隨聞錄》頁一三五—一三六。

6 劉韞玉居士（一八六六—一九三七）

劉韞玉，大陸人。自幼敬佛，常存好生之心。適藩，勤儉持家，中年發心茹素。初入道教，後因其夫研習佛理，知淨土法門為方便圓融之路，居士隨即信佛。未幾，居士罹疾病危，延請怡光法師為之修懺，皈依三寶，病癒後即精進念佛，十餘年不斷。

一八九四年冬，劉居士因病臥床，禮請僧俗分壇念經，修法放生，後亦康復，自是念佛更為殷切。一九三六年十二月，舊疾復發，然神識清醒。翌年元月七日，居士對子女言：「**吾本應前年往生，因爾父誠懇挽留，得以延壽三載，如今，生西之因緣已熟。望節省喪葬費，轉爲善舉。**」一月九日，溘然西歸。至午，頂門猶溫。翌日，仍端坐椅中，面色如生。春秋七十有二。

——《優婆夷列傳》頁六—七。

7 李居士（？—一九三八）

李居士，河北人。適趙。一生專修淨土法門，深信功願，念佛精誠。一九三八年冬，示疾，全家念佛相助，求生西方。彌留時，諄屬其子修德云：「**好生念佛，三年之內，勿拂勿輟**。」囑畢，吉祥而臥，泊然化去。三小時後，體軟頂溫，面露紅光。其子修德，能遵奉居士之命，念佛不輟。三年後，亦得往生西方。

——《近代往生隨聞錄》頁一三七。

《如意寶珠轉輪祕密現身成佛金輪咒王經・卷一・阿闍梨成佛品》（《大正藏》第十九冊頁三三三下）

若諸佛子欲得即身成佛，當修此觀，能使凡夫父母所生身即成佛身，即向本尊如意寶珠王，結法界塔婆印……

一切如來「十六大菩薩」摩頂授記，「金剛界遍照如來」常伸「右手」摩頂授記，受佛寶冠，壽命一劫，不捨於身，得見彌勒如來。壽終之後，即得往生無量壽佛極樂國土。

8 朱智馥居士（一八八三－一九三九）

朱智馥，江蘇人。年十八，適宋，經營香業。含辛茹苦，勤勞不倦。事姑以孝，妯娌和睦相處。親鄰中有病者，往往為其覓求療治，饋送飲食，寒暑不辭。濟人之急，無分親疏彼此。中年後，深感人心習染，遂心懷學佛之願。一九三七年春，皈依印光大師，自後長齋念佛，禮誦不斷。仍不廢世事，處理家務未稍休息，嘗曰：「**吾因業報受生，當事勞苦，以消宿愆**。」常普勸親眷鄰里，止惡行善，齋戒念佛，廣行功德，息除貪癡。居士以身作則，受感化者甚多。

一九三九年，與善信等眾，創設崇明佛教居士林，並禮請法師於寒山寺講《彌陀經》，更勸大眾參與法會。亦籌募鉅資，裝塑佛菩薩聖像，支助草創之寺院。劬勞於佛事，鞠躬盡瘁。於釋迦如來誕辰，大開法會，緇素咸集，盛極一時。香積廚中，居士亦獨力為之，內外雜務，咸集於一身。心雖怡悅，但體力已疲累。

一九三九年八月十一日，於居士林歸返，即感不適。醫雖云無礙，但居士自知不起，言：「**吾將告別矣！**」中秋節正午，起身正坐，於念佛聲中，安詳西逝。世壽五十有六。

——《近代往生隨聞錄》頁一三八——一三九。

《阿唎多羅陀羅尼阿嚕力經・卷一》（《大正藏》第二十冊頁二三下）

又先造十萬塔，於一一塔前誦「一萬遍」，如法供養者，所求悉地皆得。捨身已，任意往生極樂世界……一一塔前誦「三千五百遍」，所求悉地最上最勝，心所念處皆得。

其人先造「四重、五逆」大罪，依此無不滅，命終任意往生極樂國土。

9 陸了順居士（一九一一—一九四〇）

陸了順，吳縣人。家世代務農。年十七，適陸念祥居士，從事絲織業。為人和善，勤儉持家，孝敬其姑，善事其夫。一九三三年十一月，下田操作時，被豬圈灰迷瞎一眼，未幾，兩眼俱盲，醫藥罔效。其夫念祥居士思維，其母曾因風疾，以誠念觀音聖號而得痊癒；故欲求妻眼重獲光明，唯有依靠佛力。後念祥居士偕妻，叩見印光大師說明原委。印老言：「《普門品》有云：『**無垢清淨光，慧日破諸暗，能伏災風火，普明照世間。**』**只要誠念觀音聖號，自會得到感應。**」

陸居士即依印老指示，發心茹素，精進稱念觀世音菩薩洪名。如是，經七個月後，於六月三日韋馱菩薩聖誕，陸居士適住於如意庵。早課畢後，走出大殿，忽覺眼前一亮，上望屋瓦，行列分明；屋邊桃樹，實結累累，亦清楚見之。不覺大喜過望，雙眼竟已完全復明矣。從此便能穿針引線，一切家務，均能操作，與未病前無異。此後更學會二時功課，精勤不斷。

一九四0年九月一日，陸居士預知時至，與眾言：「**明三日後，戌時往生**」。時至，果然安詳臥逝。世壽三十有三。

——《近代往生隨聞錄》頁一五八——一五九。

《不空罥索神變真言經・卷一》（《大正藏》第二十冊頁二二八下）

世尊！若善男子、善女人等，受持讀誦此「陀羅尼真言」者……當知是人現世則得「二十」稱歎功德勝利。何名二十？

一者、身無眾病，若有宿業病生，速令除差。

二者、身膚細軟，姝悅妙好。

三者、恒為眾人觀視愛樂，不相厭怠。

四者、六根常定，財寶自然……

二十者、當所生處，具大慈大悲、大喜大捨四無礙心。

世尊復有八法，何名為八？

一者、臨命終時，觀世音菩薩自變現，身作「沙門相」，善權勸導，將詣「佛剎」……

八者、臨命終時，願生「佛剎」，隨願往生「諸佛淨剎」，蓮花化生，常覩一切諸佛菩薩摩訶薩，恒不退轉。

《雜阿含經・卷三十三》（《大正藏》第二冊頁二三七中）

世尊！此迦毘羅衛國安隱豐樂，人民熾盛，我每出入時，衆多「羽從」（羽翼隨從），「狂象、狂人、狂乘（馬乘、車乘）」常與是俱。我自恐與此諸狂「俱生俱死」，忘於「念佛、念法、念比丘僧」。我自思惟，命終之時，當生何處？……

佛告摩訶男：汝亦如是！若命終時，不生「惡趣」，終亦「無惡」。所以者何？汝已長夜修習「念佛、念法、念僧」，若命終時，此身若火燒，若棄塚間，風飄日曝，久成塵末，而「心、意、識」久遠長夜「正信」所熏（熏習），「戒、施、聞、慧」所熏（熏習），「神識」上昇，向「安樂處」，未來生「天」。

10 陸了空居士（一八八七—一九四二）

陸了空，江蘇人。家世貧農。年三十五，忽得痛風之疾，手足無法動作，醫藥罔效。年四十九，由子陸念祥攙扶至報國寺，皈依印光大師。蒙印老慈悲攝受，收為弟子，賜名了空。其子念祥亦同時皈依，賜名了眾。印老囑咐母子居士，需至誠稱念觀音菩薩聖號，久久必能感應。母子返家後，恪奉師教，至誠稱念觀音菩薩洪名不輟。子念祥為求母病早癒，竟割肱療親。經九個月，母疾果然痊癒。手足皆能屈伸，與罹病前無異。

一九四二年九月廿九日，往生前二日，陸居士對子言：「**再過二日，將至西方，需助吾誠心念佛，送吾往生。**」其子如母所言，為居士稱念洪名；居士亦至誠持名，佛聲不斷。果至廿九日滿，無疾而逝，安詳坐脫。世壽五十有六。

—《近代往生隨聞錄》頁一五九—一六〇。

11 方聖照居士（一八八一—一九四二）

方聖照，方子藩居士之母，大陸人。年三十餘，發心學佛。皈依諦閑法師，法名聖照。又皈依印光大師，法名德裕。待人以仁，不慕紛華。順逆境緣，不動其心。但思己失，不見人過。凡弘法利生之事，皆盡力贊助，一擲千金，毫無吝嗇。淨圓寺及放生園，主要皆由居士布施興建。印送經書，周濟親友，樂之不倦。晚年，維護道場，更為殷切。每日凌晨即起，精勤課誦。方居士之臥鋪長不過四尺，未能伸足。被亦薄，故和衣而睡。問其故，答言：「**被暖榻寬，當然舒適，但易令人貪睡，不肯早起。榻小被薄，利於早覺，不致影響課誦。**」

方居士曾手書《大方廣佛華嚴經》二部，以《法華》、《楞嚴》各數部。平日以《華嚴》、《法華》、《楞嚴》諸大乘經為常課，餘則念佛不斷。又嘗燃手、燈供佛，所有功德，悉以迴向西方。一九四二年，罹腹部病淋巴腺瘤。八月初，尚能強起禮佛。九月廿三日，癌細胞擴及肺部，病勢陡重，禮請興慈法師就病榻開示。居士問：「**病逾數月之久，爲何業障如此深重？**」慈師言：

「一切有爲法，如夢幻泡影。當觀此身如空。身爲無始以來業障所生，業障由於妄想而起。正念生，妄想滅，業障除。身且不實，病從何來？故當提起正念，憶佛念佛。憶佛以能觀想最佳，或單觀『佛』字。念佛六字好，四字亦好，乃至一字亦好。」

更為說道：

「昔日金山寺有一僧，習禪定，後膺他寺住持，因此心分道弛。忽病，卻爲境緣所轉，作不得主。有昔年道伴前往視疾，問彼何不將昔日功夫拿出來。此僧經人喚醒，即提起正念，禪定現前，安詳往生。故知臨終正念，最爲緊要。倘不遇善知識，仍恐輪迴六道，眞可怖也。」

翌日，九月廿三日晨，方居士忽連稱：「觀音菩薩來矣！觀音菩薩來矣！」

隨即合掌，厲聲念佛。逾一小時，囑侍疾者扶之坐起，面向西方，安詳西逝。世壽六十有一。

——《近代往生隨聞錄》頁一三九—一四〇。

《佛說寶雨經．卷九》（《大正藏》第十六冊頁三二三中）

復次，善男子！菩薩成就十種法，生「清淨佛剎」。何等為十？

一者、成就於「戒」，無缺、無雜，戒無黚汙，戒得「清淨」。

二者、為一切有情，心得「平等」。

三者、以能成就廣大「善根」。

四者、於「利養、名稱、恭敬、讚歎」，心常捨離，無所染著。

五者、得清淨「信」，心無「疑惑」。

六者、常修「精進」，離「懈怠心」。

七者、能入「寂定」，無「散亂心」。

八者、能得「多聞」，而無「惡慧」。

九者、成就「利智」，非「鈍根性」。

十者、有「慈悲性」，無「損害心」。

止蓋菩薩白佛言：世尊！於此十法為要「具足」(全部具足)，方始得「生」，若有闕者(即無法十種法皆修圓滿)，能得「生」不？

佛言：善男子！若有菩薩成就「一法」，得無「缺減」、無少「違犯」、「鮮白」清淨，彼諸菩薩(亦即得具足成就十法。

善男子！菩薩成就此十種法，生「清淨佛剎」。

12 李桂居士（一八七〇—一九四三）

李桂，南通人，費范九居士之母。年十七，適費。操持家務，勤儉有方。夫逝，皈依佛門，日誦觀音聖號。偶患病苦，亦不間斷。平日家庭瑣事，親自操作，不假手僕役。家中菜圃，親自種植，灌溉耕耘，以此為樂。菜圃四周，遍種果樹。嘗言：「**雖是寸土，亦不應荒廢**。」於田中見有生物，皆不許人踐踏。瓜果必待熟，方許採摘。果熟必先供佛、祭祖。

一九四二年十月，李居士示疾。雖病，神思清晰異常。一九四三年三月，往生前三日，夢見殿宇莊嚴，華樹無數，復見一蓮華，其大如門，鮮紅可愛。醒後謂家人言：「**吾自見此蓮華後，不復將汝等放於心上矣**。」果於三日後準時往生，助念逾八小時，頂門猶溫。世壽七十有四。

——《近代往生隨聞錄》頁一六〇—一六一。

13 胡居士（？—一九四四）

胡居士，江蘇人，郭天魁居士之母。性情溫和，為人謙讓。皈依法華庵蓮清法師受五戒，終日念佛不斷。一九四四年夏，因病臥床。其孫探視時，見一「金色身人」於居房內，久久方隱沒。胡居士囑咐眾等：「**吾要往生西方矣，速爲吾助念**。」並對其子言：「**往生後，會有『訊息』告知汝等**。」未幾，於念佛聲中，便安詳逝化。

胡居士往生二七當日，其子種田返家，忽聞濃郁香味。是時，家人並未點香，遂記起母親生前曾云：「**往生西方必告知**」之語，所言不虛。

——《中國近代淨土聖賢錄・第四冊》頁一八一。《淨土文摘》頁五一。

14 黃居士（一八六八——一九五一）

黃居士，大陸人。適許。雖不識字，但恭敬三寶，信願真切，念佛不輟，並勸家人信佛。一九五一年十二月，往生前，略感微恙。毫無病苦，面含笑容，安臥床上，合掌念佛。家屬請助念團為之助念。

十二月九日，臨終前，黃居士手結「彌陀印」置於胸前。家人問：「已見佛否？」居士再三點頭。於大眾助念聲中，正念分明，安詳而逝。春秋八十有三。

——《近代往生隨聞錄》頁一四〇——一四一。

15 任居士（一八七二—一九五二）

任居士，適王行九，故亦名王任九奶，或王九奶，杭州人。父任其華，於清末時居官職。年三十餘，任居士便茹素念佛，後至普陀山受五戒，復住煙水庵，一心念佛，志求往生。

一九五二年九月二日，身感不適，要求庵中同修勿外出，並為燒水泡糖茶，供佛及僧。己則就床，端坐念佛。並隨眾誦《彌陀經》，聲音宏亮，與平日無異。經一枝香，面露笑容，趺坐而逝。春秋八十。

——《近代往生隨聞錄》頁一四一。

16 炊玉賢居士（一八七一—一九五四）

炊玉賢，陝西人。居士之子冉恒通常勸母親奉佛，母以年老，恐無成就而不決。後至法門寺禮良卿法師，法師勸勉，曰：「**吾教念佛，無老幼之分，但具至誠，必得成就**。」居士因聽聞「十念往生」公案數則，信而不疑，發願力行，念佛不輟。每操作家務時，拉風杆一把，念佛一聲；掃把一帚，念佛一聲；切菜一刀，念佛一聲；紡車一轉，念佛一聲；乃至行走，無不默持聖號。

一九五三年秋，居士處於暗窯中，忽見西方三聖，高坐於上。是時，居士忘其為暗窯，喜極而言：「**吾念佛多時，今日方才見您老人家**。」語未畢，像隱沒，窯暗如故。翌日，問良卿師，師則勸誡勿生喜心，居士念誦則更加精勤。

一九五四年三月四日晚，居士於窯內作晚課，忽見窯外光輝徹照，晶亮奪目。初以為孫兒輩戲火，欲禁之。及至窯外，則見三聖臨空，聽聞觀音菩薩云：「**十一日晨來接汝矣！**」居士即知往生時候已至，急辦後事。三月十日晚，良卿法師率慧明、韶光二法師及李秉鉢居士前往助念。三月十一日晨，炊居士便無疾而終。往生後逾三小時，頂門猶暖。端坐一晝夜後，亦宛如生前。眾等皆聞濃郁旃檀之氣，彌漫一室。從居士念佛至往生，僅三載矣。世壽八十有三。

——《近代往生隨聞錄》頁一六一——一六二。

《佛說一切功德莊嚴王經・卷一》（《大正藏》第二十一冊頁八九三中）

爾時觀自在菩薩白佛言：世尊！當來之世，若有善男子、善女人，於此經典深生敬信，以妙香花及諸飲食衣服臥具，咸悉供養說法之師，及寫此經讀誦之者……

命終之時見不動佛來相慰諭，告言：善男子！汝修善根其福無量，十方淨土、極樂世界隨意受生。

17 黃德春居士（一八七三——一九五七）

黃德春，大陸人，為吳德溫居士母。天性純孝，行世仁慈。憐苦恤貧，樂善好施。皈依印光大師受五戒。年近五旬，持報恩齋，念《往生咒》三十萬遍。圓滿後，始持長齋。居士雖不識字，經過勤苦學習，《地藏經》、《金剛經》、《普賢行願品》、《楞嚴經》等諸大乘經，俱能持誦。居士經常打佛七，凡遇法會，無不隨喜，平日一心念佛。

一九五七年夏，某日午後，恍惚間見一大佛，住虛空中，高不見頂。是年深秋，肝膽病發，經醫療後稍轉好。乃謂其女言：「**吾年已八十四，縱活百歲，也無甚奇，還是往生見佛好，無需服藥。**」從此一心持名。其女因居士年歲已高，欲請道友助念。居士云：「**無需勞煩他人，吾自己能念。**」

一九五七年十月五日，夜十二時，忽氣急目閉，但仍念佛如故。女問：「**有無痛苦？**」答：「**略感氣促，並不難過。**」其女跪下擊磬，高聲念佛相助。母對女言：「**需念得慢些，要念四字佛，太快跟不上**。」念至一、二百聲後，母言：「**速速燃香，許多佛菩薩齊降臨矣！**」眷屬中或有哭泣者，居士連連搖手曰：「**勿泣，念佛要緊！**」未幾，含笑西逝。逾三十六小時，面色紅潤，身體柔軟。世壽八十有四。

——《近代往生隨聞錄》頁一四二——一四三。

《陀羅尼集經・卷五・佛說跋折囉功能法相品》（《大正藏》第十八冊頁八二八上）

「觀世音菩薩不空羂索牙法印第十二」……是一法印，能除一切水火風賊刀及王難……

若人日日常作供養，得觀世音及諸菩薩等皆生歡喜，命終得生阿彌陀佛國。又復十方淨土隨意往生。

18 羅妙智居士（一九一七—一九五七）

羅妙智，福州人。因其夫娶小妾，憤而回母家，與母同皈依真淨蓮社曉參法師座下。茹素念佛，夜間長坐不臥。

一九五七年十二月五日，於念佛之際，忽聞有人告之曰：「**汝將往生，宜作準備**。」居士遂不復進食，臥床數日。其母曰：「**汝不欲飲食，豈待餓死耶？**」居士答：「**非也！不食，以清五內耳**。」其母購荸薺，置榻前，勸居士食。居士取一枚食之。且食且言：「**吃『荸薺』、得菩提**。」母問往生日期，居士答：「**廿八日，吾行矣！**」母曰：「**廿八日，逼近除夕，家務既忙，又需爲汝料理後事，奈何？**」居士曰：「**廿二日亦可！**」是日晨，居士問其母言：「**熱水瓶內有熱水否？**」母曰：「**無也**。」居士自取二瓶，至熱水灶購開水，返家沐浴，結跏趺坐，竟念佛而逝。世壽四十。

——《近代往生隨聞錄》頁一四三—一四四。

19 茅大藏居士（一八八八——一九五八）

茅大藏，浙江人。因其母長齋奉佛，居士自幼即受其薰陶，啓發正信。年十七，適陳復初。持家勤儉，天性仁慈，濟人之急。復從明觀禪師受皈依。中年茹素，修淨土至誠懇切。勸化鄰里，不以為倦。育有四子一女，皆能篤信佛教。其季子陳立均，臨終瑞相昭著，弘一大師尚為之作傳。（陳立均居士往生，已收錄於《淨土聖賢錄·四編》）

茅居士晚年，長子陳海量迎至上海居住。早晚課誦，更加精勤。暇則靜坐，從事觀照。一九五八年一月罹病，二月十一日於念佛中微笑往生。荼毗，獲淡黃色、圓潤舍利數十顆。以石擊之，堅固不碎。世壽七十。

——《近代往生隨聞錄》頁一四四。

20 梅忠富居士（一八七四—一九五八）

梅忠富，法名寬懿，石純福居士之母，大陸人。不識字，從虛雲和尚受皈依。一九四五年，年七十一，子迎母於天津就養，並勸令母茹素念佛，求生淨土。母漫應之，意尚猶豫。一夜，夢見一白衣老婦，長身玉立，狀甚肅穆。左手執瓶，右手持一長形物，安詳緩步而來。翌日晨，以夢境問其子。子以「白衣大士」聖像解之，母曰：「**是矣！**」自此長齋念佛，恒課不輟。

一九五七年歲暮，梅居士因患白內障，失明已久。對子言：「**近一、二年，面壁而坐。常見有一寬敞大道，頗爲遙遠。路盡頭處，有一大寺院，莊嚴絕倫。路上眾等，皆著古時衣冠，安詳步向佛寺。所見清晰異常。觀至數小時，至兩眼疲極始止。**」又云：「**常夢見至一大寺，輝煌壯麗，無可形容，阿彌陀佛坐於殿中央。**」往生前數月，猶數次作如是之夢。

一九五八年冬月，往生前數日，梅居士對兒媳言：「**吾已親見極樂世界莊嚴**

妙境。今以相告，當宜詳記，及純福回天津時示之。」且囑：「速函純福，令於十一月十七日前到家，送吾生西。」臨終日，十一月十七日凌晨二時，兒媳於室守夜，於朦朧中，忽聞臥室外有「簫笛鼓樂」之聲，又聞有人言：「即是此屋！」忽風吹門開，遂驚覺醒，見母已往生矣。迨純福趕回天津時，母已於六小時前逝矣！逾三日，通身柔軟如生前。春秋八十有四。

——《近代往生隨聞錄》頁一六二——一六四。

21 彭德安居士（一八八七—一九五九）

彭德安，漢口人。勤儉慈慧，待人真誠和藹。其子智朗居士，常親近太虛大師、妙善大師親聆法要，並於妙善大師叮囑下茹素。彭居士見子於弱冠之年即能茹素，遂亦持齋，並皈依三寶。居士常聽聞隆淨法師講解佛法，並授以《楞嚴》、《大悲》等咒之修法，亦禮拜《華嚴經》，於是智慧漸開。後於歸元寺受五戒，遂將其珍貴之物，悉分與家人，僅攜布衣數件，至牯嶺山中修行，遺塵向道，意志堅決。每日五堂功課，讀經、拜《華嚴》外，日夜念佛不斷。曾作一偈：「**積善堂前無限樂，念佛蓮中有餘香。**」

一九五九年一月罹病，醫藥罔效。二月八日，於全山寺法師助念下，正念分明，安詳生西。逾三日，身軟如綿。春秋七十有二。

——《菩提樹》七十八期。《優婆夷列傳》頁二一五—二一九。

22 李慧光居士（一八七七—一九五九）

李慧光，江蘇人。適宋，生一子，年僅廿即夭亡。居士痛念濁世無常，人生多苦，遂長齋奉佛。皈依上海圓明講堂圓瑛法師，法名慧光。復又皈依天台大德靜權老人，及蘇州比丘尼潤田法師。居士樂善好施，尤其恭敬出家二眾。每日早晚二課、持誦《法華》，數十年不斷。晚年環境較差，身體衰弱，但仍念佛不輟。刻苦耐勞，節省家用，餘錢佈施貧苦人。

一九五九年春節前，略感不適。是晨，潤田師登門相訪，李居士云：「**請爲吾於佛前供奉水果。**」又言：「**吾往生時，無需他人在旁，防其打擾，吾自己能念佛。**」正月二日十一時，臨終前一刻，居士尚言：「**請於佛前點香。**」言訖，即靜臥不語。視之，已泊然逝化矣！助念歷五晝夜，佛聲不斷。荼毗時，膚色紅潤，面現笑容。遺命將骨灰做成團，投入西園放生池內，與水族結緣。春秋八十有二。

——《近代往生隨聞錄》頁一六七—一六八。

23 龍慧銳居士（一八九三—一九六〇）

龍慧銳，蘇北人。家貧，為朱姓作「童養媳」。年九即進某絲廠當童工。其夫則於電話局任外線工人。中年，感身世貧苦，膝下又無子女，乃歸命三寶，茹素念佛。後皈依印光大師，法名慧銳。復加入淨宗助念團，勤修佛事，數十年如一日。素性剛直，不事虛偽。每逢佛期上殿，遇有男女道友，威儀失檢者，輒施訶斥，人皆敬畏之。於貧苦同道，則關懷周全。

晚年，夫病故，生活益形困難，但安貧樂道，修持不廢。後得朱陳圓淨居士資助，生計始得無憂，從此念佛更加精進。一日患腹瀉，醫藥罔效。居士自知娑婆將緣盡，西方果熟。一九六〇年五月廿九日，正念分明，合掌念佛，安詳西逝。世壽六十有七。

——《近代往生隨聞錄》頁一四四—一四五。

24 俞居士（一八八二——一九六二）

俞居士，紹興人。自小家貧，其母為虔誠佛教徒。居士為人善良，遇困苦者，盡力相助；於乞食者，常飯菜佈施。年四十五，夫逝。為一心念佛，將家中事務交予長子管理。一九五二年，雖年事已高，仍念佛不輟，並盡力行布施功德。

一九六〇年，俞居士忽言：「**吾將於佛陀誕辰四月八日往生爲佳。**」子女漫然應之。一九六二年四月八日，居士換妥新淨衣，身無疾苦，生活一如往常，毫無異樣。約傍晚時分，即合掌念佛，安詳坐化。春秋八十。

——《淨土文摘》頁五八。

25 陳德宜居士（一八九〇—一九六二）

陳德宜，蘇州人。適倪。其父及夫家均以經營綢業為主。婚後夫婦感情不睦，生一子一女。中年後，深感人生空虛，富貴榮華、終難長久，由是於佛法漸生信仰。一九三一年，皈依印光大師，賜名德宜。平日修持，一心念佛，不學其他。恭敬三寶，樂善好施。

一九六二年，偶感微疾，即一意求生西方。臨終，於大眾助念下，居士隨眾念佛，正念分明，安詳逝化。世壽七十有二。

——《近代往生隨聞錄》頁一六四。

26 王季畹居士(一九〇七—一九六二)

王季畹，浙江人。居佛教世家，曾留學日本。禮拜觀音極為虔誠，熱心參與佛教活動。往生前嘗言：「**已蒙觀音大士接引，將往生西方。**」並囑咐不得喪祭及「做七」，勿焚化紙錢、衣帛等物，僅可舉行「紀念」儀式。

一九六二年四月九日，安詳西逝。荼毗，獲金色舍利子八顆。世壽五十有五。

——《菩提樹》一一四期。《優婆夷列傳》頁四一。

27 劉居士（一八八二—一九六三）

劉居士，廣東梅縣人，後遷臺，為鄧慧心（適朱斐居士）居士之母。早年曾奉神道，後聽聞李炳南老居士講《彌陀經》，歸信佛教。雖不識字，但晚輩對劉居士介紹極樂莊嚴、娑婆苦惱；如何發願、如何放下之理，均能一一接受。每逢靈山寺佛七，亦歡喜參加。年七十二，於獅頭山元光寺受在家菩薩戒。自後，過午不食，日持佛號二萬，朝起禮佛四十八拜，即使感冒，亦力行不懈。然終因色身衰老，感冒臥床不起。宿業現前，一度忘失念佛正念。

一九六三年，臨終前三日，已能隨眾默念。其女夢見母能起床，面貌年輕、精神健旺，並整理行裝言：「**月初回家**。」一九六三年二月二日清晨，即於李炳南等眾多居士之念佛聲中，安詳往生。李老居士並見到先後二道白光，向西方而去。助念逾八小時，周身柔軟如生。荼毗，獲舍利子三顆。春秋八十有一。

——《菩提樹》二五期．頁四〇—四二。

28 顏灶蘭居士(一八八一—一九六五)

顏灶蘭,潮州人。夫早逝,獨自扶養一子。茹素念佛,並參與佛教活動。每日念佛拜佛,至晚年,身體依然健壯。往生前三日,對兒媳言:「**三日後往生**。」並囑其子,購一籐椅,又云:「**將於椅上坐化**。」並將此訊息告知蓮友。自此,不再進食,只喝少許水。

一九六五年四月三日凌晨,居士自行換上壽衣,於籐椅上結跏趺坐。下午三時,寂然逝化。世壽八十有四。

——《菩提樹》一五一期・頁五三。

29 朱敬膺居士（？—一九六六）

朱敬膺，臺灣人。茹素三十載。朝夕供奉觀音，虔誠至極。於基隆海會寺受菩薩戒，禮道源長老為師，法號仁慧。曾患輕度中風，常求「大悲水」飲用，但仍不忘念佛。

一九六六年六月，朱居士往生前一日言：「**吾病已好，明日無需喝大悲水矣。**」八日，換新淨衣，以電話向友人一一辭別，並禮拜聖印法師。回房後，突然腦溢血，自此無法言語。九日上午臨終前，居士突能清晰念佛，安詳往生。荼毗，得舍利子十多顆。

——《慈聲雜誌》二二一期。《優婆夷列傳》頁五四—五五。

30 王阿英居士(一八九九—一九六七)

王阿英，浙江人。幼時即患哮喘未癒。年六十三，患病甚危。其女雅君於觀世音菩薩像前，至誠懇禱，求延母壽五年，發願勸母吃素念佛。

一九六七年正月一日，雅君夢一「老婦」，領母女進一廟宇。見殿中人，身穿黃袍，頭戴「禮冠」。老婦命母女近前站立，一人手執黃紙，以毛筆於紙上畫幾個圓圈。畫畢，遞與載「禮冠」者閱。「禮冠」者點頭、色喜，並將紙交與另一人，又轉予雅君，並言：「**領去！**」於是「老婦」便送母女出廟宇，雅君遂醒。雅君得夢後，將夢境告母，並言：「**汝病無妨，已加壽五年，但需吃素念佛。**」母受其女之勸，即發願茹素念佛，病亦日漸痊癒。

正月七日，王居士夢見地藏菩薩軟語慰藉，從此每日趺坐三次，默念佛號。

一九六七年二月一日，臨終身無疾苦，對女雅君言：「**是汝度我。阿彌陀佛今日來接，吾去矣！**」言畢，面含笑容，安詳逝化。室內異香馥郁，許久方散。世壽六十有八，果獲延壽五年。

——《近代往生隨聞錄》頁一四六——一四七。

《大般涅槃經．卷二十四》（《大正藏》第十二冊頁五０六上）

善男子！菩薩摩訶薩修「大涅槃」，成就具足第四功德，有十事。何等為十？

一者、根深難可傾拔。

二者、於自身，生「決定想」。

三者、不觀「福田」及「非福田」。

四者、修「淨佛土」。

五者、滅除「有餘」。

六者、斷除「業緣」。

七者、修「清淨身」。

八者、了知「諸緣」。

九者、離諸「怨敵」。

十者、斷除「二邊」。

恭敬。

31 陳昔居士(一八九八—一九七〇)

陳昔，適許。為人正直，樂善好施。平日念佛專心至誠，隨眾共修，虔誠恭敬。

一九七〇年七月廿二日，臨終前一日，謂家人言：「**明早吾將往生，取椅來，吾要坐此**。」翌日凌晨二時，心不貪戀，意無顛倒，無疾而終，安詳坐化。春秋七十有二。

——《菩提樹》二一三期。《優婆夷列傳》頁五六。

32 簡蘭居士（一八八九—一九七一）

簡蘭，臺灣桃園人。年二即為黃姓作「童養媳」，生活艱苦。故經濟寬裕時，特別體恤顛沛、急難之人。待人寬厚，平易踏實。自奉甚儉，助人大方，毫不吝嗇。恭敬三寶，四事供養，竭心盡力。自學佛起，家中不許殺生，並勤於放生。晚年，欲專心修持，然不識字，無法讀經。後以虔誠禮拜《金剛經》、繼之念佛，兩相輔益。孰知，拜完第一卷，即感佛堂金光燦爛，「八尊」面貌威猛之天神（即誦念《金剛經》時所奉請之「八大金剛」也），雙手合掌，侍立兩旁。往後每拜完第一字，天神即現。自此，加倍行善，廣結善緣，並誠心祈願，往生無礙。

一九七一年七月十三日零時，臨終前，忽聞天樂，凌空而至，無疾而終，泊然逝化。春秋八十有二。

——《海潮音》五二卷．十期．頁三三。

33 周振德居士（一八九六—一九七二）

周振德，字冕華，江西人。周宣德居士之胞姊。曾任小學教師及校長。宅心仁厚，樂善好施，曾巨額捐助臺中孤兒院、靈光醫院等機構。專修淨土，日持佛號數萬，三十餘年如一日。

一九七二年七月下旬，周居士罹病，夢阿彌陀佛大放光明。八月十一日，復夢觀音大士云：「**汝四日內，即將往生**。」自後，居士即未言語。八月十五日晨，安詳西逝。世壽七十有六。荼毗，面色如生。

——《淨廬佛學文叢增訂本》頁二七四。《慧炬》一〇四、一〇五期合刊．頁八六—八七。

34 李慧琛居士（一八八〇—一九七二）

李慧琛，福建人。適李。年三十八皈依三寶，法名慧琛。長年茹素，專修淨土，歷五十五年不輟。於護持道場興建，不遺餘力。一九七二年，雖已高齡九十三，日常生活起居，仍自己操作，不假旁人。晚年雖罹病，但每日仍於病中拜佛、念佛，精進不懈。一九七二年十一月十五日，居士忽見西方殊勝境界，遂燃香祈禱，曰：

「吾可現時往生，但為使佛教不被誤會，需待吾兒返回，方能西行。不致被批評念佛茹素多年，臨終卻無一子相送。」

後其子果能趕回，李居士並訓誡孫輩，言：**「需對佛教起信心，並盡力擁護、增長善根。」**後又對其女言：**「常夢見地藏菩薩，為吾說法，並云：『生西時間未到，到了即會告知。』」**

一九七二年十一月廿四日，李居士已見到阿彌陀佛，遂靜念佛號，安詳西逝。頭頂溫暖，歷久不退。荼毗，獲舍利子數百。春秋九十有三。

——《雲水夢憶》頁一六八。《中國佛教》十八卷．四期。

《大聖文殊師利菩薩佛剎功德莊嚴經．卷二》（《大正藏》第十一冊頁九〇八下）

又，舍利子！二者、菩薩欲發願生淨佛國土，應當清淨持「淨律儀」，由「律儀淨」故，隨其所願決定得生。

《大寶積經．卷一〇六》（《大正藏》第十一冊頁五九四上）

王子又問：云何得「淨土」？及以衆圓滿，獲隨體圓光，功德海當說。

世尊答曰：由「願」得淨土，忍力衆成就。

35 李月鳳居士（一九一一—一九七三）

李月鳳，法名修碧，臺灣彰化人。適鄭。夫逝，家徒四壁，三餐不繼，獨力撫養七子女。備嘗辛苦，深悟苦空無常。後因李炳南居士接引，長齋念佛，老而彌堅。凡有聽經念佛之機會，絕不空過。雖生活重累，未曾退轉其心。故子女均蒙受居士教化，素食齋戒，建立佛化家庭。李居士慈悲忠直，樂於助人，蓮友皆喜與之相處。平日以念佛及誦《阿彌陀經》、《普門品》、《大勢至菩薩念佛圓通章》為功課。

居士平日不擅言語，只勸人念佛，常言：「**念佛好，佛力不思議。**」晚年，因心臟病擴大，聽經念佛靜心時，常現昏沉，然居士自言：「**無需擔心，決定往生。**」一九七三年六月七日，於聽聞李炳南居士宣講《勸發菩提心文》時，忽然示疾，暈倒於道場。九日清晨，於蓮友助念聲中，恢復知覺，口隨念佛，含笑往生。逾十二小時，身軟如綿。荼毗，獲五彩舍利子近百。世壽六十有二。

——《西方訊息》頁十五—一六。

36 陳智奇居士（一八九二——一九七四）

陳智奇，蘇州人。皈依印光法師，法名智奇。後又皈依虛雲和尚，法名寬容。居士夙具善根，幼年即知隨母念佛。中年夫亡，無子女。生活極為清苦，但歡喜助人，不以經濟困難而吝嗇。秉性溫和，遇事能忍。日持《楞嚴咒》、《大悲咒》、《普門品》、《金剛經》，及《彌陀》諸大乘經典，從不間斷。亦深知生死事大，精進懺悔，一心念佛，誓求往生。

一九七四年三月廿六日，蓮友送來齋飯，居士言：「**來得正好，請汝助吾揩身，換好淨衣**。」蓮友見此，心中明白，即勸令念佛。陳居士即言：「**無需多言，吾自知時至**。」後在佛前焚香而坐，唱云：「**垃圾送東方，吾即往西方**。」言訖，含笑而逝。世壽八十有二。

——《近代往生隨聞錄》頁一六四——一六五。

37 馮常寶居士（？—一九七四）

馮常寶，廣東人。適崔。一九五三年於定西法師座下，受三皈五戒，專修淨業。一九五六年，受菩薩戒。上午誦經，午後念佛，廿餘年，從未間斷。並常禮請精通《楞嚴經》，並著有《辨破楞嚴百偽》之愍生法師至家中講經說法，己亦與兒孫等一起共修持。

馮居士待人忠誠，做事負責，發起生西助念團，於助念時非常認真，任勞任怨。謙遜隨和，不說人是非，不攀緣求名。一九七三年罹病，依舊平靜念佛誦經，於病苦中，行持無減。一九七四年四月，再度住院，仍念佛不輟。十二日上午，居士見阿彌陀佛手持紅蓮，遂與眾法師、親友們一一告別，旋即返家。自此，十日不語，四月廿二日，正念分明，安詳西逝。

——《內明》二七期．頁四七。

38 丁友竹居士（一八九五－一九七五）

丁友竹，江蘇人。世代行醫。居士得其家傳，於蘇州設「愛竹醫廬」，治人無數。貧困者求治，多加優惠。若病勢嚴重者，則令其留住診所，悉心調治。開刀、敷藥、包紮，皆親手為之，嘗曰：「**如此，工作雖忙，但對病人患部，可細心觀察用藥，減輕其痛苦，使獲早癒**。」對無力就醫者，常供給飲食湯藥，好言安慰，使減少憂慮。出家眾求治者，施診給藥，不取報酬。

居士早年便發心學佛，持戒茹素，日以《大悲咒》、《普門品》、《金剛經》、《彌陀經》為日課。中年皈依印光大師，常勸人念佛，歸向淨土。並言：「**應多讀印老文鈔，句句眞實，爲行人指明方向。如不遵行，豈不錯過一生**。」

一九七四年，丁居士因患痛風，醫藥罔效。雖於病中，仍持名不斷。一九七五年春，痛風竟不藥而癒。八月十九日晨，正念分明，念佛不輟，含笑西逝。

容顏不改，一如生前。春秋八十。

──《近代往生隨聞錄》頁一四七──一四八。

《大般若波羅蜜多經．卷五七五》(《大正藏》第七冊頁九七二上)

曼殊室利！若善男子、善女人等欲入如是「(一相莊嚴)三摩地」者，

❶應處空閑，離諸諠雜。

❷結跏趺坐。

❸不思衆相(不取其餘夾雜諸相)。

❹為欲利樂一切有情，於「一如來」專心「繫念」。

❺審取(專稱)「名字」。

❻善想「容儀」(善於觀想彼佛莊嚴容貌儀表)。

❼隨(佛)所在方(所)，端身正向(正向著如來)。

❽相續「繫念」此「一如來」，即為「普觀三世諸佛」。

所以者何？曼殊室利！「一佛」所有無量無邊「功德、辯才」等(等同)「一切佛」，三世諸佛，(皆)乘「一真如」，證「大菩提」，無差別故。

39 藍庚妹居士(一九〇〇—一九七五)

藍庚妹,客家人。素食多年。平日念佛,每晚必至高恩寺隨眾念佛共修,數年不斷。雖生活無虞,家庭和樂,仍覺人生無常,對家事逐漸淡薄。

一九七四年,囑家人言:「**往後大小事,汝等自行處理,無需稟告。吾志求生西,此世間太苦,無可留戀。**」自此,精進念佛,有時多至十萬聲。時高恩寺住持天智師,見藍居士佛珠太舊,擬送一新念珠予居士,居士言:「**有一串能念即可,何必分新舊?再者,吾不久即將往生。**」十二月下旬,居士對家人言:「**吾要往生矣,汝等應好好念佛才是。**」眾云:「**老人家千萬不能走,此時快過年了,眾等皆忙,照顧不過來也。**」居士改答:「**明年正月必行!**」一九七五年正月四日,早齋後依然念佛,忽高聲言:「**阿彌陀佛接吾矣!**」於是大聲念佛。未幾,於念佛聲中,身無病苦,面朝西方,含笑坐化。世壽七十有五。

——《中國佛教》廿卷·三期·頁二一二。

40 鄒淨明居士（一八九一—一九七五）

鄒淨明，法名寬淨，吳縣人。家貧，刻苦耐勞。年十三喪母，年十七父亡。因其姑母念佛甚為精誠，故亦生信心。皈依步雲法師，禮隆暄法師求授五戒。一九五〇年，於家中開設道場，虔誠供奉西方三聖。禮請慧舟法師宣講《阿彌陀經》。平日禮佛二百拜，誦《金剛經》、《地藏經》、《普門品》諸大乘經，朝暮課誦，從未間斷。雖已屆八四高齡，每逢佛誕，亦經常打七。

一九七五年七月，感足部不適，行走不便，經針灸後則稍癒。十一月，忽中風昏迷，經一晝夜後清醒，坐言：「**人生苦海無邊，必須跳脫，共乘觀音菩薩法船，至西方極樂世界**。」並口述其他法語甚多，歷一小時後，方始臥下。其女與蓮友助念，居士亦能隨眾念佛，安詳逝化。逾三十小時，四肢皆冷，頭頂猶溫。春秋八十有四。

—《中國近代淨土聖賢錄‧第四冊》頁一九二。

41 祝慧英居士（？—一九七六）

祝慧英，蘇州人，守貞不嫁，亦無識字。自出母胎即茹素，母令其食葷則堅拒。皈依德森法師，專修淨業。生活極貧，由妹與妹婿供給之。一九七六年，因胃疾出血。臨終前數日，見有兩小兒捶其腿，被捶之處皆青瘀。自知宿業作祟，故一心念佛，異相遂消失不見。

臨終當日，見彌陀佛接引，祝居士自云：「**須見蓮華乃去**。」須臾，果見蓮華現於虛空，安詳西逝。遺命囑骨灰和麵為丸，投諸海中。

——《近代往生隨聞錄》頁一六五——一六六。

42 周素英居士（一九二六—一九七六）

周素英，法名本淨，臺灣人。適沈經熊居士。自奉甚薄，關懷貧苦，為善不欲人知。供養三寶，竭盡心力。居士全家均皈依華嚴蓮社南亭法師座下，共同參與華嚴法會。居士長年茹素，平日功課，仍在一句彌陀聖號。專心一意，念佛拜佛。操持家務，亦佛號不輟。於《維摩經》、《法華經》、《金剛經》有偏愛，並曾禮拜《法華經》。

一九七六年十月三十一日，於趕赴華嚴蓮社之「秋季華嚴法會」途中，遇車禍住院，然神態安詳。十一月三日，於法師與家眷助念中，居士忽從口中說一「**佛**」字。未幾，安詳往生。世壽五十。

——《本淨居士往生事略》。

43 姚道明居士（一八九一——一九七七）

姚道明，法名性海，江蘇人。皈依了然法師。高鶴年居士嘗布施劉莊私宅為貞節淨土院，安置清修老弱婦女，達百餘人。一九二七年，姚居士受高居士委託，負責該院內部一切事務，領眾修行，不辭勞累。精進念佛，十分專誠。有時道糧缺乏，堅持與大眾克服困難，共度艱苦歲月，毫不退轉。如是者經歷數十年。一心念佛，求生西方。

姚居士往生前三月，即預知時至。一九七七年正月廿七日晨，身無病苦，面向西方，雙手結印，安詳坐脫。春秋八十有六。

——《近代往生隨聞錄》頁一四八。

44 于居士（一九〇九——一九七七）

于居士，南京人。適盧維鴻居士。任職於公賣局。居士與夫皆篤信佛法，專修淨土，發願往生極樂，全家亦皈依，為佛化家庭。一九五七年，罹嚴重關節炎，後因雙腳機能衰退，無法行動。然居士更精勤念佛，或聽講經。

一九七七年三月八日，于居士對來探望諸鄰人言：「**過幾日，吾要走了！**」鄰人問：「**往何處？**」答：「**回老家。**」十日，居士要求其女送往醫院，並言：「**明日若吾於家中往生，檢察官至此驗屍，將驚動四鄰。況且鄰居近日將辦喜事，會犯忌諱。將吾送醫院，即可解決。**」三月十一日凌晨，居士於醫院趺坐念佛，臨終對夫言：「**吾先走矣！**」泊然逝化。入殮，身軟如綿，面色如生。世壽六十有八。

——《明倫》六三期・頁一一一——一二。

45 徐了法居士（一九〇六——一九七七）

徐了法，江蘇人。青年奉佛，中歲夫亡，無子女，孑然一身。居士於宏法利生事業，深具熱忱。領眾結社，虔心念佛。參禮各名山道場，竭力援助有困難之出家眾及念佛居士。侍奉病人，及臨終助念，皆不辭勞苦，盡力而行。後居士雖罹癌，仍不顧自身安危，侍他人疾，毫無倦容。居士家貧，依靠變賣衣物度日，但從不求助於人。或有以財物饋贈者，必於佛前懇切迴向。往生前，家徒四壁，僅一「供佛木櫃」而已。

居士晚年罹患乳癌末期，且尚患有其他疾病，無法手術。自知醫藥罔效，懇求菩薩接引往生。時患部潰爛，膿血交流，竟不感疼痛。一九七七年，往生前，預知時至，曾與眾言：「**七月一日往生**。」七月一日上午八時，徐居士對看護者言：「**速為吾燃香，大士法駕來矣**。」並請人扶起，雙手合掌，向南方窗口作禮，口稱大士聖號。少頃，復行臥倒。是時，看護皆高聲稱念聖號，徐居士對其言：「**請汝等輕聲，念慢些，否則吾跟不上**。」鄰居探望之，見居士口角微動，面容如常，俱云：「徐老太太還在念佛呢！」殊不知居士已於眾等念佛聲中，安詳往生矣！世壽七十有一。

——《近代往生隨聞錄》頁一六六——一六七。

《無垢淨光大陀羅尼經・卷一》（《大正藏》第十九冊頁七一八上）

佛言：大婆羅門！此迦毘羅城三岐道處有古佛塔，於中現有「如來舍利」，其塔崩壞，汝應往彼重更修理……依法七遍念誦神咒，令汝命根還復增長，久後壽終，生極樂界，於百千劫受大勝樂。

46 鍾六妹居士(一八九八―一九七八)

鍾六妹,屏東人。夫於二次大戰時,至南洋充為軍伕,一去不返。居士便守寡四十餘載,與一子四女,生活貧寒。居士禮佛,持早齋,以佛法為支柱。生性仁慈,不許家人殺生。往生前一年,因病且身體老化,無法治癒。居士外孫為行放生迴向,並七日七夜念佛不斷。一週後,居士果然痊癒,遂發願念佛,身體亦漸康復。居士未曾讀經,故念佛時,只心想侍候阿彌陀佛。未久,經中所述之西方景象,自然顯現於眼前。

往生前,鍾居士對孫言:「已夢見阿彌陀佛,向吾微笑。兩旁有兩位莊嚴的姑娘,無穿鞋,腳踏蓮華。還有人飛於天上。」

孫問:「可有問佛,能帶您回去嗎?」

居士答:「忘了!都看呆了,直至影像消失。」

又云:「又曾夢見一片蓮華池,池邊地面十分清淨,建築莊嚴。孩子們於地上拾花,相貌美好。但竟沒有人養雞鴨!此回,吾一直看到醒來。」

孫言：「好極！那是西方淨土。下次再見阿彌陀佛，需記得請佛帶您去！」

居士答：「好！」

一九七八年，居士略感不適，翌日晨，已泊然西逝。其女夢母勸其念佛，並云：「在佛前修行眞好！」世壽八十。

—《法雲》五期・頁六一—六四。《e世紀往生傳（二）》。

《陀羅尼集經・卷二・釋迦佛頂三昧陀羅尼品》（《大正藏》第十八冊頁八〇二下）

若日日作種種供養阿彌陀佛，誦呪滿十萬遍，作印法者，即得滅罪命終生彼國。

又若欲得生彼國者，亦更以泥作阿彌陀佛像十萬軀，滅罪，死生阿彌陀佛國。

47 孫心提居士（一八八四—一九七八）

孫心提，大陸人。適李。因受母信佛影響，年十五，持準提齋。年四十五持長齋。一九二六年，割股肉，煎藥療夫。夫亡，更加精進學佛。年五十，皈依圓瑛法師，並受菩薩戒。樂善好施，曾見無衣禦寒之乞士，居士遂將自身衣服贈之，己身則受寒凍返家。亦曾於酷暑，至羅癌之貧窮婦人處，念佛三日，直至婦人往生。

一九五一年，孫居士一日拜佛時，屋頂倏然消失，見觀音菩薩，身著白紗，飄然而過。一九六一年左右，居士患感冒欲嘔，又見觀音菩薩，身著藍衣，左手捧一盤子，盛有許多不淨之物，觀音菩薩云：「**汝將盤中物吐盡，即能走矣**。」一九七七年，居士腰疼，無法動彈，坐於臥房對面椅上。突然，床鋪消失，化成一座法台，觀音菩薩立於法台之上。居士不顧一切站起，欲撫菩薩，腰痛竟消失，手上並抓到一把桂花。觀音菩薩云：「**桂花開時，汝將至吾處**。」

一九七八年一月，又親見阿彌陀佛丈六金身，金光閃耀，無法逼視，以佛手於居士頭頂比劃。五月，居士預知時至，開始斷食，僅喝大悲水少許。八月，身無疾苦，正念分明，安詳往生。春秋九十有四。

——《普門》三四期．頁三〇—三二。

《佛頂放無垢光明入普門觀察一切如來心陀羅尼經．卷二》（《大正藏》第十九冊頁七二四上）

天主！若有於此「佛頂無垢普門三世如來心陀羅尼」塔而生恭敬，所有過去短命之業而得消除，復增壽命，諸天護持。

此人命終，捨此身時，由如蛇蛻，便得往生安樂世界。不墮「地獄、傍生、焰魔羅」界，乃至不墜一切「惡趣」。

48 楊彩月居士(一九〇五—一九七九)

楊彩月,福建人。皈依道源長老,早晚持誦《金剛經》、《普門品》、《心經》、《大悲咒》及佛菩薩聖號,始終如一,時常夢見阿彌陀佛與觀世音菩薩。一次,居士患耳疾,夢見觀世音菩薩以竹針診治。又一回,夢見阿彌陀佛放金色光,居士循佛光向前行。晚年,患有心臟擴大症。

一九七九年八月廿五日,楊居士安詳西逝。逾九日,面色如生,身軟如綿,亦無異味。荼毗,獲舍利子五顆。世壽七十有四。

——《佛菩薩靈感探訪錄》頁八六。

49 王惠貞居士（？—一九八〇）

王惠貞，臺灣臺東人。生於教育世家。居士自幼隨母習佛，皈依三寶，修持淨土法門。對信願念佛，求生西方，頗為傾心。

一九八〇年秋，王居士罹子宮癌，未能療癒。遂將珍貴飾物，布施慈善機構，救濟貧窮。並囑其夫及兒女，不得入其室，以便靜觀思維，斷除親情。經七日，云：「**汝等可入室矣，吾已不復動情**。」從此萬緣放下，一心念佛，求生西方。對前來開示之廣化法師言：「**吾要往生西方，不願留此娑婆受苦**。」四月六日，沐浴更衣畢，對其母言：「**吾已身心清淨，有請廣化師公，吾明日走**。」次日，廣化法師領眾僧助念。八日凌晨六時，面對佛像，合掌恭念彌陀聖號，「**佛**」字尚未出口，溘然往生。逾六時，頂上猶溫。

——《菩提樹》三五八期・頁三一。

50 楊徹年居士(一九〇五—一九八一)

楊徹年,陝西人。適趙。年廿四,夫亡。善事翁姑,竭盡孝思,扶養夫弟之子女,猶如己出。與姑娌和睦共處,與親友鄰里往來,溫良恭謹,不與人爭。居士性喜清靜,喜修善行。皈依良卿法師,遂長齋念佛,期生淨土。精進修持,夙夜匪懈,三十餘年不變。

一九八〇年十一月臥病,雖無法跪拜禮誦,仍靜坐修觀。十二月初病漸癒,禮誦如往昔。但謂其家人言:「**汝等勿以吾病好轉,明年正月間,決定往生矣!**」家人見其輕安,不太在意。其侄媳即請僧打七,為居士消災延壽,除夕之夜,淨壇起七,四眾咸集。居士整理所儲衣物,分贈親友僧眾,為其臨終助念。

翌年一九八一年正月五日晚十一時,居士忽請眾等休息,並謂:「**明日六時,決定西去。**」眾等益加竭誠念佛。次日六時,居士端身正坐,於念佛聲中,洎然而寂。逾三小時,頭頂尚溫,通身柔軟,面色如生。世壽七十有六。往生後,家人或夢有人至門前張貼獎狀者；或夢有人持五色花獻於居士像前者。

——《近代往生隨聞錄》頁一六八——一六九。

《觀自在菩薩隨心咒經》（《大正藏》第二十冊頁四六一中）

此「總攝印呪」，能總攝一切印呪等。若受持此呪者……誦此呪滿十萬遍已，滅八萬億劫生死重罪。

若滿二十萬遍，命終生無量壽國，面見觀世音菩薩，得四果位，乃至三十萬遍已上，功德不可思議不可度量，後身成「菩薩道」，漸進成佛。

51 高母老居士（？—一九八一）

高母老居士，臺灣彰化人，為高林茂居士之母。生性仁慈，忠厚老實。晚年皈依三寶茹素。雖常生病，受病折磨，未曾怨天尤人。於病中體會娑婆之苦空無常，精勤念佛，求生西方。

某晚，高母老居士見一「高大人」對其言：「**汝業障已消，吾帶汝走！**」居士言：「**阿彌陀佛身金色，吾等彌陀，方隨之去。**」復夢許多身著黑衣者，為其念經。居士告知其子，子遂禮請蓮友助念，並持大悲咒水。飲大悲咒水後，腹腫竟消退，即能走動。居士生平未見過廣欽老和尚，卻夢廣老勸居士念佛，乃因其子曾求廣欽老和尚加持，虔誠之感應也。臨終前告誡其女言：「**吾往生時勿泣，可助吾念佛。若無法做到，待吾出殯後再回。**」一九八一年十月十五日凌晨，正念分明，意無顛倒，安詳西逝。家人曾見二道光，從天而降至屋頂。五彩閃爍，側有彩雲。

——《花開見佛》頁四六—五一。

52 湯雀郎居士（一九〇三－一九八一）

湯雀郎，法名靜修，上海人。以紡紗為務。婚後無子，領養一子一女。子長大後，性情惡劣，不盡孝道，百般虐待。居士皈依三寶，虔誠奉佛，每日早晚課不輟。居士戒殺茹素，養子卻強逼食肉，不堪虐待後，一度離家住進老人院。因院中不便茹素，仍復回家。在極端痛苦環境中，曾企圖自盡。人勸之曰：「**佛弟子不應自殺。自殺者，必充滿瞋恨心，及其他煩惱，喪失念佛正念。不但不得往生淨土，還將墜落惡道。需千忍百耐，堅持念佛，求生淨土。**」居士遂從其言，逆來順受。於惡劣環境中，信心益加堅定。欣厭之念，更加懇切。茹素念佛，更加精進。

一九八一年三月十四日，湯居士尚進午餐，至傍晚時，竟安詳坐脫。尤有奇特者，坐椅無靠背，居士竟挺身端坐，面色如生。春秋七十有八。

——《近代往生隨聞錄》頁一六九－一七〇。

53 黃順居士（一九〇七—一九八四）

黃順，法名開子，臺灣嘉義人。篤信佛教，宿具慧根，國字所學無幾，但習《大悲咒》、《金剛經》、《阿彌陀經》、《普門品》等，即能朗朗背誦。自幼不喜食葷，婚後，雖負責一家食，卻從不殺生。年廿一，皈依修德寺永相法師，即持長齋。夫逝，虔誠一心念佛。一九五二年，於大仙寺受菩薩戒，益加精進，每日四時即起身早課。日誦彌陀聖號萬聲，禮佛百數十拜，專志西方，從未間斷。

居士待人以誠，人皆樂於接近，所持之大悲咒水，服用者皆有神效，故北、中、南前往求大悲水者，絡繹不絕，人稱「**義竹師姑婆**」。數十年如一日，從未收分文。經居士勸導皈依三寶者，達數千人之多。樂善好施，但自奉甚儉。凡興建寺廟、整修道場，均竭力擁護。守戒嚴謹，力倡放生。一九六六年起，組念佛會，禮請妙法寺心田法師，每月朔、望，舉行念佛講經。每年三節或道場傳戒，必定供僧齋僧。各類慈善事業，無不盡力而為。

一九八四年，預知時至。四月廿二日，身感違和，往妙法寺靜養，時精神朗朗。廿四日，電召子女返回，翌日即斷食。至廿六日下午六時，於妙法寺僧俗及親眷助念下，安詳往生。荼毗，得舍利多枚。春秋七十有八。

——《妙法月刊》七期．第二版。

《不空罥索神變真言經．卷二》（《大正藏》第二十冊頁二三七上）

持真言者……速得「不空羂索心王母陀羅尼真言」祕密曼拏羅印「三昧耶」現前成就，若所去處，永無障礙……

一切善友而相樂見，得身清淨。觀世音菩薩當與諸願，阿彌陀佛夢為現前。若命終已，直生西方極樂剎土。

54 潘淑媛居士（一九一八—一九八四）

潘淑媛，號蓮初，安東人。適黃懷中居士。年十五即隨父母信佛，年廿曾練習講經。後親近李炳南居士，專修淨土。平日除朝暮二課外，精進念佛數萬，數十年如一日。居士深居簡出，嚴以律己、寬以待人。曾患嚴重心臟疾病，一九六五年昏迷，經蓮友助念後，竟甦醒，並對夫言：「**要懇切發心念佛！**」此後，心臟疾病未曾復發。

夫黃懷中居士，亦受妻影響，發願持長齋，並大力護持廣播弘法事業。一九七五年，潘居士患嚴重關節炎，經針灸後，迅速痊癒。再次對夫言：「**需發心好好念佛！**」念佛方能消災免難。一九八四年十二月十七日，居士遭酒醉騎士撞成重傷。翌日，於念佛聲中，安詳往生。荼毗，獲五彩舍利子七十三顆。世壽六十有六。

——《明倫》一五二期頁一四—一五。

55 吳正果居士（一八九〇—一九八五）

吳正果，大陸人。年廿一，適杜。貧無居室，寄住同村吳氏家。刻苦自勵，克勤克儉。歷十餘載，終有住所。移居時，房東不捨，哭泣以送，居士亦泣。往後，逢年過節，必備禮慰問，不忘當年借住之情。居士為人正直，性情謙和，樂助好施。奉姑以孝，教子以嚴，於鄉里有好口碑。

居士年四十起，便持長齋。年六十八，隨子至江浦皈依三寶，法名正果。自此專志西方，足不出戶。日常勞務外，一心專念彌陀。年逾九十，精神聰明，一如常人。年九十四，猶生新牙三顆矣！

一九八五年元月十日下午七時，因感風寒，微感不適。午夜十一時半，於助念聲中，安詳逝化。翌日，四肢柔軟，面色如生。荼毗，得五色舍利花，青者廿餘顆，黃者十幾顆，綠者幾塊，赤者十幾顆，白者大如棗一顆。春秋九十有四。

圓徹法師頌云：

「百年彈指即成空，噩耗驚傳亦意中。

聊幸即生躋解脫，珠花舍利惠群蒙。」

——《近代往生隨聞錄》頁一七〇——一七一。

《如意輪陀羅尼經・卷一》（《大正藏》第二十冊頁一九四上）

此「祕密曼拏羅三昧」耶，是「聖觀自在」現身與願處……增長福蘊，命終當得往生西方極樂剎土，蓮花化生。著天衣服，而自莊嚴，識「宿命智」，乃至菩提，不墮惡道。

56 巫忍居士（一九一二——一九八五）

巫忍，臺灣南投人。適黃，務農。青年時即皈依三寶，婚後持早齋，望朔日皆茹素，晚年始持長齋。居士直心待人，克盡孝道。平日誦經、念佛，經常參加念佛法會。一九八四年，於鼓山寺受菩薩戒，後益加精進，早晚念佛，專志西方。

一九八五年，因熱心協助親眷後事，悲痛勞累過度，患腦中風，診治無效。遂於家人虔誠念佛下，正念分明，含笑西逝。翌日，身軟如綿。荼毗，獲舍利子百餘顆。世壽七十有四。

——《上國邨》六期・頁三三——三六。《明倫》一五九期・頁一〇——一一。

57 賴謝妙居士（一九〇六—一九八五）

賴謝妙，臺灣彰化人。年三十信佛持齋，早年修行以「早金剛、晚彌陀」，僅止於誦經念佛。後因車禍傷及雙腿，略不良於行，即一心念佛，力求往生。每日四時起身早課，聽電台弘法，以求解行相應。除用齋時間外，餘時均念佛修持。手不離念珠，坐必端身向西。謹守口德，言必論道，不閒話雜語。常行布施，和善待人。

一九八五年八月，賴居士是年八十，一日對蓮友陳居士言：「**吾今生修行，猶欠度眾；今欲回西方，亦欠助念。吾臨終時，汝當助吾。**」陳居士以為戲言，亦戲答：「夏日炎炎，助念辛苦，何不妨等天涼？」居士言：「**吾會選個涼天。**」陳居士又戲言：「**助念莫拖太久，否則，吾較汝先去矣。**」居士答：「**二、三日即可。唯全靠汝，切勿誤我。**」

是年九月底，天果已漸涼，居士忽因腦血管阻塞，醫療罔效。自醫院返家後，雖口不能言，然其右手始終隨著佛號節奏，拍打床沿。蓮友陳居士於耳邊叮嚀念佛時，居士則正念分明，均有反應。十月一日於眾等助念三日後，即安詳往生，與八月之「預言」完全相謀。荼毗，得各式五彩舍利子數百。春秋八十。

——《明倫》一六〇期·頁一二一一四。《上國郵》頁三二一三六。《傾聽恆河的歌唱》。

《陀羅尼集經·卷六·何耶揭唎婆觀世音菩薩法印咒品》（《大正藏》第十八冊頁八三七上）

「發遣馬頭觀世音印咒第十四」，依前歸命禮拜發遣馬頭觀世音菩薩咒曰……咒此一物，一咒一投，當前面上，至八千遍……得七寶轉輪聖王。命終以後生安樂國，從觀世音足下而生。

58 徐秀美居士（一九二〇—一九八五）

徐秀美，臺灣臺中人。受其母虔誠信佛之薰陶，終生念佛、拜佛。早年皈依佛門，篤信彌陀。自奉甚薄，於扶弱濟貧、建寺、修寺，卻不遺餘力，並常教人念佛。後居士遇車禍、獨子驟逝，體會娑婆世界之無常，更深切發願往生西方，念佛益加精勤。居士常言：「**念佛第一，吃飯其次。**」行、住、坐、臥均在念佛。

徐居士於往生前一年，雖有病苦，然念佛求生極樂之信願未曾退卻，嘗言：「**三世苦難，於一世報盡，速往西方！**」一九八五年四月十六日，安詳往生。荼毗，獲各色舍利子十餘顆，瑞相甚多。世壽六十有五。

——《明倫》一七四期．頁一八—二〇。

59 郭阿花居士（一九〇九—一九八七）

郭阿花，臺灣臺中人。適莊。年三十六，夫逝，獨力撫育五子女。未學佛前，曾夢見竹叢，落下念珠一串，醒後言：「**大德**（台語「竹、德」同音）**賜吾念珠**。」後即親近李炳南居士，聽聞佛法。一九五八年，臺中慈光圖書館成立，居士便發心護持，於佛事皆能精誠投入。平日朝暮二課，念佛一萬，數十年不馬虎。

一九八七年，臨終前亦念佛不輟，安詳西逝。翌日，全身柔軟。荼毗，獲各色舍利子四十八顆。春秋七十有八。

——《明倫》一七九期．頁二〇—二三。

《如意輪菩薩觀門義注祕訣．卷一》（《大正藏》第二十冊頁二一六下）

結契誦真言，定意專注於此一字……頓集一切福德智慧，現在除遣一切災禍非命，世人見聞歡喜。所出言辭天人敬順，不敢違越，臨命終時「衆聖」見前，得生極樂淨妙國土。

60 陳月碧居士（？—一九八八）

陳月碧，適張。體弱多病，為疾所纏。年四十六，因其子修習淨土之因緣，開始拜佛，並皈依龍道法師，勤奮念佛。後居士曾夢一境，蒙佛垂愛，從此更加精進，日夜至誠念佛。自此，病苦漸消，後竟不藥而癒。因虔誠念佛，遂能以羸弱之軀，壽至八十高齡。然終因色身老化，腎疾復發，未能根治。及至病危，仍佛號不斷，往生信願真切。一九八八年七月廿一日，安詳往生。逾一日，通身柔軟。荼毗，獲舍利子十數顆。

——《上國邨》十四期・頁四六—四八。

《十一面觀自在菩薩心密言念誦儀軌經・卷一》（《大正藏》第二十冊頁一四〇上）

世尊！我有「心密語」，名「十一面」，「十一俱胝」如來同共宣說，我今說之，利益安樂一切有情，能除一切疾病，止諸不吉祥惡夢……現世得十種勝利，何等為十？一者、離諸疾病……八者水不能溺，九者火不能燒，十者不非命中夭。又獲四種功德，一者、臨命終時「得見如來」……四者、從此世界得生極樂國土。

61 胡安素居士（一八九六—一九八八）

胡安素，江西九江人。適周宣德居士。早年皈依三寶，後受五戒及菩薩戒，茹素三十七載，專修淨土法門。全力支持周居士弘法、護法之行，護教、護生不遺餘力。常往華嚴蓮社、善導寺、慧日講堂聽經聞法，上求佛道，風雨無阻。凡打七、念佛、放生等修持之事，悉隨緣參加，精進不懈。自奉甚儉，助人利他，則願捨其所有。後罹胃癌，除手術使用痲醉劑外，竟毫無苦痛。

一九八八年一月十八日，往生前一週，微感不適，經檢查並無疾病，然居士卻言：「**吾要往生矣！**」臨終前二日，拒絕進食。一月廿二日，安詳往生。春秋九十有二。

——《明倫》一八二期・頁五二—五三。

62 葉白匏居士（？—一九八八）

葉白匏，臺灣臺北人。西蓮淨苑慧斌法師之母。受菩薩戒，常齋奉佛。日誦佛號三萬，及誦《彌陀經》、《金剛經》、《普門品》，求生淨土，從不間斷。居士慎防口業，不論是非。樂善好施，廣修供養。

葉居士年四十餘，夫亡；同年，子亦病歿；其孫甫出生三日即夭折。居士雖遭此變故，愈加堅強，潛心向佛。嘗對其女言：「**無論如何變遷，不能改變吾念佛之心志**。」一九八八年九月，居士心臟病發，自知將辭人世，堅持返家念佛，求生西方，惜家屬不從。後群醫束手，溘然西逝。助念至翌日，容顏悅豫。荼毗，獲金色舍利子百餘顆。

—《西蓮文苑》一八期・頁五二—五三。

63 江翠裳居士（一九五〇－一九八八）

江翠裳，臺灣彰化人。秉性善良。年輕時面貌皎好，上學時被稱為「班花」，一九七二年，臉部右側忽腫脹，得了腫瘤，痛苦非常，經群醫檢查，束手無策。度日如年，如同「活地獄」。江居士提到曾日夜皆見到一名男子，很害怕卻又不敢對人說。並在夢中感應到自己的前世：她曾是滿清時人，亦為女性，與一男子有感情糾紛，後來此男子懷怨死去，男子母親亦怨恨非常。故今日所得之大腫瘤，是此男子冤家附身之報仇，恐怖的是，這個附身男鬼還能開口跟江居士說話，言：「**我找妳很久了，終於被我找到了！**」

後因緣具足，終遇到尚未出家之道證法師，為其解說三世因果及念佛往生西方、永脫輪迴苦的淨土法門。江居士如獲至寶，從此一心念佛、讀經及收聽「蓮友之聲」。然而腫瘤日漸惡化，極其痛苦。雖在病痛中，居士仍勤做早晚課、打坐念佛，念佛時，常念得急切，以對抗病魔和妄念。

由於江居士念佛非常專志，一日早晨，與老母皆清楚聽到窗外小鳥清脆叫著：「**江翠裳，阿彌陀佛！江翠裳，阿彌陀佛！**」雖於病中，亦能關懷周遭人，不貪戀物質，勤於布施。由於長期臥病，深深體悟世間痛苦，常一心祈求自度往生，好乘願再來度化照顧她十八年的母親。往生前三日，預知時至，不再進食。一九八八年九月廿一日，於眾等助念聲中，安詳往生。世壽三十有九。往生後，家人曾於閉眼助念時，親見光明大道。光明中，有二列身著袈裟之僧眾，肅立兩旁。

——《上國邨》十五期・頁三〇——三六。

《佛說無量壽經・卷上》(《大正藏》第十二冊頁二七〇上)

佛告阿難：無量壽佛威神光明最尊第一，諸佛光明所不能及。或照百佛世界，或千佛世界，取要言之，乃照東方恆沙佛剎，南西北方，四維上下，亦復如是；或有佛光照於七尺，或照一由旬，二三四五由旬，如是轉倍，乃至照一佛剎。

64 林素華居士（一九三〇──一九八九）

林素華，臺灣人。早年經營魚塭，不識字。嘗聽聞地藏菩薩救苦救難之精神，遂於蓮因寺懺雲法師的協助下，將魚皈依、放生。往生前二年，罹患中風，遂感人生苦空、無常之理，方才真正念佛。先是散念，後定功課，日誦萬聲佛號。曾言：「**學佛要實在，不是跑道場即能了事。**」後更日持地藏菩薩聖號千聲。

一九八九年八月二日，往生前四日，林居士言：「**吾要往生極樂矣！**」六日，於助念聲中，安詳往生。往生後，夢告其女曰：「**吾所乘之白色蓮華，與臺灣一樣大。所見之境極美，但只有男眾而已。**」助念逾九小時，頭上猶溫。荼毗，得舍利子數顆。世壽五十有九。

──《優婆夷列傳》頁二八〇──二八二。

65 徐碧桃居士(一九三〇—一九八九)

徐碧桃，法名道覺，臺灣人。適黃。未學佛前，好食葷，喜魚鱉。年四十餘，聞佛法，深觀慾望無法消彌人生之苦，即發心茹素念佛。除家務外，隨時禮佛、誦經。凡有資費，皆省下供養三寶、放生、布施貧苦。每逢年節，必參訪寺院，禮佛敬僧。獲子女餽贈，皆以：「**省下做功德，無須浪費**。」為誡。

一九八九年初，略感不適，後方知為肺癌。往生前三月，癌症末期劇痛異常，居士均無仰賴止痛劑，唯賴念佛，即能安然入眠。雖癌細胞已擴散至腦部，但始終清醒如常。六月下旬，居士即曰：「**願於八月下旬往生**。」八月廿四日，近午時言：「**已見阿彌陀佛來接！**」蓮友虔誠助念，居士亦隨眾念佛。晚間十時半許，居士凝視三聖像，未幾，安詳西逝。荼毗，獲眾多舍利子。世壽六十。

—《明倫》一九八期・頁十四—十六。

66 李菊居士（一九〇六——一九八九）

李菊，臺灣臺中人。適劉。溫柔賢淑，心地善良，隨緣濟貧。夫逝，於愛別離苦之際，孫女勸導放下，皈依三寶，發心念佛，求生西方。並隨緣供養三寶，布施放生。後更發願持長齋，每日念佛不斷，常於夢中能念佛。雖年逾八旬，然一向健康。至一九八九年十月，始現衰老相。十二月廿二日，一切如常，晚課後，即不復言語，家人遂輪班助念。期間，忽有三名持槍歹徒，入門勒索，見眾等念佛清淨法音，遂離去，化解危難。

居士原略現昏迷，經念佛十二小時後，竟自清醒。雖口不能言，然神智清楚，手持念珠，口中作念佛狀，如此持續七日。十二月廿八日午時，李居士於眾等竭誠念佛聲中，目視彌陀接引像，正念分明，含笑逝化。時異香滿室，翌日，通身柔軟，面色如生。荼毗，獲眾多舍利子。春秋八十有三。

——《優婆夷列傳》頁二一一九。

67 鄧慧心居士（一九二四—一九九〇）

鄧慧心，本名細心，臺灣臺中人。適朱斐居士。賢淑樸實，克勤克儉，並襄助朱居士創辦菩提樹雜誌，四十年如一日。虔誠向佛，好學不倦。自奉甚儉，而行善功德，則絕不吝嗇。年四十二，好學不倦，受大學教育，畢業後任職東峰國中。自幼即隨母信佛，自李炳南居士於臺中弘法後，正式皈依。一九五二年，於大仙寺受菩薩戒。一九五八年，於臺中蓮社，以閩南語宣講《普賢行願品》。居士原專修淨業，後因緣成熟，兼修密法，顯密圓融，精進不懈。

一九八九年，身感不適，經多方療治，終診斷為肺腫瘤末期，醫藥罔效。居士嘗言：「**不畏死，只怕臨終失去正念，無法往生西方。**」病中，仍日持《金剛經》、《彌陀經》、《普賢行願品》，修「金剛薩埵」、「阿彌陀佛」法，從不間斷。並親自校閱昔日宣講《行願品》講稿，整理成《普賢行願品講話》，付印贈送。

一九九〇年三月四日，臨終前二日，自知時至，故停止打止痛劑；前一日，拒絕服藥。三月六日，正念分明，翻身側臥，安詳捨報。助念一晝夜後，四肢柔軟。荼毗，獲五彩舍利子數百顆。世壽六十有九。

家人因不願驚動親友，故鄧居士往生之事，並未稟告其根本上師；卻於三月十九日接獲遠自尼泊爾之仁波切來電云：「**居士已往阿彌陀佛國土**。」——《普門》一五二期．頁三八—四一。《密藏院》三二．三三期合刊。頁二一九。《菩提樹》四四七期．二八。

《金剛頂瑜伽千手千眼觀自在菩薩修行儀軌經．卷二》（《大正藏》第二十冊頁八二上）

若但依此念誦法，或一時、二時，或三時、四時，於一淨室對尊像前，結契念誦，常不間斷，現生必獲「三業清淨」，所求世間榮華富貴，皆悉成就……

睡安覺安，諸魔不能侵害，臨命終時「本尊」現前，將往極樂世界蓮花胎中，「上品上生」證「菩薩位」，受「無上菩提」記。

68 張春李居士（一九一〇—一九九〇）

張春李，臺灣彰化人。適黃，為黃家之續絃，並撫育前妻六女，己則育有一女。皈依前，已持早齋多年。一九八二年九月，忽雙足疼痛，診治毫無起色。家人求助觀音菩薩後，遂得人介紹一名醫，後即痊癒，自此萌生修行之念。同年十二月，皈依並受菩薩戒。自此，認真念佛，時時懺悔。

一九九〇年六月，不慎摔倒，一病難起，其女欲延醫治療，居士卻言：「**無需幫忙，大限已至**。」臨終前，仍念佛不斷，於眾等助念中，安詳往生。逾廿時，周身柔軟。荼毗，得舍利子、舍利花若干。春秋八十。

──《上國邨》三四期。《優婆夷列傳》頁二四四—二四六。《花開見佛》頁一八〇—一八三。

69 廖阿隨居士（一九〇八—一九九一）

廖阿隨，臺灣人。適呂。學佛茹素，逾四十載。平日念佛、拜佛，以《往生咒》、《大悲咒》為定課，志求西方。早年於圓通寺妙果法師處聽經學法，後於臺中蓮社、淨覺學苑、三藏講堂、妙音寺、慈明寺⋯⋯等中部道場，均有居士足跡。亦曾親近淨心長老、聖印法師、李炳南居士⋯⋯等高僧大德，聆聽法益。自奉甚儉，但樂善好施，廣結善緣，並常發心供養僧眾。往生前，曾參加「梁皇寶懺」及「佛七」，除念佛外，頻頻告誡家人：「**好好學佛！**」

一九九一年五月，廖居士略現病容。二日，自行沐浴更衣，端坐念佛。三日凌晨，隨眾稱念佛號，正念分明，洎然逝化。荼毗，獲各色舍利子幾許。春秋八十有三。

——《淨覺》十二卷・十二期・頁二七—二九。

70 林看治居士(一九〇七—一九九二)

林看治，臺灣彰化人。適李。幼年雙親相繼去世，備嘗無常之苦。居士好學不倦，熟讀四書五經，對日後學佛，甚有助益。年三十五，聞斌宗法師宣講佛法，體會輪迴之苦，即發心學佛茹素。一九五二年於大仙寺受菩薩戒，自此廣結佛緣，宣揚淨土法門，度人無數。居士提倡「佛化家庭乃社會安定之原動力」，故弘法之際，並關懷蓮友、眷屬之道業。

林居士設立臺中蓮社第一個佈教所，至往生前半個月，講經說法，領眾念佛，三十年從不斷。講經注重因果及念佛利益，不談玄說妙，真實行持。於自行化他之際，著有《念佛感應見聞記》，至往生前，此書付印五十六版，達十萬餘冊。林居士常言：「**修行無別修，只要識路頭，路頭若識得，生死一齊休。**」又云：「**念佛法門乃無上至寶。**」晚年加強念佛功夫，曾日持數萬洪名。

年六十，即備妥身後事宜，交代往生事項。一九九二年四月，往生前一週，即言：「**將回家矣，眞有極樂世界**。」十四日，往生前一日，又云：「**已見阿彌陀佛將來接引**。」十五日晨，於家屬及蓮友助念聲中，正念分明，笑容滿面，安詳西逝。荼毗，獲舍利子數百餘顆。春秋八十有六。著有《念佛感應見聞記》、《阿彌陀經淺解》、《勸說念佛法門淺講》等書行世。

——《林看治老居士事略》。《明倫》二二五期・頁三二——三五。《菩提家訊》三期。

《觀自在菩薩大悲智印周遍法界利益眾生薰真如法・卷一》（《大正藏》第二十冊頁三四上）

若人持此「一字真言」，能除一切災禍疾病，命終之後當得極樂「上品」之生。餘諸所求「世間、出世」大願，隨持得成，何況依此教法而修行者，一切「悉地」，不久圓滿也。

《佛說無量壽經・卷下》（《大正藏》第十二冊頁二七九上）

佛告彌勒：其有得聞「彼佛名號」（阿彌陀佛名號），歡喜踴躍，乃至一念，當知此人，為得大利，則是具足無上功德。

71 王淑珍居士（一九二三—一九九四）

王淑珍，臺灣人。適于，秉性善良，忠厚老實，生無識字，育有六兒女。一九九三年十一月，罹晚期肺癌，痛苦不堪。十二月廿四日晚六時，吐血呼吸急促，手腳冰涼發紫，口鼻歪斜。鄰居蓮友陳文林居士遂引導王居士「念佛」，並對開示言：

「大娘！人，有生就有死，就是皇上也有死的時候，死了以後還得投生。人本來就夠苦的了，何況死了以後再投生畜生，或變成鬼，那就更苦了。西方極樂世界有尊阿彌陀佛，他最慈悲，發的願力最大。您只要念『南無阿彌陀佛』的名字，您陽壽如盡，他就會接您到那個地方去，天天和阿彌陀佛、觀世音菩薩在一起。如果您的陽壽沒盡，阿彌陀佛和觀世音菩薩會把您的病治好的。」

王居士聽後即馬上念佛，雖病痛苦，但面露笑容，望著陳居士點頭，猶似苦海遇扁舟、黑暗遇明燈，盡力一字一字念出「**阿彌陀佛**」。持續念佛三十分後，吐血即止，臉色明顯恢復，有了光澤，呼吸平穩，表情平和。陳文林居士將西方三聖像掛於床頭，居士仍掙扎著稱念彌陀聖號。經此念佛，逾一小時多，病情好轉，眾等咸認為佛號力量，不可思議。居士雙眼不離聖像，口持聖號，手拜聖像，虔誠至極。

念佛至第三日晚間，王居士病情惡化，處於昏迷，家人持續助念，於昏迷中囈語，但接著說出一句「**阿彌陀佛**」後，手腳逐漸變暖，臉色變好。甦醒後，除佛號外，其他完全拋棄，毫無牽掛。對來探望之親友，有念佛的，即留身邊；其餘沒念佛的，即擺手，示意離開，己繼續念佛不輟。

念佛至臨終最後一晚，居士已無法發聲念佛，但仍一心專注，聽著大眾的念佛聲，雙眼始終注視佛像，手常虔誠拜佛。一九九四年元月一日晨，王居士示意更衣。雖無法出聲，口型仍念彌陀聖號。正午，於全家人高聲助念中，含笑往生。世壽七十有一。

助念逾八小時，異香撲鼻，室內溫暖如春。其女於靜心念佛時，見一道華麗壯嚴大紅門，四周金光閃閃、紅光閃耀，母親自信地向裡走去。經過多道門，門皆自動開啓，門內燦爛輝煌，難以形容，兩側站立許多大菩薩。王居士荼毗前後，瑞相不斷。友人並清晰見到居士坐於蓮華上，微笑言：「**請告訴吾兒，吾已到極善之處……好好修行，多念佛。**」王居士自初聞佛法及「阿彌陀佛」聖號至助念結束，只歷八日八夜而已！

——上述根據《戒邪淫網》網路資料。

《般舟三昧經・卷一》（《大正藏》第十三冊頁八九九上）

佛告颰陀和（Bhadra-pāla 賢護），持是行法，便得三昧，現在諸佛，悉在前立。其有「比丘、比丘尼、優婆塞、優婆夷」，如法行持，「戒」完具，獨一處止，念西方阿彌陀佛今現在。隨所聞當念：去此「千億萬」佛刹，其國名須摩提（Sukhāmatī 意譯作「妙意、好意」，即指「西方極樂淨土」），一心念之，一日一夜，若「七日七夜」，過七日已，後見之。

72 馬蘊淑居士（一九〇五—一九九五）

馬蘊淑，安徽人。適徐，為淨空法師之母。出身清寒，心地善良，樂於助人，勤儉持家。夫逝，居士辛勤維持家計。一九八四年前往香港，與在香港弘法之淨空法師相會。見到法師，心情平靜，只言：「**吾日日思念汝！**」空師對母云：「**需日日思念阿彌陀佛，以後往生極樂，吾等都能在一起。**」短短十日，初聞佛法。返滬後，即持長齋。每日念佛、禮佛，求生淨土。

馬居士雖不識字，但從弘法影音，了解念佛好處，確信極樂世界之美好。遂發大願，專持佛號。初期，因掛念瑣事，而有所夾雜，後逐漸放下，能一向專念。言語不多，勸人吃素、念佛、同歸極樂。一九九二年曾罹病，住院期間，仍念佛不輟，更見到觀音菩薩金色莊嚴。

一九九四年春，再次罹病住院，對家人言：「**吾見到阿彌陀佛！將往生已矣。**」並囑照：「**勿哭泣，此為喜事，助吾念佛即可。**」廿日後，痊癒出院，返家後言：

「**明年春，吾將行矣。**」一九九五年四月，身無病苦。

馬居士對人言：「**吾要走了！**」

某人問：「**至何處？**」

馬居士答：「**至西方極樂世界！吾帶汝去可好？**」

彼答：「**吾現在不去。您去過極樂世界嗎？**」

馬居士答：「**吾去過，極樂世界好得很！以後大家都去。**」

後更萬緣放下，行住坐臥，精進念佛。有時隨念佛機默念，時放聲念，半夜醒時也念。

馬居士原患糖尿病，左腳跟潰爛約兩個月，不易癒合，往生前一週，卻痊癒且無疤痕，腿腫亦消失。五月廿七日，略患感冒。廿九日，身無病苦，居士凝視彌陀聖像，仰望空中，念了兩聲佛號，第三聲未竟，正念分明，安詳逝化。助念時出現種種瑞相，有見到居士頭部放光，或見彩色、或見金黃色；或見頭頂有蒸氣；室有異香。助念一晝夜，面色紅潤，身軟如綿。春秋九十。

——《跨世紀蓮池會》頁一四零—一四五。《e世紀往生傳（一）》。《禪心論壇》網站。

《佛說須摩提菩薩經・卷一》（《大正藏》第十二冊頁七七中）

佛語須摩提(Sumāgadha)：菩薩復有四事法。臨「壽終」時，佛在前立，為說經法，令其不墮「苦痛」之處。何等為四？（何等為菩薩所應行的四事）

一者、為一切人故，具滿「諸願」。

二者、若人佈施諸「不足」者，念欲「足之」。

三者、見人雜施，若有「短少」，便裨助之。

四者、常念供養於三寶。

是為四法，菩薩用是四事故，臨壽終時，即見諸佛。皆在前立，為說經法，不令其人墮苦痛處。

73 潘順才居士（一九一三—一九九六）

潘順才，奉化人。青年家逢重大變故，生活坎坷，深感人生無常，立志不婚嫁。皈依三寶後，一心念佛。一九六二年，開始茹素，萬緣放下，專志西方，三十多年從不間斷。生活簡樸，從不攀緣。日誦《彌陀經》、《普門品》後，即念佛不斷。逢十齋日，加誦《地藏經》，勇猛精進。

一九九六年潘居士臨終前，面色微黃、腳微腫，於眾等念佛聲中，安詳往生。經助念後，紅光滿面、腳腫亦消，周身柔軟。濃郁檀香味，三日方散。春秋八十有四。

——《奉化佛教通訊》五一期。

《大寶積經・卷十七》（《大正藏》第十一冊頁一〇〇下）

阿逸多！汝觀彼諸菩薩摩訶薩善獲利益，若有聞「彼佛名」（阿彌陀佛名號），能生一念喜愛之心，當獲如上所說功德，心無下劣，亦不貢高，成就善根，悉皆增上。

74 陳球居士（一九一五—一九九六）

陳球，法名見球，福建人。為蔡圓美律師之母。一九八八年歸依三寶，日持二萬聲彌陀、觀音聖號。初時念佛，純為子孫祈福庇佑，但無形中，自己卻獲益良多。心胸越發豁達，越懂得放下，於許多瑣事，均不感煩躁。後持十齋日，半年後，更持長齋。一九九三年，罹患心臟病，健康大不如前。居士志求西方，親見彌陀。其女認為往生西方，並非易事，故勸母言：「**投生佛化家庭即可……**」之言論云云，居士依然故我，不為所動。

一九九五年六月，心臟病再次發作，住院時，陳居士興奮言：「**阿彌陀佛來接吾，但吾要求，暫時延些時候！**」其女對母如此「討價還價」，而阿彌陀佛也能「恩准」之「事情」，只認為母乃病中「幻覺」，不足為信。

一九九六年九月，第三次心臟病發，住院約三週後，返家療養。居士神智清醒，一再強調，云：「**最好三、五日，至多不過七日，吾將往生，以免眾等勞**

累。」囑家人誦經念佛。偶爾指著床尾或牆邊，厲聲喝道：「**那是誰？將他（她）趕走！**」或嚴聲責道：「**阿娘！汝走！汝回去！**」

一九九六年九月廿八日，吩咐家人，言：「**今晚無需為吾準備食物，吾將要下蓮華池矣！朵朵蓮華眞美！**」廿九日凌晨零時，於念佛聲中，安詳往生。身軟如綿，頭頂猶溫。春秋八十有一。母往生後頭七晚，女忽夢母立於海邊雲端上，全身閃閃金光，滿臉喜悅的對女說：「**吾現已在西方極樂世界矣！**」

──《跨世紀蓮池會》頁一七四──一七九。《e世紀往生傳（二）》。《馬來西亞淨宗學會》網站。

《佛說大乘無量壽莊嚴經》（《大正藏》第十二冊頁三二六上）

若有善男子、善女人，得聞無量壽佛名號，發一念信心，歸依瞻禮，當知此人非是「小乘」，於我法中，得名「第一弟子」。

75 張毓如居士（一九一五—一九九六）

張毓如，法名果慧，成都人。天性淳厚，侍親至孝。年十四，因母病危，於觀世音菩薩像前，發願捨命代壽；割臂肉煮藥奉母，母病竟轉危為安。自此，居士信念堅定，學佛絕不動搖。聰穎好學，工作盡責，待人誠懇。曾以鉅款濟人之急，毫不吝惜。晚年福報圓滿，親友稱羨，但居士毫無貪戀，曾言：「**此皆虛妄，早已看破。決定此生了生死，生淨土，成佛道，度眾生。**」持長齋三十餘年，持戒甚嚴，修行精進，每日念佛有定課。

張居士晚年罹患肺心病，常受疾苦，仍堅持功課，不稍懈怠。喜勸人念佛、求生淨土，常云：「**不勸別人學佛，於心不忍**」。雖於病中，仍苦口婆心，勸人學佛，往往一談數小時，不顧疲勞。宣導家人，應恭敬供養三寶，印造經像，救貧、放生，培植福田。生平之退休金與子女之奉養金，多用於布施，並安排身後骨灰撒於叢林，與眾生結緣，作為最後布施。

一九九六年八月底，因末期肺心病住院，家人依母要求，念佛機聖號晝夜不斷，遂於子女助念聲中，安詳往生。持續助念逾九小時，頭頂猶溫。世壽八十有一。

——上述根據《禪心論壇》、《樂至報國寺》網路資料。

《大方等大集經・卷四十三・念佛三昧品》(《大正藏》第十三冊頁二八五下)

爾時世尊復告光味菩薩言：善男子！諦聽諦聽！若有比丘、比丘尼、優婆塞、優婆夷，或男或女，有信心者，欲於「三乘」及餘道中，願得速證「涅槃道」，(滅)盡一切苦者……乃至欲「生」清淨「佛剎」……欲令如是種種「惡業」速滅盡者。而此衆生應「淨洗浴」，著「鮮潔衣」，菜食「長齋」，勿噉「(五)辛」臭，於寂靜處，莊嚴道場，正念結跏，或行或坐，念佛身相，無使亂心。更莫他緣，念其餘事。

或一日夜，或七日夜，不作「餘業」，至心「念佛」，乃至見佛。小念見小(見小佛)，大念見大(見大佛)，乃至無量念者，見佛色身無量無邊。

彼佛身形三十二相，於一一相，亦念亦觀，皆令明瞭，隨所見相，見青光明，於彼光相，專精繫意，無令心亂。

76 黃玉雪居士（一九三八—一九九六）

黃玉雪，越南華僑。一九七九年，隨夫移居美國。性平易近人，活潑開朗，獨立堅強，無論至何處，均洋溢愉悅笑聲。恭敬三寶，護持道場，不遺餘力。一九九三年，陸續罹患多種癌症，尚交待醫師，若有「法師」求診，切莫收費，將代付一切醫藥費。己身雖患絕症，仍處處照顧他人。專讀《無量壽經》，竟能背誦。

黃居士往生前一年，放下萬緣，志求西方，日夜持念阿彌陀佛聖號，足不出户。不許最疼愛之孫兒探視，更謝絕親友探望，只留三位女兒，輪班照顧。斬斷一切親情愛牽，決心往生極樂。若有重感情者，亦謝絕其助念。屋內除佛像、佛桌、床外，其餘貴重物品全部布施。後身形漸瘦，但眼神清澈，精神朗闊，容貌莊嚴，猶勝健康之時。

一九九六年二月廿八日晨，僧俗大眾助念下，於十一時，突然光明充滿室內，毫無陰暗角落。未幾，於佛光中，安詳往西。助念持續三十小時，身軟如綿，毫無異味。荼毗，得舍利子、舍利花幾許。世壽五十有八。

——《明倫》二六六期・頁四二—四五。《慕西》三十二期。《e世紀往生傳（二）》。

《佛說遍照般若波羅蜜經》（《大正藏》第八冊頁七八三下）

復次，金剛手菩薩！若人聞此「般若波羅蜜經」一四句偈，得八萬俱胝那由他恆河沙等如來「恭敬供養」，何況「解義」，為他「演說」。

彼人「持經」之處，如「佛塔廟」，一切「天、人、阿修羅」等恆來作禮。

若人「流通」此經，展轉「讀誦」，獲「宿命智」，能知過去俱胝劫事。

一切「衆魔諸惡患難」皆不能侵，常有「四大天王」及「諸賢聖」而作衛護。

彼人臨命終時「心不顛倒」，一切諸佛及大菩薩俱來迎接，「十方淨土」，隨意往生。

77 陳怡君居士（一九八六—一九九七）

陳怡君，法名妙音，臺灣人。乖巧文靜、懂事聽話、富仁慈心。功課維持前三名，常主動關懷同儕。慈悲善良，若走道有蝸牛，便移置安全角落，免被踐踏。善解人意，體貼父母。一九九五年九月，突高燒不退，經診斷為血癌。妙音忍受化療痛苦，忍耐與勇氣，令醫護人員感驚訝！一九九六年八月，時年十一，施行「自體骨髓移植」。念佛機置床旁，妙音平靜喜悅，並隨之念佛。

一九九七年三月，時年十二，病情復發，唯有「異體骨髓移植」方有救。妙音常念觀音及彌陀號聖，以忘記病苦。五月中，醫師言：「**只剩二個月生命**。」父請法師，為妙音皈依，並請善知識為其開示。王居士對妙音言：「**專念阿彌陀佛，發願求生西方，乘願再來；屆時有觀音菩薩之神通，方能救渡眾生**」並說明極樂世界種種勝境，復請《了凡四訓》及《阿彌陀經》有聲書予妙音聽。另李居士亦對妙音言：「**發堅固誓願，決心往生，不能求人天福報，或盼望醫療產生奇蹟而痊癒；有此念頭，會影響往生**」妙音聞言，信心更趨堅定。黃居士每日風雨無阻，陪妙音念佛，並請了居士最喜愛、身金色之彌陀聖像。

經過多位善知識開導，妙音發大願：

「要往生西方極樂，親近阿彌陀佛：學阿彌陀佛四十八大願，將玩具、禮物義賣蓋醫院，製《阿彌陀經》有聲書，印阿彌陀佛聖像、CD帶子等；要渡累世冤親債主、六道四生、法界一切眾生及恩人、朋友，直至渡完。」

一九九七年七月，妙音對黃居士言：「夢見一朵很大之紫色蓮華。」並安慰母親言：「萬一吾往生，不可哭泣，要念佛不斷。」妙音言：「於五濁惡世之中，眞的太苦了！」翌日，要求紙筆，畫起蓮華。其中一幅是火中紅蓮，畫旁並寫著：「阿彌陀佛！願妙音諸大菩薩、及一切念佛眾生，用心念阿彌陀佛，廣植七寶池，八功德水中之蓮華。此幅火中紅蓮，是代表『清淨、慈悲與智慧』，蓮華的微妙香潔，能莊嚴佛淨土，請勤念阿彌陀佛，必定能斷五濁惡世煩惱，增長諸福慧，華開必得見阿彌陀佛，感恩大眾。阿彌陀佛！（陳怡君）妙音合十。」

並書寫兩幅海報，內容為：

「阿彌陀佛！所有來訪者，請勿哭泣動情，勿雜心閒話，請至誠、老實念阿彌陀佛，不懷疑、不夾雜、不間斷，不做其他，堅持生西方，成佛道，勿違吾願。感恩大眾，阿彌陀佛！請念阿彌陀佛四十九天。（陳怡君）妙音懇祈！」

往生前，改成白天睡覺，晚上起床，念佛不輟，母親問妙音為何？妙音答：「為了避免被打擾，中斷念佛，因此白天以睡覺方式，謝絕訪客，用『心』來念佛；說話時，亦念佛號，如此才來得及！」

一九九七年八月十日晚上七時，妙音堅決返家念佛。八月十一日，以吉祥臥念佛，並將彌陀聖像置於妙音正前方。下午二時廿分許，安詳往生。眾人助念，瑞相不斷。助念逾三日，通身柔軟，散發檀香味，臉色紅潤，安詳莊嚴，毫無痛苦之相。荼毗，獲舍利子、舍利花。世壽一十有二。

——《跨世紀蓮池會》頁七九—八八。《新世代念佛往生錄》。

《佛說一切如來烏瑟膩沙最勝總持經・卷一》（《大正藏》第十九冊頁四〇九下）

若復有人，於此一切「如來烏瑟膩沙最勝總持法門」，每日三時，持誦二十一遍，獻供養已，

志心受持，為他解說……

彼人命終，如蛇蛻皮，即得往生極樂佛刹，獲大果報。

78 付永清居士（一九三〇——一九九七）

付永清，法名智芳，四川人。一九八五年皈依。學佛精進，早晚課誦，每日念佛六小時，多次參加「佛七」，聽昌臻法師宣講淨土法門，決心此生定了生死、解脫輪迴，為度眾生而往生。

一九九六年底，因患支氣管炎、肺心病，醫言二、三日後將辭世，付居士言：「**吾只求往生，不求病好，吾要往生，至西方極樂世界。**」自醫院返家後，眾等虔誠助念及拜佛祈禱，時二助念者與其女婿，忽見彌陀聖像頭頂放金光，光芒射向牆面，室滿異香，居士便安詳西逝矣。逾十二小時，頭頂猶溫。世壽六十有七。

——上述根據《戒邪淫網》網路資料。

79 王妙根居士（一九〇一—一九九八）

王妙根，江蘇人。年廿八，即持長齋，皈依三寶。常至興福、聖法等寺進香念佛，並積極參佛七與諸佛事。早晚課誦，寒暑不歇。常勸說放生，不言人過，上敬下和。勤儉持家，心地善良。見孤苦貧困，即照顧周濟。常以印光大師開示：「**輪迴路險，無常迅速，老實念佛，莫換題目**」教育子女、念佛學佛。

一九九七年，視力衰退，幾近失明，仍終日念佛不輟。年底，身體欠佳，對子女言：「**三年前，曾夢見阿彌陀佛，滿面笑容，對吾云：『三年之後，定來接汝』。現三年已滿，吾不久將往生矣。**」遂將後事一一交待，並將五百五十元積蓄囑咐：「**五百元爲念佛用，五十元放生。**」

翌年一九九八年大年初一，停止飲食。大年初三晚，突然興奮言：「**阿彌陀佛來矣！**」子女問：「**再次見阿彌陀佛否？**」母點頭言：「**是矣！**」大年初四午夜，又言：「**阿彌陀佛來矣！**」初五子時，扶坐床頭，並吩咐以淨水供於佛前言：「**吾**

要持誦《大悲咒》」持咒時，正念分明，字字圓融，口齒清晰。約持《大悲咒》四遍後，即安臥念佛，直至初五晨六時，毫無病苦，面帶微笑，安詳西逝。世壽八十有四。

——上述根據《戒邪淫網》網路資料。

《千手千眼觀世音菩薩廣大圓滿無礙大悲心陀羅尼經・卷一》（《大正藏》第二十冊頁一一〇上）

善男子！此觀世音菩薩，不可思議威神之力，已於過去無量劫中，已作佛竟，號正法明如來，大悲願力，為欲發起一切菩薩，安樂成熟諸衆生故，現作菩薩。

汝等大衆、諸菩薩摩訶薩、梵、釋、龍、神，皆應恭敬，莫生輕慢，一切人天，常須供養，專稱名號，得無量福，滅無量罪，命終往生阿彌陀佛國。

80 馬玉葉居士（一九一九－一九九九）

馬玉葉，臺灣人。樂善好施。回鄉探親，見橋樑損壞，湊足資金，為家鄉建橋。亦歡喜做點心或結緣品，與人結緣。一九七八年時，友人送西方三聖像、《金剛經》及《六祖壇經》後，自此熱愛佛法。一九九五年，移居達拉斯，專精念佛法門，放下萬緣，一心念佛，不求福報，志求西方。

居士不說人過，除論佛法，絕不閒談。凡廿四小時精進念佛，居士均參加。每日早晚各誦《阿彌陀經》一部，念佛至少兩萬，有時更多達十萬聲。雖已八十高齡，亦受病苦，仍發願每日禮佛一百。初始，每次十拜，分十次；逐漸增至一次廿拜、三十拜，直至五十拜，分兩次禮拜。每遇病痛，總是經由念佛化解。

後因胃痛，甚至不能如廁；往生前二年，胃絞痛，皆拒絕醫療，只拼命念佛。數月內，兩位女兒，每週五、六，均廿四小時念佛，回向母親，終使病情好轉。往生前一年，每日至佛教會做晚課，除外出或身體不適，未曾間斷。

一九九九年三月廿四日，居士參與達拉斯佛教會佛七，並發願將於佛七中往生，佛七至第四日，忽感不適，女勸母應繼續念佛到底。後法師領眾念佛時，居士亦隨念，念至阿彌陀佛「**阿**」字時，忽無聲息，不到兩分鐘，便安詳往生。法師與家人及近百位與會眾等，繼續助念至翌日。逾三十小時，面色如生，身軟如綿。春秋八十有一。

——《雷音》一〇九期・頁三〇—三一。《e世紀往生傳（二）》。

《大佛頂廣聚陀羅尼經・卷四》（《大正藏》第十九冊頁一六六上）

「阿彌陀佛心呪」……此呪誦滿百千遍，阿彌陀佛自身現來。一切諸佛菩薩，辨諸四衆，比丘比丘尼，優婆塞優婆夷，天龍藥叉等。

並皆得見命終之後，生極樂世界蓮花化生，更不隨「邊地下賤、八難、六趣之身」所生之處。常得宿命，所聞不信忌，若求願者，皆得成就。

81 蘇雪蓮居士（一九一五——二〇〇〇）

蘇雪蓮，廣東人。適彭。忠厚純樸，隨遇而安，獨立堅強。因家境清寒，大小粗重、照顧弟妹等，皆主動分擔。默默工作，不辭辛勞，毫無怨言。年十九，移居越南。以瘦弱之軀，協助其夫謀生，又侍奉婆婆，養育四男六女，備嘗辛苦。

一九八六年，移居澳洲。晚年兒女孝順，方能含飴弄孫，享受清福。於古稀之年，得聞佛法，明白念佛之殊勝功德，與極樂之究竟圓滿，萬緣放下，一心念佛，求生淨土。每日清晨四時，即起念佛，下午帶領全家大小，一起念佛經行、繞佛、拜佛，好似小型蓮池海會。恭敬三寶，奉事師長，聞法從不間斷。

一九九八年二月，居士罹患肺癌，接受化療，更加緊念佛，兩個月後，癌細胞竟消失矣！病癒後，於女兒陪同下，環球旅行，探望分居各地之親友，以己親身經歷，勸勸念佛、求生西方；並藉此機緣，作最後告別。一九九九年初，肺癌復發，且為第二期，居士對醫生言：「**不覺有大病，也無需打針、吃藥、化療。**」面對絕症，毫無畏懼。從此念佛更加精進，求生極樂更加迫切。一九九九年十月廿六日，往生前二月，即透露即將往生之訊息。

後參加十二月廿四日至三十一日之廿四小時「精進佛七」。廿六日時，病情加重，遂返家過夜，但白天仍堅持返回會場念佛，至廿九日病情更重，又返家念佛。十二月三十日，肺部已充水，居士仍坐念不斷，言：「**只要一心念佛就不痛。**」十二月三十一日晨，居士突合掌，相貌莊嚴，一道金色光芒照射頭上，慢慢移至全身，約一刻鐘方消失。

二○○○年一月一日晚間九時許，居士端坐佛堂，雙眼凝視彌陀聖像，仍念佛不止。忽從居士身上，散發一陣清香，女兒更耳聞天樂凌空，時居士便安詳逝化。逾十二小時，通身柔軟，頂門溫熱，滿面笑容，相貌較生前更莊嚴。荼毗，獲各色舍利數百顆。世壽八十有五。

——《跨世紀蓮池會》頁一八〇——一八九。《新世代念佛往生錄》。

《大寶積經・卷九十二》（《大正藏》第十一冊頁五二八中）

爾時彌勒菩薩白佛言：世尊！如佛所說阿彌陀佛極樂世界功德利益，若有眾生發十種心，隨一一心，「專念」向於阿彌陀佛。是人命終，當得往生彼佛世界。

世尊！何等名為發「十種心」？由是心故，當得往生彼佛世界。

佛告彌勒菩薩言：彌勒！如是十心，非諸「凡愚、不善丈夫、具煩惱者」之所能發，何等為十？

一者、於諸眾生起於「大慈」，無「損害心」。

二者、於諸眾生起於「大悲」，無「逼惱心」。

三者、於「佛正法」不惜身命，樂「守護心」。

四者、於一切法發生「（殊）勝忍」（《大寶積經・卷九十》云：我說忍辱為最勝，無見無生為忍性，實無少法可瞋者，由是說名「殊勝忍」），無「執著心」。

五者、不貪「利養」，恭敬尊重，淨「意樂心」。

六者、求「佛種智」，於一切時無「忘失心」。

七者、於諸衆生尊重恭敬，無「下劣心」。
八者、不著「世論」，於「菩提分」生「決定心」。
九者、種諸善根，無有「雜染」(之)清淨之心。
十者、於諸如來，捨離「諸相」，起「隨念心」。
彌勒！是名菩薩發十種心，由是心故，當得往生阿彌陀佛極樂世界。
彌勒！若人於此十種心中「隨成一心」，樂欲往生彼佛世界；若不得生，無有是處。

《大方廣佛華嚴經・卷第四十》(《大正藏》第十冊頁八四六下)

又復，是人臨命終時，最後刹那一切諸根悉皆散壞，一切親屬悉皆捨離，一切威勢悉皆退失……「一刹那」中即得往生極樂世界，到已，即見阿彌陀佛、文殊師利菩薩、普賢菩薩、觀自在菩薩、彌勒菩薩等，此諸菩薩色相端嚴，功德具足，所共圍遶。

82 吳月英居士（一九二四—二〇〇〇）

吳月英，臺灣臺南人。適蘇。克勤克儉，相夫教子。曾生活窘困，無米可煮，無菜可炒，僅以蕃薯片，煮熟裹腹。甚為勤儉，累積資本，經濟方獲改善。雖自奉甚儉，卻樂善好施，尤於節慶時，以食物用品，贈與孤苦。居士之三子，均學佛茹素，遂發願：「**孩子茹素念佛，為人父母怎能不茹素？**」從此終身素食。後見臺中蓮社諸位蓮友，舉止有度，待人和善，又能聽經聞法，難能可貴，決定放下產業，移居臺中。偕夫至臺中蓮社聽經念佛，風雨無阻。平日念珠不離手，學佛日益精進，遂感召家族亦學佛念佛。

居士晚年罹患胃癌末期，深感人生為苦，厭離娑婆、求生極樂之心，極為真切。幾次，兒女侍奉湯藥，皆被拒絕，一再言：「**吾已決定求生西方，奉湯藥做何？**」因腫瘤緣故，無法通暢排便，蓮友提供小麥草汁灌腸法，復漸好轉。二〇〇〇年十月十日臨終前廿分，仍能開口言：「**無需灌腸，念佛就好！**」廿分鐘後，忽言：「**吾已見佛，歡喜去矣！**」清清楚楚，正念分明，安詳捨報。頂門猶溫，周身柔軟。世壽七十有六。

——《明倫》三一一期・頁二六—二九。《e世紀往生傳（一）》。

《佛說除蓋障菩薩所問經・卷第十七》(《大正藏》第十四冊頁七四六上)

又善男子！菩薩若修十種法者，得生清淨「諸佛剎土」。何等為十？

一者、具「戒清淨」。不斷(不斷缺)、不雜(不雜穢)、復無染汙，戒行成就。

二者、行「平等心」，為一切有情設「平等」方便。

三者、成就廣大「善根」，非尠(同「鮮」)少故。

四者、遠離世間「名聞、利養」等事，復不「染著」。

五者、具於「淨信」，無「疑惑心」。

六者、發勤「精進」，捨離「懈怠」。

七者、具修「禪定」，無「散亂心」。

八者、修習「多聞」，而無「惡慧」。

九者、利根利慧，無「暗鈍性」。

十者、廣行「慈行」，無「損害心」。

善男子！菩薩若修如是十種法者，即生清淨「諸佛剎土」。

83 姜金玲居士（？—二〇〇〇）

姜金玲，浙江人。年廿餘，夫亡，獨力撫養子女，生活艱苦貧困，遂對娑婆深生厭離。幸宿具善根，與佛有緣，早年即皈依三寶，修淨土法門。後受五戒及菩薩戒。晚年，居於岱山佛教居士林。每日凌晨三時起身，懺悔、拜佛，終年不懈。除早晚課外，日持佛號三萬至五萬，從不間斷。

二〇〇〇年七月，略感微疾。仍念佛不輟，求佛接引。往生前半月，蓮友發起念佛回向三日，其女亦邀蓮友誦《地藏經》七日。往生前，居士對其女言：「**吾已見地藏菩薩**。」越二日，又言：「**觀音菩薩亦來矣**。」往生前一日，又言：「**阿彌陀佛身著紅色袈裟，極其高大，光明無比。吾往生不遠矣，請大眾為吾助念**。」翌日晨，十二月十四日，於眾等念佛聲中，安詳臥逝。一日後，四肢柔軟，面色紅潤，頂尚溫暖。

——《普陀山佛教》二〇〇一秋季號・頁三三。

84 薛文翠居士（一九三七—二〇〇〇）

薛文翠，河南人。溫柔和善，待人寬厚。年五十六，皈依三寶。次年，受五戒。一九九四年受菩薩戒。每日凌晨三時起身，早課至七時；晚課自八時至十時結束。平日喜聽《無量壽經》錄音帶。偶或週日，徒步至距家遙遠之居士林，聽經聞法。將子女所奉養之車資，供養道場、定期放生或救濟貧困。自學習淨土法門後，一心執持名號。

一九九九年底，薛居士罹患腫瘤，仍早晚念佛不斷，甚至抱病參加佛七。雖為癌症末期，始終未感病痛，臉色紅潤，精神良好。二〇〇〇年正月廿五日，居士親見阿彌陀佛，以甘露為其沐浴，身心暢悅無比。後對助念者言：「**吾已第三次見到阿彌陀佛矣！**」是日下午，往生前一小時，示意眾等加緊助念。居士端坐，面帶微笑，正念分明，念佛安詳往生。是時，異香滿室，有清晰之鼓樂聲，從空而至，持續近廿分鐘。世壽六十有三。

——《普陀山佛教》二〇〇一秋季號・頁三三。

85 嚴智達居士（一九二四－二〇〇〇）

嚴智達，四川人。夙具善根，年十九，發心持長素，終生未婚。一九九〇年皈依三寶，繼受菩薩戒，嚴守戒律，奉行十善。每日聽經、念佛，修學八至十二小時。每日四時即起身，跪誦《阿彌陀經》一部，佛號一萬，聽習《無量壽經》法門。整理家務時，亦聽經不輟，數年如一日。一生儉樸，餘錢與晚輩之奉養金，全作為慈善、印經、放生、供養三寶。直至往生前數日，將所存餘款，全數捐出為善。

居士齋戒清淨，勤修戒定慧。一九九六年，日持八關齋戒，直至往生。雖身罹乳癌五年餘，堅決不開刀，保密直至臨終前半年。夜間疼痛，無法入睡，便起身繞佛。自始至終，未服用止痛劑，於臨命終時，仍能隨眾念佛。二〇〇〇年十一月廿一日，笑容滿面，正念分明，安詳往生。逾廿四小時，頭頂溫熱，四肢柔軟，雙眉變黑。世壽七十有六。

——《佛陀教育》十二期。《e世紀往生傳（一）》。《學佛網》網路資料。

86 羅月如居士（一九二四—二〇〇〇）

羅月如，廣東人。適魏。生逢戰亂，顛沛流離。侍母至孝，勤儉持家。於善知識引導下，誦持《金剛經》。然因家務繁重，無法固定讀誦，遂將《金剛經》背誦於心。心地善良，自奉甚儉，幫助貧困。一九八六年，居士移居美國，皈依金輪寺宣化上人，即持全素。因自覺煩惱多，妄念不斷，勤於參加法會，消除業障。一九八九年底，發願每日持誦《地藏經》至少一部，再忙，至少一卷，十一年不間斷！

一九九五年，宣化上人圓寂後，居士專心念佛。起煩惱時，即告誡自己：「**境緣無好醜，佛號一掃過**。」妄念多時，即高聲念道：「『**只貴願力強，不怕妄想多**』。**無論如何，吾此世必定要往生，莫使今生又空過**」。

一九九九年，居士體力漸衰，無法常參與法會，但仍念佛不輟。二000年十月罹癌末期，疼痛之際，自書云：「**祈求觀世音菩薩加被，願歷劫痛苦藉此消除，發願往生西方，乘願再來，救度眾生。**」發願畢，身體劇痛一日後，逐漸消除。住院期間，只要清醒，便一心念佛。

十一月五日居士已親見阿彌陀佛，之後不提家務俗世，不願服藥，飲食漸減，然神智清楚，毫無病苦。每日醒來即問：「**已週六否？**」家人問：「**是否需將床頭搖高，以便觀佛像。**」居士言：「**無需，躺著即可見阿彌陀佛。**」十一月十一日(週六)午後，血壓與心跳正常。詎料，下午一時五十分許，溘然逝化。助念時，異香滿室。家中庭院，亮如白晝。荼毗，獲舍利子數顆。世壽七十有六。

──《慕西》四三期。《e世紀往生傳(一)》。《戒邪淫網》網路資料。

往生淨土修持法門分析

從有限的「資料」來看，要歸納出專修念佛一法，是有困難的，因為出家眾皆日行五堂功課或朝幕二課，餘則各修己之法門，要訂出只修「一句念佛」是不太可能的。故以現有資料，「似乎」只專修「一句念佛法」而迴向往生西方者，大略有一〇七位，有修經咒＋念佛＋其餘助行而迴向往生西方者，大略有二〇五位。

某些法師俗家資料不詳，故僅就現有資料，略作分析。

男眾法師未婚即出家修行六十人。

已婚後方出家修行十八人。

女眾法師未婚即出家修行三十四人。

已婚後方出家修行二十七人。

男居士在家修行而未婚七人。

有婚在家修行八十人。

女居士

在家修行而未婚四人。

有婚在家修行八十二人。

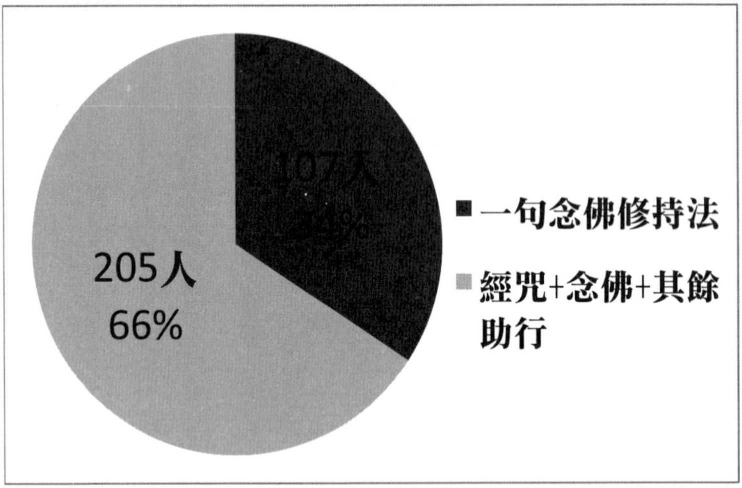
107人
205人
66%
一句念佛修持法
經咒+念佛+其餘助行

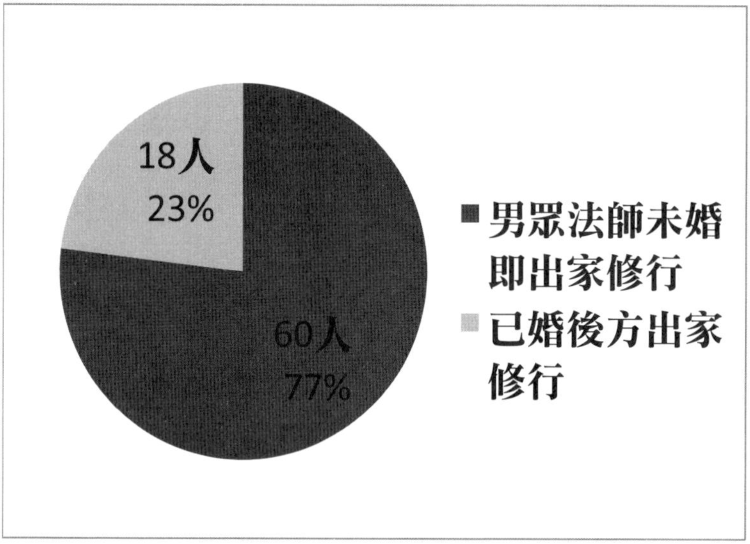
18人
23%
60人
77%
男眾法師未婚即出家修行
已婚後方出家修行

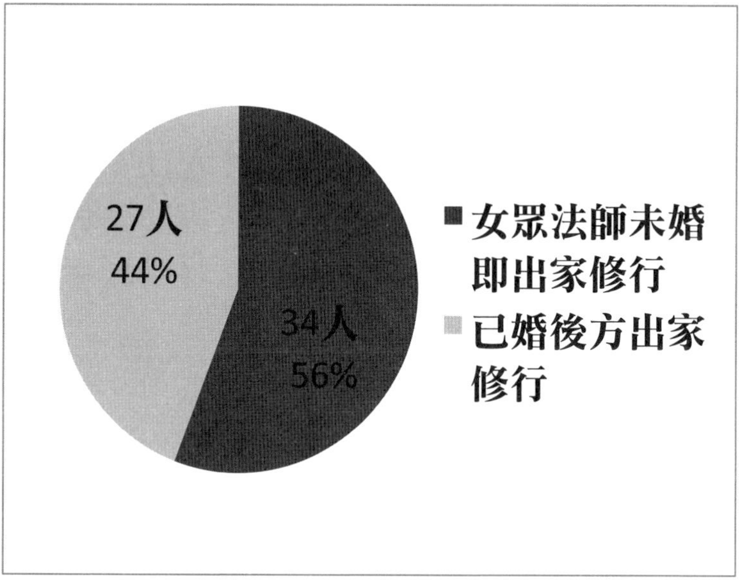
27人
44%
34人
56%
女眾法師未婚即出家修行
已婚後方出家修行

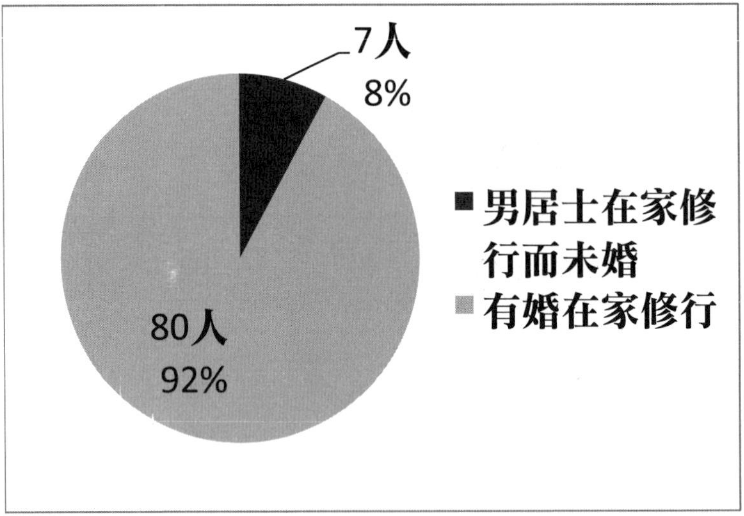
7人
8%
80人
92%
男居士在家修行而未婚
有婚在家修行

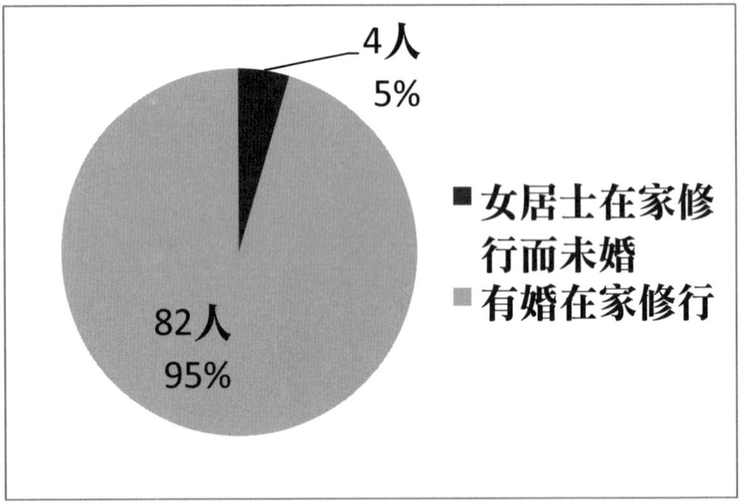
4人
5%
82人
95%
女居士在家修行而未婚
有婚在家修行

本書引用資料一覽表

一、專書類

寬律法師撰錄《近代往生隨聞錄》。

楊慧鏡居士撰錄《近代往生傳》。

學謙居士選輯《e世紀往生傳》。

寂雲法師編《當代往生見聞紀實》。

《現代往生見聞錄》兩集（福建 廣化寺，一九九二及一九九八年出版）。

《諦閑大師語錄》。

《大虛大師全書》。

《印光法師文鈔》。

《印光大師永思集續編》。

陳慧劍《弘一大師》。

《弘一大師全集》。

《寶靜大師全集》。

《會泉大師廿週年紀念刊》。

《會泉大師全集》。

《中國佛教名寺古剎》。

《中國近代第四冊淨土聖賢錄》。上海佛學書局出版。

《興慈法師開示錄》。

本空禪師著《煙水集》。
《廈門南普陀寺志》。
佟杰主編《宗教名人傳記》。
高振農，劉新美著《中國近現代高僧與佛學名人小傳》(華東師範大學出版)。
真華法師《行化雜記》。
《濟濤律師遺集》。
《淨土文摘》。福建佛教教育基金會出版。
《廣欽老和尚事略》。
《廣公上人事蹟續編》(附開示錄、行持語錄)。
《煮雲和尚紀念專集》
《慧三法師八十年譜》。
《宣化上人事蹟》(美國法界佛教總會印行)。
宏悟述《聖熹老和尚圓寂》。
《宣化老和尚追思紀念專集》第一、二冊。
震華法師《續比丘尼傳》。
陳慧劍《聖比丘尼列傳》。
《愈慧郁鈔集》。
真華法師《行化雜記》。
宣化上人《水鏡回天錄白話解》。

陳慧劍《臺灣大興善寺福慧比丘尼隨訪錄》。
白聖法師《雲水夢憶》。
陳慧劍編《僧寶之光》。
《覺海歸淨集》。
幻聚法師《無量壽經四十八願略解》。
《跨世紀蓮池會》。覺有情出版社。了凡弘法學會印行。二〇〇六年一月。
陳慧劍《優婆塞列傳》。
陳慧劍《優婆夷列傳》。
道證法師講述《笑著進入七寶池》。和裕出版社。一九九七年十二月。
《李公雪廬導師平生簡介》。
《淨廬佛學文叢增訂本》。
《李炳南先生事略》。
《花開見佛》。
《淨宗學會・六十周年紀念》。
《佛菩薩靈感探訪錄》。
《傾聽恆河的歌唱》。
《先室本淨居士往生事略》。(沈周素英女士)
《玄深和尚尼圓寂訃告》。
《林看治老居士事略》。

《上智下諭和尚圓寂讚頌手冊》及智諭和尚行狀。西蓮淨院出版。
《勝圓和尚尼生平略事》。
《宏壹長修鎮老尼生平事略》。
《妙音居士往生見聞記》。
《鮑孝孔居士往生記》。

二、月刊、期刊

《上國郵》雜誌。
《閩南佛教院》學報。
《大光明》雜誌。
《西方訊息》雜誌。養正堂出版社。八十年十一月。
《西蓮文苑》月刊。
《慕欽蓮訊》月刊。
《台州佛教》月刊。
《五台山研究》月刊。
臺北《慈雲雜誌》。
臺中《明倫月刊》。
臺中《慈明雜誌》。
香港《大嶼山志》月刊。

《菩提樹》月刊。
《南洋佛教》月刊。
《海潮音》月刊。
《中國佛教》月刊。
《慧炬》月刊。
《獅子吼》月刊。
《僧伽醫護》月刊。
《普門慈幼》月刊。
《弘法資訊》月刊。
《馬來西亞無盡燈》季刊。
《覺世》月刊。
《天華》月刊。
《人生》月刊。
《淨業林》季刊。
《萬佛城》月刊。
《妙法》月刊。
《佛教新聞》月刊。
《法音》月刊。
《十方》月刊。

《獅子吼》月刊。
《生明之友》期刊。
《佛教新聞》周刊。
《中國佛教》月刊。
《廣東佛教》月刊。
《美佛慧訊》月刊。
《慈光通訊雜誌》。
《慕西》月刊。
《海潮音文庫》。
《慈聲雜誌》。
《法雲》月刊。
《普門》月刊。
《妙法》月刊。
《密藏院》期刊。
《淨覺》月刊。
《菩提家訊》月刊。
《奉化佛教通訊》月刊。
《新覺生》期刊。
《普陀山佛教》月刊。

《淨土宗》月刊。

三、網路資料

東北佛網之黑龍江紅光寺肉身菩薩：慧寬法師。

《不可思議的念佛功德-黃錫勳醫師的生平與往生經過》。

《妙音集-張杏纔居士往生西方極樂世界記實》。

《戒邪淫網》。

《報恩佛網》。

《禪心論壇》。

《樂至報國寺》。

果濱其餘著作一覽表

一、《大佛頂首楞嚴王神咒・分類整理》(國語)。1996年8月。大乘精舍印經會發行。➜書籍編號C-202。

二、《生死關初篇》。1996年9月。大乘精舍印經會發行。➜書籍編號C-207。

三、《雞蛋葷素說》。1998年。大乘精舍印經會發行。➜ISBN：957-8389-12-4。

四、《生死關全集》。1998年。和裕出版社發行。➜ISBN：957-8921-51-9。

五、《大悲神咒集解(附千句大悲咒文)》。2002年9月。台南噶瑪噶居法輪中心貢噶寺發行。新鳴遠出版有限公司製作。➜ISBN：957-28070-0-5。

六、《唐密三大咒修持法要全集》。2006年8月。新鳴遠出版有限公司發行。➜ISBN：978-957-8206-28-1。

七、《穢跡金剛法全集》。2007年8月。新鳴遠出版有限公司發行。➜ISBN：978-957-8206-31-1。

八、《楞嚴經聖賢錄》(上下冊)。2007年8月。萬卷樓圖書股份有限公司發行。➜ISBN：978-957-739-601-3。

九、《楞嚴經傳譯及其真偽辯證之研究》。2009年8月。萬卷樓圖書股份有限公司發行。➜ISBN：978-957-739-659-4。

十、《果濱學術論文集(一)》。2010年9月。萬卷樓圖書股份有限公司發行。➜ISBN：978-957-739-688-4。

※大乘精舍印經會。地址：台北市漢口街一段132號6樓。電話：(02)23145010、23118580

※和裕出版社。地址：台南市海佃路二段636巷5號。電話：(06)2454023
※新鳴遠出版有限公司。地址：708台南市安平區建平三街216巷15號。電話：(06)2976459
※萬卷樓圖書股份有限公司。地址：臺北市羅斯福路二段41號6樓之3。電話：(02)23216565・23952992

果濱佛學專長

㈠漢傳佛典生老病學。㈡漢傳佛典死亡學。㈢悉曇梵咒學。㈣楞伽學。㈤維摩學。
㈥船若學（《金剛經》+《大般若經》+《文殊師利所說般若波羅蜜經》）。㈦十方淨土學。㈧佛典兩性哲學。
㈨佛典宇宙天文學。㈩中觀學。(十一)唯識學（唯識三十頌+《成唯識論》）。(十二)楞嚴學。(十三)唯識腦科學。
(十四)敦博本六祖壇經學。(十五)佛典與科學。(十六)法華學。(十七)佛典人文思想。
(十八)《唯識双密學》（《解深密經+密嚴經》）。(十九)佛典數位教材電腦。(二十)華嚴經科學。

蓮池大師西方迴向發願文

稽首西方安樂國。
接引眾生大導師。
我今發願願往生。
惟願慈悲哀攝受。

弟子○○，普為四恩三有、法界眾生，求於諸佛一乘無上菩提道故，專心持念阿彌陀佛萬德洪名，期生淨土。又以業重福輕，障深慧淺，染心易熾，淨德難成。今於佛前，翹勤五體，披瀝一心，投誠懺悔。我及眾生，曠劫至今，迷本淨心，縱貪瞋癡。染穢三業，無量無邊。所作罪垢，無量無邊。所結冤業，願悉消滅。從於今日，立深誓願，遠離惡法，誓不更造；勤修聖道，誓不退墮；誓成正覺；誓度眾生。阿彌陀佛，以慈悲願力，當證知我，當哀愍我，當加被我。願禪觀之中，夢寐之際，得見阿彌陀佛金色之身，得歷阿彌陀佛寶嚴之土，得蒙阿彌陀佛甘露灌頂，光明照身，手摩我頭，衣覆我體。使我宿障自除，善根增長。疾空煩惱，頓破無明。圓覺妙心，廓然開悟。寂光真境，常得現前。至於臨欲命終，預知時至。身無一切病苦厄難，心無一切貪戀迷惑。諸根悅豫，正念分明。捨報安詳，如入禪定。阿彌陀佛，與觀音、勢至、諸聖賢眾，放光接引，垂手提攜。樓閣幢幡，異香天樂，西方聖境，昭示目前。令諸衆生，見者聞者，歡喜感嘆，發菩提心。

我於爾時，乘金剛臺，隨從佛後，如彈指頃，生極樂國，七寶池內，勝蓮華中。華開見佛，見諸菩薩，聞妙法音，獲無生忍。於須臾間，承事諸佛，親蒙授記。得授記已，三身四智，五眼六通，無量百千陀羅尼門，一切功德，皆悉成就。

然後不違安養，迴入娑婆。分身無數，遍十方剎。以不可思議自在神力，種種方便，度脫衆生。咸令離染，還得淨心。同生西方，入不退地。

如是大願，世界無盡，衆生無盡，業及煩惱一切無盡，我願無盡。

願今禮佛、發願、修持功德，迴施有情。四恩總報，三有齊資。法界衆生，同圓種智。

慈雲懺主淨土文

一心歸命，極樂世界，阿彌陀佛。願以淨光照我，慈誓攝我。

我今正念，稱如來名，為菩提道，求生淨土。

佛昔本誓，若有衆生，欲生我國，志心信樂。乃至十念，若不生者，不取正覺。

以此念佛因緣，得入如來大誓海中。承佛慈力，衆罪消滅，善根增長。

若臨命終，自知時至。身無病苦，心不貪戀，意不顛倒，如入禪定。

佛及聖衆，手執金臺，來迎接我，於一念頃，生極樂國。

華開見佛，即聞佛乘，頓開佛慧。廣度衆生，滿菩提願。

十方三世一切佛，一切菩薩摩訶薩，摩訶般若波羅蜜。

大慈菩薩發願偈

十方三世佛，阿彌陀第一。九品度衆生，威德無窮極。我今大皈依，懺悔三業罪。凡有諸福善，至心用迴向。願同念佛人，感應隨時現。臨終西方境，分明在目前。見聞皆精進，同生極樂國。見佛了生死，如佛度一切。無邊煩惱斷，無量法門修。誓願度衆生，總願成佛道。虛空有盡，我願無窮。情與無情，同圓種智。

十方三世一切佛，一切菩薩摩訶薩，摩訶般若波羅蜜。

國家圖書館出版品預行編目(CIP)資料

淨土聖賢錄・五編(合訂版) / 果濱 撰錄. -- 初版. － 臺北市 : 萬卷樓, 2011.07

面 ； 公分

ISBN 978-957-739-714-0(精裝)

1.淨土宗 2.佛教傳記

226.59 100014002

ISBN 978-957-739-714-0

《淨土聖賢錄・五編》(合訂版)

2011 年 7 月初版 精裝 定價：新台幣 600 元

撰 錄 者：陳士濱(法名：果濱)
現為德霖技術學院通識中心專任教師

發 行 人：陳滿銘
封面設計：張守志
出 版 者：萬卷樓圖書股份有限公司
編輯部地址：106 臺北市羅斯福路二段 41 號 9 樓之 4
電話：02-23216565
傳真：02-23218698
E-mail：wanjuan@seed.net.tw
萬卷樓網路書店：http://www.wanjuan.com.tw
發行所地址：106 臺北市羅斯福路二段 41 號 6 樓之 3
電話：02-23216565
傳真：02-23944113
劃撥帳號：15624015
作者網站：http://www.ucchusma.net/sitatapatra/
承印廠商：中茂分色製版印刷事業股份有限公司

新聞局出版事業登記證局版臺業字第 5655 號